E EU NÃO SOU UMA JURISTA?

MARIA
ANGÉLICA
DOS SANTOS

REFLEXÕES DE UMA JURISTA NEGRA SOBRE DIREITO, ENSINO JURÍDICO E SISTEMA DE JUSTIÇA

Copyright © 2023 by Editora Letramento
Copyright © 2023 by Maria Angélica dos Santos

Diretor Editorial | Gustavo Abreu
Diretor Administrativo | Júnior Gaudereto
Diretor Financeiro | Cláudio Macedo
Logística | Daniel Abreu
Comunicação e Marketing | Carol Pires
Assistente Editorial | Matteos Moreno e Maria Eduarda Paixão
Designer Editorial | Gustavo Zeferino e Luís Otávio Ferreira

CONSELHO EDITORIAL JURÍDICO

Alessandra Mara de Freitas Silva
Alexandre Morais da Rosa
Bruno Miragem
Carlos María Cárcova
Cássio Augusto de Barros Brant
Cristian Kiefer da Silva
Cristiane Dupret
Edson Nakata Jr
Georges Abboud
Henderson Fürst
Henrique Garbellini Carnio
Henrique Júdice Magalhães
Leonardo Isaac Yarochewsky
Lucas Moraes Martins
Luiz Fernando do Vale de Almeida Guilherme
Nuno Miguel Branco de Sá Viana Rebelo
Onofre Alves Batista Júnior
Renata de Lima Rodrigues
Salah H. Khaled Jr
Willis Santiago Guerra Filho.

Todos os direitos reservados. Não é permitida a reprodução desta obra sem aprovação do Grupo Editorial Letramento.

Dados Internacionais de Catalogação na Publicação (CIP) de acordo com ISBD

S237e Santos, Maria Angélica dos

E eu não sou uma jurista: reflexões de uma jurista negra sobre direito, ensino jurídico e sistema de justiça / Maria Angélica dos Santos. - Belo Horizonte, MG : Casa do Direito, 2023.
346 p. ; 14cm x 21cm.

ISBN: 978-65-5932-288-6

1. Direito. 2. Reflexões. 3. Ensino Jurídico. 4. Sistema de Justiça. I. Título.

2022-3854
CDD 340
CDU 34

Elaborado por Vagner Rodolfo da Silva - CRB-8/9410

Índice para catálogo sistemático:
1. Direito 340
2. Direito 34

Rua Magnólia, 1086 | Bairro Caiçara
Belo Horizonte, Minas Gerais | CEP 30770-020
Telefone 31 3327-5771

CASA DO DIREITO
é o selo jurídico do Grupo
Editorial Letramento

editoraletramento.com.br ▲ contato@editoraletramento.com.br ▲ editoracasadodireito.com

Para Arthur e Francisco

NO TERREIRO JURÍDICO ME CURVO PARA AGRADECER

Eu não ando só.

Minha produção intelectual é relacional. É coletiva. É compartilhada. É fronteiriça. É atravessamento. É encruzilhada. É uma macumba. Luiz Antonio Simas, em seu encantador *Fogo no Mato: a ciência das macumbas*, explica que macumba é ciência, é ciência encantada e amarração de múltiplos saberes. Partindo dessa explicação posso compreender que isso aqui, este trabalho todinho, cada capítulo ou colagem, cada desenho ou oralidade, cada escolha, cada palavra e cada silêncio, tudo isso aqui é macumba. Uma macumba epistemológica. Uma costura ajustada de saberes de muitas e muitos, de oris multiplicados, espalhados pelo mundo e pelo tempo.

O terreiro é lugar de encontros, de cruzamentos e produção de potência. A academia é meu terreiro jurídico. Neste terreiro, me curvo e agradeço.

Eu escrevo a muitas mãos e muitas escutas, por isso do meu texto ecoam tantas vozes. Por isso louvo, exalto e agradeço...

Primeiro agradeço à força da fé que me move, me empurra e ressignifica minha existência e minha resistência. À Deus, aos deuses e deusas, pretos velhos, caboclos e mensageiros. A toda a Espiritualidade, Orixalidade, Amorosidade, Sororidade, Ancestralidade. Minha gratidão transborda como água na fonte cristalina.

Neste meu ritual de agradecimento, exalto à minha família. Chão firme em que piso descalça e de olhos fechados, sem aflição. Mãe, filhos, esposo, sogro (agora ancestral), sogra, cunhados, cunhada, sobrinhas, sobrinho. À minha mãe, Marilha, agradeço por nutrir em mim o gosto pela leitura. À Arthur e Francisco agradeço pela resignação em dividirem a mãe com um estudo incessante e profundo. Ao Alan agradeço pelo suporte inabalável para que eu possa me tornar a intelectual negra que quero ser, pelo amor e pela amizade leve e bem-humorada, pelo cuidado e mais uma vez pelo amor, por tanto amor.

À minha mentora, Maria Fernanda Salcedo Repolês, que cumpre sua missão de ORIentadora com o maior acúmulo de virtudes que se pode imaginar. Um dia alguém me falou que tinha uma professora muito acolhedora na Faculdade de Direito e Ciências do Estado da UFMG e que eu devia apresentar meu projeto de pesquisa para ela porque ela poderia se interessar em me ensinar mais. Pedi o telefone dela para um amigo e tomei coragem para ligar. Maria Fernanda me atendeu e conversou comigo por quase dez minutos, me convidou para seu grupo de pesquisa e me deu dicas de leitura. Ela nunca tinha ouvido falar de mim, não sabia nada a meu respeito, e mesmo assim me recebeu em sua intimidade e quis segurar minha mão. Em sua companhia eu presencio o milagre de ver brotar palavras de lugares em mim onde até há pouco só o silêncio imperava. Tão generosa e competente. Um poço caudaloso de conhecimento e esperança em uma educação em moldes freirianos. É daquelas pessoas que se senta pra ouvir e cinco minutos depois já se sente o sangue correr mais quente nas veias, um aconchego surge, os olhos se fixam e um sorriso começa a se desenhar no canto da boca. Uma força da natureza. Uma força bendita.

Muito obrigada por ser aconchego e potência, Maria Fernanda! Meu respeito por você é inesgotável. A Faculdade de Direito e Ciências do Estado da UFMG jamais será a mesma depois de sua estada por essas paragens. Que você nos honre com sua presença por muitas e muitas décadas e que seu nome entre para a história dessa instituição sendo sempre reverenciado com admiração e estima. Por mim sempre será. Minha história é outra, muito melhor, devido a você.

Aos membros integrantes das minhas duas bancas de qualificação. No Programa de Pós-graduação da Faculdade de Direito e Ciências do Estado da UFMG há duas qualificações como requisitos obrigatórios a serem cumpridos por doutorand@s. Essas duas bancas devem se dar com o prazo de um ano entre uma e outra. A primeira deve ocorrer dois anos após o ingresso no Programa e serve para uma reavaliação do projeto apresentado, agora reestruturado em decorrência dos estudos já desenvolvidos. Um ano depois deve ocorrer uma outra, agora com a apresentação de parte da tese. Nesta segunda qualificação há uma avaliação para constatar se a postulante está apta a escrever a tese.

Parto então para a narração de minha experiência nas duas bancas e como ambas contribuíram significativamente para o desenvolvimento deste trabalho.

No dia 20 de fevereiro de 2020 ocorreu, nas instalações da Faculdade de Direito da UFMG, minha primeira banca de qualificação, sob a coordenação de minha orientadora e com a presença do professor do Programa Doutor. Marcelo Andrade Cattoni de Oliveira e da professora convidada, vinculada à Universidade do Estado de Minas Gerais, Doutora Vitória Régia Izaú.

À época, o projeto que apresentei era muito diferente deste trabalho que entrego ao final. Meu projeto versava sobre algo próximo ao que resumo aqui por "trajetórias negras na universidade e dilemas identitários". Temática que ainda me interessa e, certamente, será objeto de meus estudos futuros.

Dentre as considerações que me foram ofertadas, destaco uma fala da Professora Doutora Vitória me alertando para a falta de necessidade de eu me expor de forma tão explícita no texto do projeto apresentado. Compreendi esse alerta como uma expressão de cuidado a fim de me poupar de uma exposição íntima desnecessária. Essa sugestão foi muito importante e se tornou alvo de minhas ponderações por um bom tempo. Entretanto, optei por me expor e por estar vulnerável.

Após muita reflexão e um aprofundamento voraz no pensamento de bell hooks, escolhi utilizar neste trabalho uma estrutura narrativa permeada pela técnica da escrevivência[1], aplicada aqui como estratégia metodológica insurgente, complexa e de resistência. Há também um alinhamento do meu modo de produzir este conteúdo com os estudos desenvolvidos pela Teoria Racial Crítica e as juristas negras que integram este movimento. Me alinho muito com a metodologia introduzida no direito pelas teorias desenvolvidas por essas pensadoras estadunidenses desde o início da década de 1980.

O Professor Doutor Marcelo Andrade Cattoni de Oliveira me ofereceu inúmeras sugestões de leituras e reflexões necessárias, contribuindo bastante para que eu compreendesse o rumo do meu trabalho. Me deu também a possibilidade de repensar e decidir por uma mudança de caminho ainda em tempo. Minha escrita foi muito positivamente afetada por essa primeira banca e agradeço pelo comprometimento intelectual e pedagógico de meus interlocutores/avaliadores.

---

[1] A escrevivência é uma técnica desenvolvida e aplicada por Conceição Evaristo e que implica no resgate da memória, provocando uma emergência de vozes historicamente silenciadas, proporcionando narrativas de vida. A aplicação adequada dessa técnica precisa vir alocada num compromisso ético-político. Há uma intencionalidade política no uso dessa ferramenta e, neste trabalho, a escolha é por aplicar a técnica entremeando ciência, escrita, vida e direito. Este entremeio é também uma necessidade que dialoga com a posição fronteiriça da qual reflito e através da qual me sinto provocada a (re)pensar a monoculturalidade jurídica.

Na segunda banca de qualificação, ocorrida no dia 19 de fevereiro de 2021, sob a coordenação de minha orientadora e a avaliação de um professor integrante do Programa da Pós-graduação em Direito da UFMG, Professor Doutor Marcelo Maciel Ramos, e de um professor convidado integrante do quadro docente da UFRJ, Professor Doutor Philippe Oliveira de Almeida. Neste momento já apresentei um texto bastante robusto para análise. Este meu procedimento de apresentar um trabalho bem avançado em termos de pesquisa e escrita não se enquadra nos padrões usuais do Programa, que exige somente uma parte do trabalho para que se considere se o candidato ou candidata reúne condições de prosseguir para a escrita final do trabalho. Eu sentia a necessidade de apresentar um material que desse a chance de se vislumbrar a minha intenção metodológica do início ao fim, evidenciando e testando minhas escolhas como pesquisadora.

Como meu texto já chegou nesta etapa com mais de trezentas páginas, houve uma convergência de opiniões pela banca de que eu estava apta para escrever o trabalho e dar cabo da tarefa de terminá-lo. Além disso, este momento me permitiu sentir as impressões externas sobre meu texto e sobre minhas escolhas epistemológicas, metodológicas e pedagógicas.

Neste rito institucional meu trabalho foi avaliado com bastante generosidade, sendo feitas algumas poucas sugestões para enriquecê-lo. Dentre as considerações feitas o Professor Doutor Philippe Oliveira de Almeida me sugeriu a inclusão de algumas práticas pedagógicas que pudessem materializar ainda mais minhas propostas transformadoras do ensino jurídico, apresentando uma espécie de manual de como aplicar a pedagogia engajada que defendo. Neste sentido, eu acrescentei ao texto dez experimentações através de esquetes ou episódios que nominei de *Diário de uma Professora Negra na Faculdade de Direito*. Nestes episódios faço um esforço por estabelecer um diálogo mais intenso com a Teoria Racial Crítica, a partir de Patricia Williams, uma das recomendações de leitura feita por esta banca, e também para materializar as ideias e dicas de aplicação do que defendo na tese.

Em observância às considerações feitas pelo Professor Doutor Marcelo Maciel Ramos, introduzi um novo capítulo trazendo um diálogo com Angela Harris, outra teórica fundamental da Teoria Racial Crítica. No capítulo intitulado *O perigo do essencialismo da raça no direito* tentei absorver e abordar algumas sugestões apresentadas ao texto em desenvolvimento, o que me permitiu uma análise de outros assuntos que ainda não tinham aparecido com maior robustez no trabalho.

A banca de segunda qualificação foi um momento muito significativo para a finalização do trabalho. O diálogo afetivo que se desenvolveu me impulsionou e me encorajou. Me permitiu testar a receptividade do conteúdo produzido e me deu fôlego para seguir escrevendo, repensando e criando. Agradeço sem qualquer reserva.

Por fim, a banca de defesa final da tese foi o ponto de culminância desta pesquisa, em que pude receber as últimas considerações antes do depósito definitivo do trabalho no Programa de Pós-graduação da Faculdade de Direito da UFMG. Oportunidade de ser arguida por grandes intelectuais e de testar o impacto do texto sobre estudiosas e estudiosos de outros temas, com outras leituras e modos de pensar o direito e o que existe para além do direito. Minha banca de defesa final da tese ocorreu no dia 15 de setembro de 2021[2] e teve como integrantes, o que muito me honra, os juristas Adilson Moreira, Marcelo Maciel e Silvio Almeida, a jornalista Rosane Borges e o psicólogo André Luis Freitas como suplente. Todos os trabalhos conduzidos de forma magistral por minha orientadora Maria Fernanda Salcedo Repolês. Essa experiência foi das mais ricas e difíceis que já vivenciei. Me permitiu um enorme amadurecimento intelectual e testou minha capacidade de defesa de ideias e posicionamentos. Deste evento pude retirar inúmeros aprendizados e perceber gargalos com os quais ainda preciso lidar nas pesquisas futuras que

---

2 QRCode 1 - Banca final de defesa de tese de doutorado – Maria Angélica dos Santos – Programa de Pós-graduação em Direito da UFMG.

desenvolverei, em continuidade a este trabalho. Fui aprovada com nota cem e meu trabalho foi recomendado para ser indicado a concorrer ao Prêmio UFMG e CAPES de Teses.

Além das bancas de análise do trabalho em desenvolvimento, minha experiência no grupo de pesquisa **Tempo, Espaço e Sentidos de Constituição** foi de fundamental importância para o desenvolvimento deste trabalho. Neste projeto, a Professora Doutora Maria Fernanda Salcedo Repolês implementa uma metodologia de orientação coletiva. Todas as reuniões, opiniões, textos lidos, debates promovidos, ofereceram uma possibilidade de aprimoramento e sofisticação do meu conteúdo. Desde o primeiro dia em que entrei no grupo até agora já fui muitas, nunca mais serei a mesma. Eu melhoro muito no convívio com vocês. Agradeço a todos os integrantes do grupo, mas quero mencionar alguns nomes que representam muito dessa trajetória: Maria Fernanda, Francisco, Thaís Isaías (que me acompanhou generosamente em todas as etapas do processo e quis dialogar comigo mesmo quando eu não sabia quase nada), Deivide Júlio, Gabriella Sabatini (que leu minha entrevista comigo mesma logo que escrevi e me encorajou a prosseguir), Wanessa, Daniel Cunha (que sentou comigo e leu meu projeto para o processo de seleção e ingresso no Programa com cuidado e tempo, corrigindo detalhes e me guiando pelos caminhos estreitos da academia), Daniel Carvalho (que leu uma versão avançada deste trabalho e fez sugestões generosas e precisas), Carolina, Roberta, João Vinícius, Cyntia, Olívia, Miguel Orlando, Isabela Bettoni, Gustavo Pessali, Marianne, Martha, Raquel, Cynthia Santos, Igor Viana (que leu meu poema com sensibilidade e me encorajou a não alterar praticamente nada), Andrea, Amanda, Juliano, Carolina, Vanessa, Thiago Santos, pessoas que seguram minha mão e caminham comigo. A experiência neste grupo me fez compreender ainda mais a importância de uma pedagogia engajada, materializada por minha orientadora com primor e generosidade.

Agradeço à Isabela Corby, que foi a primeira pessoa a me ajudar com as inserções das lendas dos orixás na pesquisa, me instruindo acerca de como proceder com o devido respeito à Orixalidade. Da mesma forma agradeço à Thiago Hoshino, por ter dialogado profundamente comigo sobre as lendas dos orixás que inseri nesta tese, me mostrando que estava no caminho certo e me ensinando a aprimorar o que ainda não sabia.

Ao grupo de estudos Aláfia, agradeço pelas trocas e pelos impulsionamentos. Muitas das minhas escolhas narrativas emergiram de provocações que os encontros me traziam e com as quais tinha que lidar. Em especial, agradeço à Jailane, colega de curso que sugeriu o nome do grupo e que me apresentou a essa palavra "Aláfia" que depois utilizei como título do meu primeiro romance.

Ao Polos agradeço pela acolhida e pelo suporte. No último ano de pesquisa fui estagiária extensionista deste programa e pude aprender ainda mais sobre ensino transdisciplinar e sobre afetos na academia. Um agradecimento especial para o Professor Doutor André Luiz Freitas Dias e para o colega Cristiano Rato, ambos foram e seguem generosos comigo.

Ao Instituto Mattos Filho agradeço por me permitirem segurança financeira para poder escrever e produzir com um mínimo de sossego. Sem o financiamento que recebi no último ano de pesquisa este trabalho não seria o que é. Pude desenvolver minha potência intelectual com a tranquilidade que a criatividade exige para aflorar. Em especial agradeço ao meu colega de faculdade Giovani Loss, que abriu as portas do Instituto para mim e foi meu mentor em toda essa jornada. Também agradeço a Paula Vieira de Oliveira, a Laura Davis Mattar, Roberto Quiroga Mosquera, Flávia Regina de Souza Oliveira, Ana Clara Muniz Agostinetti, Mariana Rosati Amabile e Larissa dos Santos Germano. Todas essas pessoas me enxergaram, viram meu potencial, me respeitaram, me deixaram falar e me escutaram; me permitiram receber atenção, assistência e apoio do Instituto. Espero que nossa parceria persista, pois aprendi a respeitar meus aliados, tão atentos e interessados quanto eu em uma transformação inclusiva do direito e do sistema de justiça.

Agradeço a cada entrevistado que quis dialogar comigo neste projeto. Sem vocês, Renato, Jane, Wanessa, Fernando e Roque, este trabalho não teria a potência que tem. Muito obrigada pela confiança, pelo mergulho corajoso e pelo respeito com que aceitaram segurar minha mão. Espero que meu trabalho tenha honrado a história de vocês.

Agradeço a todas as professoras e professores que lutaram pela implementação da Política de Ações Afirmativas no Programa de Pós-graduação da Faculdade de Direito e Ciências do Estado da UFMG. A luta de vocês não foi em vão. Eu sou uma das beneficiadas por políticas inclusivas e meu trabalho é a prova de que a mudança é necessária.

Certamente esqueci de mencionar nomes muito importantes nessa minha trajetória. Peço desculpas e reforço meu agradecimento a todas, todes e todos que estiveram neste percurso comigo.

Agradeço aos meus ancestrais, às mulheres da minha família que me antecederam, aos homens de minha família que antecederam. Agradeço a quem da minha família atravessou o Atlântico nos porões do navio e lutou para sobreviver e ao fazer isso me permitiu existir tantas décadas depois. Minha vida é um encontro de esforços e forças pela existência e pela resistência. Minha escrita é resistência. Eu inteira sou resistência.

Por fim, agradeço a você que me lê. Muito Obrigada!

ESCOLHAS LINGUÍSTICAS

Grada Kilomba em sua própria tese explica que "a língua, por mais poética que possa ser, tem também uma dimensão política de criar, fixar e perpetuar relações de poder e de violência, pois cada palavra que usamos define o lugar de uma identidade" (KILOMBA, 2019, p. 14). Concordando com cada palavra proferida pela autora portuguesa, preciso tratar de algumas escolhas linguísticas que faço.

DIREITO

É usual o termo aparecer grafado com a inicial em letra maiúscula - Direito - sempre que pretendem se referir ao ordenamento jurídico ou à ciência que se dedica ao estudo das normas e das relações a partir de uma perspectiva normativa. Quando se usa o termo grafado com a inicial em minúscula - direito - costumeiramente se quer fazer referência aos direitos garantidos e materializados numa dimensão mais aproximada dos indivíduos ou coletividades. Neste trabalho me disponho a questionar a sacralização do direito, seus cânones e sua estrutura elitista, inclusive me utilizando de um tensionamento linguístico. O debate que me interessa aqui implica em uma confrontação crítica com o insulamento de um melhor saber que se modela a partir de interesses que se localizam no centro do poder, por conta disso também envolve a linguagem. Meu debate é linguístico, daí a importância de uma escolha terminológica que aproxime as reflexões dos grupos que sempre estiveram às margens do poder. Do mesmo modo como faz bell hooks, a principal referência desta pesquisa, considero um recurso transgressor bastante válido grafar em minúsculas palavras usualmente escritas com iniciais maiúsculas. Por isso, o termo "direito" aparecerá grafado com inicial minúscula mesmo quando estiver me referindo à ciência do direito ou ao ordenamento jurídico. Este movimento contra-hegemônico se harmoniza com toda a dinâmica metodológica empregada em todo o texto. Mantenho o uso tradicional do termo, com maiúscula no início, para todas as citações e também nas entrevistas em que apresento textos de outras pessoas. Também utilizo o termo em maiúscula para mencionar instituições, órgãos ou programas cujo nome se apresenta com a grafia em maiúsculas. Mas, reitero, a escolha de grafar a palavra em minúsculas é minha. Esta estratégia se coaduna com toda a estrutura do trabalho, que desloca o direito do seu lugar asséptico, sagrado, misterioso e inatingível pelos reles mortais e o coloca ao alcance de todas, todos e todes.

NEUTRALIDADE PRONOMINAL

Mantendo no horizonte a dimensão política da linguagem, me esforço para fazer a inclusão do pronome neutro sempre que possível. Nestes moldes, o uso do "e", como em todes, se apresentará no corpo deste estudo. Em outras passagens também se poderá notar o uso do "@" também com o mesmo intuito de neutralizar a binaridade de gênero na linguagem. Como este trabalho se apresenta num plano metodológico engajado com a emancipação de corpos oprimidos, não faria sentido ignorar este dilema linguístico tão necessário de ser considerado.

ESCRITA EM PRIMEIRA PESSOA DO SINGULAR

A escrita em primeira pessoa do singular não é comum e tão pouco bem-vista no âmbito jurídico, sobretudo quando se refere a trabalhos científicos. Contudo, este recurso linguístico vem sendo cada vez mais usado por grupos emancipacionistas e que refletem sobre a necessidade um giro linguístico que reposicione quem fala e quem não fala, quem pode falar e quem não pode falar, quem deve falar e quem deve se calar. Na academia é muito frequente o desenvolvimento de pesquisas que falam pelos outros, tendo como objetos de estudo os corpos que não são aqueles para os quais a academia foi construída. Entretanto, esta captura da potência discursiva pelos acadêmicos tem sido posta em debate com cada vez mais vigor e se tem desenvolvido estratégias que desloquem essas relações de poder estabelecidas em defesa do *status quo*. É com essa percepção que a escrita em primeira pessoa do singular se apresenta como estratégia metodológica disruptiva e que coloca em xeque as regras do jogo estabelecidas pelos detentores do poder. O trabalho não perde sua dimensão científica, séria e implicada com a complexidade teórica por se desenvolver na primeira pessoa do singular, como demonstrarei ao longo de todo o texto.

ESCLARECER/ESCURECER

Tem se tornado cada vez mais frequente a crítica de alguns integrantes do movimento negro ao uso de alguns termos e expressões considerados racistas. No caso do termo em análise – esclarecer - a celeuma se dá por ser o termo considerado racista ao carregar em seu conteúdo a ideia de que se deve tornar claro, tornar branco, para se compreender melhor. Contudo, há também uma relação do termo com o Iluminismo, período em que a Europa inaugura o século das luzes com seus filósofos da ilustração ou do esclarecimento que depositam na razão a produção do conhecimento. Neste sentido, considerando-se essa dimensão iluminista do termo, o homem racional era o homem universal ou o homem branco por assim dizer. Entretanto, tem se tornado cada vez mais evidente que a racionalidade não é atributo exclusivo dos homens brancos europeus e que a capacidade de produção de conhecimento também extrapola essa universalidade ditada pelo eurocentrismo. Neste sentido, considero possível uma manutenção do termo "esclarecer" sem que se atribua a este somente o peso de ser o opositor ao seu antônimo "escurecer", num contraponto entre branco e preto. Há, para além disso, uma questão filosófica que dimensiona o espaço do conhecimento. E, para mim, conhecimento precisa estar em todo lugar, não só naqueles em que domina uma lógica eurocentrada de pensar e fazer. Por todo o exposto e também para ser compatível com o argumento central deste trabalho, preservo o uso e o sentido, redimensionado, do termo e opto por aplicar neste trabalho "esclarecer" e todas as suas variações gramaticais. Esta minha escolha não esvazia a compreensão da existência de um debate necessário para a transformação de uma linguagem marcantemente racista. Entretanto, não entendo que o termo "esclarecer", especificamente, deva figurar nesta lista de palavras condenadas. Opto por ressignificar o termo ao invés de invertê-lo.

LISTA DE FIGURAS

Figura 1 – Foto formatura Direito UFMG/Dezembro de 2001
Figura 2 – Colagem autoria própria
Figura 3 - Colagem autoria própria
Figura 4 - Colagem autoria própria
Figura 5 – Trote aos calouros na Faculdade de Direito e Ciências do Estado da UFMG em 2013
Figura 6 - Colagem autoria própria
Figura 7 – Print conversa grupo WPP de ex-alunos de IES em que lecionei
Figura 8 - Print conversa grupo WPP de ex-alunos de IES em que lecionei
Figura 9 – Anúncio do Correio Paulistano de 1879
Figura 10 – Anúncio Jornal
Figura 11 – Anúncio Jornal
Figura 12 – Página de sentença proferida por juíza de Curitiba em 2020
Figura 13 – Foto Wanessa Susan de Oliveira Rodarte
Figura 14 - Colagem autoria própria
Figura 15 – Desembargadores TJSP
Figura 16 – Foto Jane Luciana da Silva
Figura 17 – Declaração empresa de ônibus
Figura 18 – Advogada algemada e arrastada em Fórum
Figura 19 – Inteiro teor de decisão que exalta magistratura
Figura 20 - Colagem autoria própria
Figura 21 – Foto Roque Luis da Silva Xavier
Figura 22 - Colagem autoria própria
Figura 23 – Foto Renato Ferreira
Figura 24 - Figura da Revista Trip
Figura 25 - Destaque do Jornal O Tempo Belo Horizonte, Dez/20.
Figura 26 - Colagem autoria própria
Figura 27 - Colagem autoria própria
Figura 28 - Colagem autoria própria
Figura 29 - Colagem autoria própria
Figura 30 – Diagrama representativo da ideia central desta tese (autoria própria)
Figura 31 - Colagem autoria própria
Figura 32 – Colagem autoria própria

LISTA DE QRCODES

QRCode 1 – Banca final de defesa de tese de doutorado – Maria Angélica dos Santos – Programa de Pós-graduação em Direito da UFMG.

QRCode 2 - Música Não mexe comigo – na voz de Maria Bethânia

QRCode 3 - Música O que se cala – na voz de Elza Soares

QRCode 4 - Poema "Ainda assim eu me levanto" de Maya Angelou – na voz de Maria Angélica dos Santos

QRCode 5 - Música Pra que me chamas? – na voz de Xênia França

QRCode 6 - Música Negro Drama – na voz de Racionais MCs

QRCode 7 - Poema Afirmação de Assata Shakur – na voz de Maria Angélica dos Santos

QRCode 8 - Trecho do Caso Mari Ferrer

QRCode 9 - Música Black Parade – na voz de Beyoncé

QRCode 10 - Documentário Juízo

QRCode 11 - Música O Mar Serenou – na voz de Clara Nunes

QRCode 12 - Entrevista com Renato Ferreira Resposta 1

QRCode 13 - Entrevista com Renato Ferreira Resposta 2

QRCode 14 - Entrevista com Renato Ferreira Resposta 3

QRCode 15 - Música É D'Oxum (Pontos de Oxum) – na voz de Rita Benneditto

QRCode 16 - Música Linda e Preta – na voz de Nara Couto

QRCode 17 - Poema E eu não sou uma jurista? - na voz de Maria Angélica dos Santos.

SUMÁRIO

27 E EU NÃO SOU UMA JURISTA?

27 TRAJETÓRIAS DE CORPOS NEGROS PELA FACULDADE DE DIREITO E CIÊNCIAS DO ESTADO DA UFMG FIZERAM DELA O QUE É HOJE. ENTRETANTO, O CORPO ESTRANHO QUE OCUPA O ESPAÇO ACADÊMICO NÃO PROMOVE O IMPACTO SUFICIENTEMENTE NECESSÁRIO PARA ALTERAR AS BASES ELITISTAS E A SUPREMACIA BRANCA PRESENTE DESDE SUA FUNDAÇÃO.

34 MOVIMENTANDO O DIREITO DO CENTRO PARA AS MARGENS

39 0 - ORIENTAÇÕES PRELIMINARES PARA UMA EXPERIÊNCIA DE LEITURA DESTE TRABALHO

52 INTRODUÇÃO OU DESEJOS DESCOBERTOS

61 ENCARTE I

62   1. O ENSINO JURÍDICO E A MEMÓRIA
94   "MULHER RIDÍCULA, COM CABELO RIDÍCULO, E ATITUDES RIDÍCULAS" [SIC]
105   DIÁRIO DE UMA PROFESSORA NEGRA NA FACULDADE DE DIREITO
105   EPISÓDIO 1
108   MARIA ANGÉLICA APRESENTA A HISTÓRIA DE WANESSA SUSAN DE OLIVEIRA RODARTE, UMA ADVOGADA E MESTRANDA EM DIREITO DO TRABALHO PELO PROGRAMA DE PÓS-GRADUAÇÃO DA FACULDADE DE DIREITO E CIÊNCIAS DO ESTADO DA UFMG.

113   2. O ENSINO JURÍDICO E O PERTENCIMENTO – O DIREITO NO CENTRO DA ENCRUZILHADA
141   DIÁRIO DE UMA PROFESSORA NEGRA NA FACULDADE DE DIREITO

141   EPISÓDIO 2
143   MARIA ANGÉLICA ENTREVISTA JANE LUCIANA DA SILVA, UMA INTÉRPRETE DE LIBRAS, ESTUDANTE DE DIREITO E AFROEMPREENDEDORA

148   3. DIREITO E VERGONHA
168   O PESO DO DIREITO OU JURISTAS NÃO CHORAM
175   DIÁRIO DE UMA PROFESSORA NEGRA NA FACULDADE DE DIREITO
175   EPISÓDIO 3
176   MARIA ANGÉLICA ENTREVISTA ROQUE LUIS DA SILVA XAVIER, UM ADVOGADO.

182 ENCARTE II

190   1. POR UMA JUSTIÇA ENGAJADA
194   DESLOCANDO THÉMIS
197   CENTRALIZANDO IEMANJÁ
203   O LUGAR DO PERTENCIMENTO
209   DIÁRIO DE UMA PROFESSORA NEGRA NA FACULDADE DE DIREITO
209   EPISÓDIO 4

211   2. A MALDIÇÃO DO CAPITAL SIMBÓLICO NEGATIVO
220   DIÁRIO DE UMA PROFESSORA NEGRA NA FACULDADE DE DIREITO
220   EPISÓDIO 5

223   3. SILENCIANDO O BACHARELISMO
229   DIÁRIO DE UMA PROFESSORA NEGRA NA FACULDADE DE DIREITO
229   EPISÓDIO 6
231   MARIA ANGÉLICA ENTREVISTA RENATO FERREIRA, UM ADVOGADO, PROFESSOR UNIVERSITÁRIO NO RIO DE JANEIRO E DOUTORANDO PELA UNIVERSIDADE FEDERAL FLUMINENSE

235 ENCARTE III

- 236   1. O PERIGO DO ESSENCIALISMO DA RAÇA NO DIREITO
- 252   COMPROMETIDA COM UMA TEORIA RACIAL CRÍTICA SULEADA
- 259   DIÁRIO DE UMA PROFESSORA NEGRA NA FACULDADE DE DIREITO
- 259   EPISÓDIO 7

- 260   2. LETRAMENTO JURÍDICO CRÍTICO
- 279   A URGÊNCIA DA INTERSECCIONALIDADE NO ENSINO JURÍDICO
- 280   NÃO SE TRATA SÓ DO QUE O ENSINO JURÍDICO É. MAIS IMPORTANTE AINDA É O QUE O ENSINO JURÍDICO FAZ.
- 284   DIÁRIO DE UMA PROFESSORA NEGRA NA FACULDADE DE DIREITO
- 284   EPISÓDIO 8

- 285   3. JURISTAS ENGAJADOS E A EMANCIPAÇÃO PELO SABER
- 291   DIÁRIO DE UMA PROFESSORA NEGRA NA FACULDADE DE DIREITO
- 291   EPISÓDIO 9
- 292   MARIA ANGÉLICA PROFESSORA UNIVERSITÁRIA ENTREVISTA MARIA ANGÉLICA ESTUDANTE DE DIREITO
- 293   TEORIA TRIDIMENSIONAL DO DIREITO
- 296   TEORIA RELACIONAL DO DIREITO

301 CONCLUSÃO OU CONTRA UMA OCLUSÃO

- 309   DIÁRIO DE UMA PROFESSORA NEGRA NA FACULDADE DE DIREITO
- 309   EPISÓDIO 10

312 REFERÊNCIAS COM SINCERAS DEFERÊNCIAS

327 MÚSICAS MENCIONADAS POR QRCODE (NA ORDEM EM QUE APARECEM NO TEXTO)

327 DOCUMENTÁRIO MENCIONADO POR QRCODE

329 CARTA A BELL HOOKS, MINHA AVÓ OUTSIDER.

E EU NÃO SOU UMA JURISTA?

TRAJETÓRIAS DE CORPOS NEGROS PELA FACULDADE DE DIREITO E CIÊNCIAS DO ESTADO DA UFMG FIZERAM DELA O QUE É HOJE. ENTRETANTO, O CORPO ESTRANHO QUE OCUPA O ESPAÇO ACADÊMICO NÃO PROMOVE O IMPACTO SUFICIENTEMENTE NECESSÁRIO PARA ALTERAR AS BASES ELITISTAS E A SUPREMACIA BRANCA PRESENTE DESDE SUA FUNDAÇÃO.

Nasci em 10 de junho de 1978.

Nasci de um parto à fórceps no Hospital da Previdência em Belo Horizonte, pois minha mãe era professora concursada do Estado de Minas Gerais e este era, e ainda é, o hospital responsável por atender aos servidores públicos do estado.

Seis meses antes disso, entretanto, já vivia uma grande tragédia. Meu pai havia sido assassinado. E o assassino do meu pai era meu tio. Meu pai não quis assumir a paternidade e, em represália, meu tio o matou a tiros num bar.

Numa cidade pequena no interior de Minas Gerais, Dom Joaquim, a repercussão de algo deste tipo não se faz de forma muito agradável e no fim dos anos de 1970 mães solteiras não eram as melhores referências de moralidade.

Quando fiz três anos de idade, eu e minha mãe nos mudamos para o maior conjunto habitacional da América Latina à época, a COHAB em Santa Luzia/MG, formando posteriormente os bairros Cristina A, Cristina B e Cristina C.

Minha mãe lecionava e eu estudava em uma escola pública próxima. Por ser professora, ela ganhava muitos livros de cortesia das editoras e foi através destes que comecei a desenvolver meu gosto pelo estudo e pela literatura. Por ser filha única e ter poucos amigos, passava boa parte do meu tempo entre livros e quebra-cabeças, montados e remontados repetidas vezes.

Cresci estudando em escolas públicas. Mas quando ingressei no ensino médio, minha mãe e eu tomamos uma decisão radical: eu iria estudar em Belo Horizonte, que ficava a cerca de 1h de ônibus, e em uma escola particular. Fizemos as contas e decidimos enxugar os gastos ao máximo, reduzir todas as despesas supérfluas. Entretanto, logo descobrimos que não tínhamos gastos supérfluos e então cortamos a carne e passamos a nos alimentar de feijão com banana durante muito tempo. Conseguimos um percentual de bolsa, mas ainda assim era insuficiente frente às nossas despesas.

Este sacrifício me permitiu estudar durante meus três anos de ensino médio em uma escola particular de classe média-alta, e ter acesso ao conhecimento que me daria o suporte necessário para ingressar na UFMG, sonho da minha mãe desde a minha infância.

Concluído o ensino médio tentei meu primeiro vestibular e fui aprovada para a segunda etapa, porém não alcancei a aprovação nesta. Ingressei num cursinho preparatório para vestibular e no ano seguinte ingressei na Faculdade de Direito da UFMG.

Em 1996 entrar no prédio da Faculdade de Direito da UFMG era algo muito estimulante e intimidador.

Quando um corpo negro ingressa em um espaço construído e preparado para receber uma elite, o espanto que se instaura de ambos os lados é tão grande e proporcional que não sobra lugar para outro sentimento. Espantado fica o corpo negro ao pisar no mármore que compõe a entrada da vetusta[3], com sua

---

[3] A Faculdade de Direito da UFMG é carinhosamente apelidada de "Vetusta Casa de Afonso Pena" ou simplesmente "Vetusta". O apelido

rampa em caracol à esquerda, imponente, ampla e convidativa, embora também amedrontadora. Espantado fica o branco ao se dar conta de que aquele corpo negro não está ali como tantos outros estiveram: carregando o mármore nas costas e o assentando com cimento e suor no nobre chão do direito.

Durante todo o período da graduação me vi às voltas com diversas circunstâncias excludentes, entretanto, não percebi tratar-se de uma questão racial, até porque eu me esforçava para embranquecer meus traços evidentemente negróides ao máximo. Atribui qualquer dificuldade acadêmica atravessada por mim ao fato de ser pobre, desconsiderando por completo que tais aspectos se entrecruzavam e serviam como marcadores sociais evidentes.

Ao final da graduação me esforcei para permanecer na UFMG, tentando ingressar no Programa de Pós-Graduação em Direito, mas minhas reiteradas tentativas foram infrutíferas. Até que um funcionário do programa me alertou que deveria desistir. Me indagou como eu ainda não havia percebido que aquele espaço não era para mim e que eu poderia tentar quantas vezes fossem necessárias e, mesmo sendo gabaritada para o programa, jamais teria permissão para entrar.

Neste momento, o que pareceu foi que o meu ingresso na Faculdade de Direito da UFMG, em 1996 não havia passado de um mero acidente de percurso. E que aquele lugar me suportou em decorrência deste evento incomum, mas que eu não poderia permanecer, porque a partir daquele ponto outros critérios eram considerados para a permanência e eu não os preenchia.

Diante deste cenário não tão convidativo, me desloquei para outros espaços e concluí meu mestrado em uma renomada instituição de ensino particular de Belo Horizonte, a PucMinas. Cursei meu mestrado como bolsista financiada pelo The Lincoln Institute of Land Policy, sendo a primeira aluna do programa a receber esta bolsa de incentivo à pesquisa.

---

possui conotação usualmente positiva, referenciando a tradição do curso e sua história de sucesso.

Em 2018, através do recém-implementado sistema de cotas para negros no Programa de Pós-graduação em Direito da Faculdade de Direito e Ciências do Estado da UFMG[4], retorno à vetusta. Me recordo de contar de minha aprovação para algumas colegas de trabalho em uma faculdade em que lecionava e receber de início um olhar de espanto e depois um cumprimento de alívio por saberem que eu tinha ingressado pelas cotas, porque eu fazia questão de destacar bem isso. Para elas parecia que com isso meu conhecimento se perdia inteiro na concessão piedosa do favor institucional. Como se ficassem regozijadas por eu não ser melhor do que elas, afinal eu era cotista. Essa impressão durou dois minutos e depois do constrangimento as colegas se corrigiram dizendo que havia mérito em minha vitória do mesmo jeito, independente de ser através de cotas ou não.

Iniciei minha atividade docente em 2002. Completo 19 anos de carreira docente e junto com mais um ou dois professores negros compus o corpo docente do curso de direito de diversas instituições de ensino superior em Minas Gerais. Sou professora, mãe, esposa, escritora afrofuturista e ativista por melhores condições e reconhecimento de negros e negras em espaços acadêmicos.

Pois bem, é deste lugar que falo. Do lugar da mulher, negra, pobre, intelectualizada, mãe, professora, esposa e ativista.

E deste lugar, me ponho a questionar em que medida uma faculdade de direito fundada em 1892 numa província altamente impactada pela exploração escravista, cerca de mais de cem anos após sua fundação está preparada para receber negros em seu corpo discente e em seu corpo docente (no momento em que escrevo este texto não consta nos quadros institucionais nenhuma professora negra ou professor negro

---

[4] Desde o primeiro semestre de 2009 a Faculdade de Direito da UFMG passou a oferecer também o curso de graduação em Ciências do Estado. Com essa inclusão a instituição passou a ser denominada Faculdade de Direito e Ciências do Estado da UFMG.

lecionando na Faculdade de Direito e Ciências do Estado da UFMG, seja no programa de graduação ou de pós-graduação).

Por óbvio um ou outro negro já ocupou este espaço, de aluno ou professor, nestes anos todos de história. Mas, para além disto, a Faculdade se preparou para recebê-lo adequadamente, como um igual aos seus "pares" ou tratou simplesmente de conviver com o pequeno incidente até, enfim, ter a chance de expurgá-lo sem grandes traumas institucionais? Como esta renomada instituição oitocentista conformou o corpo negro que transita por seus espaços? O que ensinou? Como ensinou? Para o que o preparou?

Considerando-se os pouco mais de cem anos que antecederam meu ingresso na Faculdade de Direito e Ciências do Estado da UFMG, questiona-se quantos negros ingressaram neste espaço, como discentes, como docentes ou como funcionários. E partindo deste panorama, qual é o lugar designado ao negro nesta Instituição? Somos invisibilizados, como os funcionários negros que, como sentinelas, guardam a entrada de um espaço do qual eles mesmos são excluídos? Ou somos tratados como uma elite da sub-raça que, como um ponto fora da curva, ascendeu, e, portanto, passou a ser vista com outros olhos, não se identificando mais com os do seu grupo, embora não possa ser completamente integrada ao outro grupo, passando a ser tolerada porque despontou e conseguiu se desprender dos "seus", embora jamais possa ser equiparada aos "nossos"? Será que somos identificad@s como outsider within, localizad@s na fronteira[5], fora e dentro ao mesmo tempo, mas nunca pertencentes?

---

[5] Este conceito é bastante explorado pelas pensadoras dos "feminismos outros", sobretudo as decoloniais. No contexto em que trabalho nesta pesquisa, Maria Fernanda Salcedo Repolês explica com precisão como este termo se aplica no contexto do ensino jurídico: "nossa proposta é compreender a fronteira como condição de possibilidade contra a monocultura do pensamento. O papel do pensamento é o de habitar e mover-se na fronteira, nesse entre-lugar do qual é possível perceber as disputas e as alianças, o que separa, mas também o que une."(REPOLÊS, 2020, p. 245)

Em um recorte de jornal contendo os aprovados no vestibular de 1972, apresentado com orgulho por um meu contemporâneo, pude constatar que a maioria dos nomes apresentados ali pertenciam aos avós ou pais de muitos de meus colegas de classe. Sendo assim, há que se questionar se a Faculdade de Direito e Ciências do Estado da UFMG é realmente um espaço aberto ao saber ou se foi criado estritamente para formar as mentes dos brilhantes filhos e netos dos grandes juristas do passado. Este espaço é um legado oitocentista, que deve perpetuar o ciclo avô-pai-filho... e assim por diante?

Caso positivo, qual é a dinâmica pedagógica imposta ao negro/negra, que, por um acidente de percurso, fugiu do "rebanho" e acabou por ocupar o espaço reservado? Qual é o interesse de que este negro receba uma formação que o permita transcender? Existe uma preocupação ou um preparo pedagógico institucional para que isso aconteça?

Me pergunto se os negros que passaram pela Faculdade de Direito e Ciências do Estado da UFMG, como alunos, nos primeiros cem anos, tiveram seu legado garantido e puderam ver sua prole ocupar o espaço recém-conquistado, ou se este luxo só foi conferido aos brancos? Será que só existe um direito, o direito das elites, o direito dos bacharéis?

E os descendentes dos negros que ocupam este espaço hoje, será que terão uma faculdade estruturada e preparada para recebê-los pelos próximos cem anos que virão? O ponto é, após esta disputa, a fratura causada permitirá que a Faculdade de Direito e Ciências do Estado da UFMG tenha condições de formar corpos negros com a excelência com que forma corpos brancos, observando seu lugar de fala, sua identidade, ancestralidade e impulsionando-os para além?

Acredito que a resposta é negativa, partindo da observação de como a IES se instrumentaliza para o acolhimento pleno deste corpo negro hoje. Há uma carência de planos de ação pedagógica que estabeleçam metodologias centradas na raça e que estejam implicadas em uma formação que emancipe e transforme.

Na Faculdade de Direito e Ciências do Estado da UFMG, começam a surgir disciplinas e grupos de estudos interessadas no debate racial, mas ainda não há uma pedagogia suficientemente engajada ao ponto de romper com a tradição colonial.

Ora, considerando a quantidade de negros que ingressaram nesta instituição no primeiro século de sua história[6], provavelmente pouco ou nenhum interesse houve em se mobilizar estruturas e repensar projetos para abrigar e formar adequadamente tão poucos sujeitos. Na verdade, foram estes que precisaram se adaptar ao modelo para não serem expurgados antes do tempo.

E após a implementação do sistema de cotas nas Universidades Públicas, impactando, inclusive a Faculdade de Direito e Ciências do Estado da UFMG, como esta IES passou a se preparar para receber e formar os negros que alí chegaram, agora não mais como um ponto fora da curva? Bom, a presença das catracas na portaria da Faculdade já expõe a postura institucional face às minorias (mendigos, vadios, pobres, marginais – grupo composto em sua imensa maioria por corpos negros).

Não há como incluir quando não há um robusto corpo de medidas pedagógicas que acolham o negro universitário, passando por um corpo docente especializado e que se reporte de um lugar de fala semelhante aos dos alunos recém-integrados. Disciplinas que permitam uma formação crítica, ativa e transformadora sobre demandas que envolvam minorias.

É com o intuito de oferecer respostas a estas perguntas e de suscitar mais questionamentos disruptivos que defendo, tendo como horizonte possível um *Afrofuturo Jurídico,* a implementação de um Letramento Jurídico Crítico através de uma Pedagogia engajada, que transgrida os padrões e estabeleça uma estratégia de ensino que seja contra-hegemônica e libertária. A educação como prática da liberdade, como ensina bell hooks.

---

6 Na UFMG a aplicação do Questionário Sócio-Econômico, para alunos de graduação, teve início em 2003, a princípio com os inscritos no Vestibular da UFMG. A UFMG somente começou a utilizar o dado "cor" em programas de ação afirmativa em seus processos seletivos a partir de 2009.

MOVIMENTANDO O DIREITO DO CENTRO PARA AS MARGENS

Neste trabalho vou tentar movimentar o direito do centro para as margens, num esforço de deslocar. Deslocar cânones, saberes e certezas. Contudo, este esforço epistemológico, metodológico e pedagógico não perde de vista a complexidade que há em se adotar essas categorias "centro" e "margem". Compreendo a fluidez dessas categorias e por isso me atento a cautela que seu uso requer.

Estar no centro ou nas margens tem uma dimensão muito perspectivada. O que é central para mim, pode ser periférico para outrem. O centro e a margem estão em constante movimento. Não há uma fixação absoluta destas categorias. Entretanto, para o debate que me disponho a travar, para os diálogos íntimos que me interesso por estabelecer com algumas teóricas feministas negras, o uso destas categorias ainda é válido e faz muito sentido.

bell hooks conduz a teoria feminista da margem para o centro (hooks, 2019E) e se vale destas categorias para enunciar e questionar o processo de invisibilização e silenciamento de corpos que sempre tiveram grandes dificuldades de acessar poder, corpos que acumulam opressões de várias ordens, como raça, gênero, classe, sexualidade, capacidade, espacialidade e etariedade. Dialogando com esta mulher negra, escritora, filha, amiga, irmã, neta, feminista, transgressora, acadêmica, lida e respeitada internacionalmente, pedagoga freiriana com dezenas de livros publicados, escolho preservar estas categorias em meu trabalho mesmo sabendo que são questionáveis.

Para além destas reflexões teóricas também considero importante me situar frente a estas categorias que sempre estiveram presentes como marcadores espaciais de minha história. Eu sempre estive na margem, mesmo quando minha perspectiva me permitia localizar-me no centro. Considerando minha localização geográfica, eu morava na região metropolitana e, portanto, nesta dimensão geográfica definida no planejamento da cidade de Belo Horizonte, minha casa estava na margem. Agora, considerando como referência a cidade de Santa Luzia, meu bairro também era periférico, eu também estava à margem daquela localidade. Entretanto, estas questões não são somente geográficas ou dizem respeito simplesmente a pontos de vista. Trata-se de uma fixação do lugar onde o poder está e onde ele pode permanecer. Mesmo que na minha perspectiva, eu considerasse meu bairro o meu centro, ele não era o centro de localização do poder que se impunha sobre minhas relações sociais e cotidianas. O poder sempre esteve onde eu não estava.

Partindo desta percepção de um deslocamento involuntário de poder, onde quer que eu estivesse o poder não se aproximava de mim. Nesta distopia que flertava com minha realidade periférica, mesmo quando me aproximava do centro este criava armadilhas que me jogavam de novo para a periferia, para a ausência de poder. Ainda é assim.

Mesmo quando pude acessar a academia, que é um dos espaços de poder sobre o qual meu estudo se debruça aqui, nunca houve uma naturalização de minha presença. Nunca foi fácil. Nunca foi simples.

Eu saía da margem da cidade e ia para o centro, mesmo assim não conseguia acessar o poder. Eu saí de escolas públicas e ingressei numa das melhores universidade do país, mesmo assim eu não consegui acessar o poder. Convivo com juristas negres ocupantes de cargos os mais variados, mesmo assim eles não conseguem acessar permanentemente o poder, só se conectam com ele esporadicamente. Mas há quem acesse e detenha este poder indefinidamente, para quem este se perpetua disponível, fácil e simples, como uma herança incontestável, uma fonte inesgotável. Mas será que isso pode mudar?

Neste trabalho, o que tento fazer é despistar as sentinelas que vigiam o centro, o lugar de concentração do poder, e retirá-lo de lá para apresentá-lo aos que não puderam acessar este espaço até agora. Também faço um esforço de decifrar os códigos que revestem o poder de enigmas indecifráveis para quem não tem o acesso autorizado ao centro. Meu interesse é que as margens acessem os códigos de poder e possam apropriar-se dele. Faço isso porque percebo que estar no centro não necessariamente autoriza o acesso aos códigos que preservam o poder capturado nas mesmas mãos de sempre. Por isso, mesmo quem consegue acessar o centro, pode se sentir na margem por não ter acesso aos códigos do poder.

Para dar conta desta tarefa hercúlea, me valho de diversas estratégias que vão, pouco a pouco, apresentando facetas do poder para quem não conseguiu acessá-lo a partir de onde estiver. Decodificando e desvendando segredos ocultos pela conveniência e com o propósito de excluir.

Ao mesmo tempo, ao desvelar os mistérios da academia e do direito, procuro tornar evidentes os problemas e vulnerabilidades do lugar que centraliza o poder. Este desvelamento é necessário para que se desmistifique a centralidade do poder e se compreenda que este deve ser compartilhado. No caso do direito, do ensino jurídico e do sistema de justiça, a percepção de quem está às margens de que consegue decifrar os códigos da centralidade do poder implica em um descortinar de possibilidades indizíveis.

Há um texto de bell hooks que adoro e que se intitula "a margem como um espaço de abertura radical" (hooks, 2019A), neste texto ela fala de luta e linguagem. Em vários momentos repete-se a frase "a linguagem também é um lugar de luta". Meu trabalho se desenvolve tendo este mantra sempre presente. Meu posicionamento marginal está vinculado a uma preocupação com a linguagem, com o que direi neste trabalho e também em como farei isso.

Em "a margem como espaço de abertura radical" bell hooks (2019A) ensina que "É importante não apenas o que falamos, mas como e por que falamos" (hooks, 2019A, p.293). Neste sentido, o deslocamento que proponho no decorrer de todo o trabalho não se importa somente em carregar o conteúdo de poder, o conhecimento jurídico, do centro para as margens. Também estou interessada em deslocar a linguagem que acondiciona e informa ao mundo este mesmo poder exaltado. Fazer isso também é lidar com o poder. Concordo quando a professora estadunidense diz que "Os espaços podem ser reais e imaginários. Os espaços podem contar histórias e desvendar histórias. Os espaços podem ser descontinuados, apropriados e transformados através da prática artística e literária." (hooks, 2019A, p.294)

Isso me interessa.

bell hooks se localiza para escrever e pensar de um modo que escolho replicar neste trabalho. Ela diz:

> Eu me situo na margem. Parto de uma distinção definida entre a marginalidade que é imposta pelas estruturas opressivas e a marginalidade pela qual se opta como espaço de resistência – como lugar de abertura e de possibilidade radicais. Esse local de resistência é formado constantemente naquela cultura segregada de oposição que representa nossa resposta crítica à dominação. Chegamos a esse espaço passando por sofrimento e dor, passando por luta. Sabemos que a luta alegra, encanta e satisfaz o desejo. Somos transformados, individualmente, coletivamente, à medida que criamos um espaço criativo radical que afirma e sustenta nossa subjetividade, que nos dá um novo lugar a partir do qual podemos articular nosso sentido no mundo. (hooks, 2019A, p. 295)

Este meu texto é uma intervenção, uma experiência transgressora que materializa o que defende e que almeja a mudança. Não uma mudançazinha pequena, simbólica, para acalmar espíritos ansiosos. Quero abalar estruturas antigas, sacudir tapetes velhos e abrir os portões. Onde houver janelas, que se abram. Onde houver grades, que se rompam. Onde houver silêncios, que se façam os barulhos. Quero aguçar os seus sentidos. Quero escutar, ver e sentir o gosto do poder que está no centro. Quero compartilhar o aroma jurídico e te dar de beber da fonte interditada. Quero te mostrar as belezas que vi quando fui ao centro. Tive que sair às pressas, mas roubei o fogo do conhecimento para você.

Este texto está quente. Atente-se!

[7]Figura 1 – Foto formatura Direito UFMG/ Dezembro de 2001.

7 QRCode 2 - Música Não Mexe Comigo – Carta de Amor – DVD Carta de Amor Interpretação Maria Bethânia.

0 - ORIENTAÇÕES PRELIMINARES PARA UMA EXPERIÊNCIA DE LEITURA DESTE TRABALHO

Ingressei no Programa de Pós-graduação da Faculdade de Direito e Ciências do Estado da UFMG pelo processo seletivo de 2018 e, de início, projetei meus estudos para investigar o processo de embranquecimento e assimilação de negras e negros discentes durante o período formador da graduação.

À medida que meus estudos foram se aprofundando, fui atravessada por uma necessidade de focar meu olhar em negras e negros formados pela Faculdade de Direito, tanto no programa de graduação quanto no de pós-graduação, que atuassem como docentes nos cursos de ensino jurídico de todo o país. A tese permanecia a mesma: uma formação numa instituição de ensino elitista, eurocentrada, patriarcal e racista aplicada sobre corpos negros, promoveria um processo de assimilação e embranquecimento deste, que passaria, portanto, a pensar como um branco[8], comprometendo sua emancipação e a de tod@s que viriam a ser formados por estes profissionais. Um ensino jurídico formador, fadado a ser conformador e deformador de juristas para que, cooptados, passem a lutar e defender os mesmos ideais de dominação de seus opressores, numa dinâmica de manutenção da colonialidade do poder[9].

---

8 Adilson Moreira desenvolve este argumento em seu ensaio de hermenêutica jurídica. (MOREIRA, 2019)

9 A colonialidade é conceito cunhado por Aníbal Quijano, em seus estudos sobre Modernidade/Colonialidade. Walter Mignolo explora o conceito atrelando-o ao lado escuro da Modernidade. Mignolo defende que não há que se falar em modernidade sem se tratar de colonialidade. Esta se coloca como o "outro lado da moeda" da modernidade. Esta colonialidade envolve um conjunto de estratégias de dominação, manipulação e preservação de poder que visa aniquilar ou, no mínimo, controlar, tudo o que não é conveniente à ideologia da colonialidade. O conceito de colonialidade já traz consigo uma intenção descolonizadora. A própria percepção da colonialidade já promove uma antevisão de um projeto de descolonização.

Com a instalação da pandemia de COVID19, no início de março de 2020, a intenção de aprofundar em uma pesquisa de campo, com diálogos e entrevistas travados com juristas negras e negros que atuem como professores universitários e que tenham passado pelo processo de letramento na Faculdade de Direito e Ciências do Estado da UFMG[10], ficou parcialmente prejudicada, pois ainda que viável, as condições políticas, econômicas e sanitárias, poderiam comprometer o processo de rememoramento destas experiências por estes corpos emocionalmente vulneráveis pelo contexto atual que acentuou tanto os dilemas atravessados pelos oprimidos. Diante disso e após bastantes ponderações, optamos, eu e minha orientadora, em comum acordo, por uma adequação do projeto às condições de pesquisa e desenvolvimento do cenário atual, sem que se comprometesse a proposta-eixo, de se ponderar sobre o ensino jurídico no Brasil e sua persistente pedagogia opressora, mesmo diante do processo de democratização de acesso ao ensino superior.

Sendo assim, este trabalho passa a pretender uma análise teórica do percurso trilhado pelas instituições de ensino jurídico no país e de como o letramento oferecido por estas instituições forma, conforma ou deforma juristas, que são preparados para defender e preservar os interesses do grupo dominante, cuja herança de privilégios acumulados remonta o processo de colonização e se perpetua até hoje através da colonialidade do poder, que domina o sistema de justiça brasileiro desde os espaços de letramento acadêmico.

Meu texto é polifônico e multicultural. O que quero determinar com isso é que muitas são as vozes que podem ser auscultadas, se houver bastante atenção, em meu modo de estabelecer diálogos com a temática do ensino jurídico no Brasil e sua urgente necessidade de transformação. Ademais, as vozes que dialogam com a minha própria voz refletem muitas culturas, são multiculturais, e não apenas a cultura hegemônica. Isso ocorre porque já não me satisfaz mais ouvir

---

[10] Universidade Federal de Minas Gerais

só a voz do opressor e de só saber da sua perspectiva e das suas leituras de mundo. E assim como eu sinto falta de ouvir outras vozes também suponho que haja outras e outros que também o desejem, e é para estes que eu falo.

Entretanto, antes de estabelecer contato com as outras vozes, para além da minha, que compõem minha narrativa e me ajudam a desvendar os meandros ocultos da problemática do sistema de justiça nacional partindo de sua raiz, que é o ensino jurídico; considero importante determinar minha posição psíquica, a localização de onde pretendo emitir minha voz.

Há duas vozes dialogando comigo deste lugar multicultural em que me localizo. De um lado está a construção transgressora materializada na vocalidade de bell hooks. A voz desta feminista negra afro-estadunidense está fortemente presente ao longo de todo o trabalho. bell hooks desenvolve estudos importantes sobre educação, partindo de um intenso diálogo com o pensamento de Paulo Freire, e contribui muito para o desenvolvimento deste texto que pugna por uma educação engajada, segundo entendimento da própria escritora afro-estadunidense, que emancipe e liberte. Toda a escrita do texto é bastante direcionada pela forma de expressão narrativa desenvolvida pela pensadora negra que se vale da técnica do *storytelling* de forma refinada e complexa para construir experiências acadêmicas que envolvam saberes deslegitimados como científicos e canônicos.

Essa escolha narrativa evidencia o compromisso com uma pedagogia da libertação, pois apresenta uma escrita que passa por mim, uma jurista negra, e me desloca para o centro do debate juntamente com todo o grupo oprimido e marginalizado ao qual pertenço. Além disso, dá pistas de com quem estou disposta a dialogar, ao abordar o ensino jurídico brasileiro[11],

---

[11] Encerrando a escrita de *A ciência jurídica e seus dois maridos*, Luis Alberto Warat resume sua experiência da seguinte maneira: "É a palavra como isca para a pesca milagrosa. Você pode por em carne viva minhas lembranças, mentiras, medos, ansiedades e desesperos. Minha história transformada em palavras pode funcionar como um espaço para o reconhecimento (e as sucessivas aproximações) das várias interrogações

que são todos aqueles que estão preocupados com outros modos de pensar e ser e com os quais entrelaço meus braços e alinho meus passos firmes rumo ao sul global. Me valho de uma espécie de narrativa acumulativa, resgatando as lembranças de minha própria ancestralidade, e conto, reconto e construo a narrativa jurídica a partir do olhar da jurista negra que, por ser praticamente invisível, consegue acessar espaços às escondidas e ver e ouvir os segredos guardados pela tradição jurídica. Aqueles segredos que ninguém quis contar para você.

Outra constatação importante desta escolha narrativa, que parte da primeira pessoa, diz respeito àqueles que minha voz pretende alcançar e que extrapolam os espaços acadêmicos, embora a principal intenção de todo o estudo seja provocar reflexões e incômodos internos, ao público acadêmico em toda a sua magnitude, de modo a fazê-los refletir sobre os severos dilemas que condicionam o ensino jurídico a ser contribuinte fundamental para um sistema de justiça desigual, opressor e embranquecido.

A feminista afro-estadunidense também defende a multiculturalidade e ensina que o multiculturalismo obriga os educadores a reconhecer as estreitas fronteiras que moldaram o modo como o conhecimento é partilhado na sala de aula. Obriga todos nós a reconhecer nossa cumplicidade na aceitação e perpetuação de todos os tipos de parcialidade e preconceito. Os alunos estão ansiosos para derrubar os obstáculos ao saber. Estão dispostos a se render ao maravilhamento de aprender e reaprender novas maneiras de conhecer que vão contra a corrente. Quando nós, como educadores, deixamos que nossa pedagogia seja radicalmente transformada pelo reconhecimento da multiculturalidade do mundo, podemos dar aos alunos a educação que eles desejam e merecem. Podemos ensinar de um jeito que transforma a

---

abusivamente negligenciadas sobre o poder, seus arredores do saber e as práticas pedagógicas instaladas como garantia." (WARAT, 1985, p.161) A explicação de Warat para sua própria experiência produtiva tendo como tema a ciência do direito e o ensino jurídico me contempla profundamente. Me afinizo com essas reflexões de Warat ao pensar na produção deste trabalho que se apresenta diante dos seus olhos.

consciência, criando um clima de livre expressão que é a essência de uma educação em artes liberais verdadeiramente libertadora. (hooks, 2013, p. 63).

Discutir multiculturalidade no ensino jurídico é fundamental, considerando-se que o pensamento jurídico tende a ser monocultural, como explica Maria Fernanda Salcedo Repolês, encerrando-se em um sistema que se pretende completo e bastante por si mesmo. A jurista e professora universitária, ao refletir sobre educação jurídica, convida à seguinte ponderação:

> Para o pensamento jurídico monocultural não há nada além do jurídico que possa ser compreendido, dialogado e aplicado pelo jurídico. O pensamento jurídico monocultural é muito bem traduzido pela máxima tão ouvida nos meios que ele estrutura: "o que não está nos autos, não está no mundo". Ora, que mundo pequeno esse do jurídico monocultural! Como o conflito, a vida, as angústias de quem busca reparação, reconhecimento, declaração, decisão, (justiça?) foge a essa singela declaração de incompetência perante o complexo. (REPOLÊS. In FRANCISCHETTO; OMMATI; GORETTI, 2020. p. 245)

É também em bell hooks que encontro uma outra pista importante para meus estudos críticos do ensino jurídico brasileiro quando ela diz que se examinarmos criticamente o papel tradicional da universidade na busca da verdade e na partilha de conhecimento e informação, ficará claro, infelizmente, que as parcialidades que sustentam e mantêm a supremacia branca, o imperialismo, o sexismo e o racismo distorcem a educação a tal ponto que ela deixou de ser uma prática da liberdade. (hooks, 2013, p. 45)

Essas reflexões transgressoras não são audíveis na academia, que se insula de tal forma a não deixar reverberar vozes dissonantes do discurso do opressor, para quem todo o ensino jurídico foi construído e é direcionado. Constatar essa realidade me traz uma série de inquietações pois me disponho a apresentar uma outra estratégia de ensino, que promova um deslocamento epistemológico para o sul. Entretanto, é em bell hooks que mais uma vez encontro resposta para meus temores quando ela diz que se tivermos medo de nos enganar, de errar, se estivermos a nos avaliar constantemente, nunca transformaremos a academia num lugar culturalmente diverso, onde tanto os acadêmicos quanto aquilo que eles estudam abarque todas as dimensões dessa diferença. (hooks, 2013, p. 49)

E é também em bell hooks que encontro o impulso decisivo para investir minhas energias em uma pesquisa sobre novas formas de ensino jurídico, pois ela defende que para nos confrontarmos mutuamente de um lado e do outro das nossas diferenças, temos de mudar de ideia acerca de como aprendemos; em vez de ter medo do conflito, temos de encontrar meios de usá-lo como catalisador para uma nova maneira de pensar, para o crescimento. (hooks, 2013, p. 154)

Neste trabalho me disponho a tecer uma trama teórica que demonstre como o ensino jurídico, nos moldes como é estruturado e oferecido desde o Império brasileiro, corrobora a perpetuação das hierarquias sociais e interfere ativamente na manutenção de opressões que se impingem sobre alguns dos próprios corpos que acessam este espaço em busca de letramento jurídico.

Assim, juntam-se a essas duas vozes, de bell hooks e de Paulo Freire, a minha, que, como jurista negra, considero fundamental criar estratégias que permitam a inserção da minha voz no espaço acadêmico. Neste cenário, as três vozes que se destacam não impossibilitam, por sua vez, que haja um diálogo a ser estabelecido com o grupo localizado no sul, para onde todo o movimento intelectual aqui desenvolvido pretende deslocar o discurso. Desta forma, outras vozes aparecerão dialogando com as três principais, a fim de, com isso, se firmar uma ponte sólida que permita a efetivação do deslocamento do norte para o sul global.

Algumas bases teóricas dialogam, da plateia, com os três pilares centrais deste trabalho. Tais bases são a Teoria do Bacharelismo, a Teoria da Pedagogia da Libertação, a Teoria Racial Crítica e a Teoria do Letramento Múltiplo.

Este estudo tem como maior preocupação a transformação do sistema de justiça brasileiro partindo, então, de uma de suas origens fundantes que é o ensino jurídico. Se não houver uma mobilização séria e profunda para uma reformulação pedagógica do direito, o sistema de justiça fenecerá hermético, hegemônico, machista, racista e opressor.

Sem desejar ser mais uma crítica inócua ao caráter opressor e tradicional do ensino jurídico no país, este estudo apresenta uma alternativa possível para a reconstrução e reposicionamento do ensino jurídico como ferramenta efetivamente emancipatória para as opressões, finalidade primeva desta ciência social aplicada. O Letramento Jurídico Crítico, é defendido aqui, portanto, como potencial transformador das estruturas que compõem o ensino nas faculdades de direito brasileiras, permitindo uma formação integral do jurista e sua atuação transformadora desta sociedade fortemente marcada por desigualdades de raça, gênero e classe.

O trabalho é composto por três encartes que se complementam, mas que também podem ser lidos apartados e fora de ordem, porque o conhecimento presente aqui não é linear, mas sim circular e ascendente. No primeiro encarte serão apresentadas as bases formadoras do ensino jurídico no país, partindo-se da Teoria do Bacharelismo. Embora tal teoria já se apresente bastante explorada, este meu trabalho contribui para o debate ao trazer a questão racial para o centro, implicando em uma significativa reconfiguração da discussão, agora sobre um outro eixo.

Importa esclarecer que, embora o mote deste estudo se atrele, de certa forma, à implementação do programa de cotas raciais para o acesso à graduação e pós-graduação, não pretendo me ater à análise desta temática em si, me valendo especificamente do efeito derivado dessa política, que é uma aparente democratização do ensino jurídico a partir da massificação do acesso às faculdades de direito.

Pretendo demonstrar como o ensino jurídico no Brasil, partindo de sua gênese colonial, foi todo estruturado para não acolher corpos oprimidos e que mesmo com o processo de democratização, ainda há "formas mais ocultas" que persistem definindo lugares e reproduzindo desigualdades. Eu, neste trabalho, pretendo usar minha voz para dizer o que se cala.[12]

No segundo encarte me dedicarei a apresentar as diretrizes de um devir para o ensino jurídico, cujo letramento com fulcro em bases tradicionais não dá conta de reduzir desigualdades educacionais, servindo somente para perpetuar as relações coloniais de poder, demonstradas na primeira parte deste trabalho.

Defenderei nesta parte que o ensino jurídico precisa sofrer um redimensionamento social que o destitua de seu viés fortemente opressor e que só se coloca a serviço da supremacia branca, patriarcal, machista e eurocentrada, erigida a uma condição universal.

A implementação de uma pedagogia engajada para um letramento jurídico crítico promoverá o deslocamento epistêmico para o chamado sul global e a construção e reprodução do saber acadêmico desencastelado.

Por fim, arremato a trama teórica demonstrando como o Letramento Jurídico Crítico significa emancipação de opressões por instrumentalizar juristas para desconstruir a lógica de opressão atual, remodelando todo o sistema de justiça do país.

Toda história evidencia uma leitura de mundo, partindo de um lugar e preenchida por um eixo. Essa aqui, desenvolvida e apresentada, é uma construção que parte de uma mulher negra, jurista, acadêmica e docente; mulher preta e periférica que expõe sua narrativa a partir da margem.

Importa, contudo, mencionar que toda voz que fala cala alguma outra. Portanto, neste momento em que emposto minha voz para narrar estratégias de colonização do saber e do ser por meio do letramento jurídico, falo por mim e partindo deste meu lugar de análise e compreensão do mundo. Certamente,

---

12 QRCode 3 - Música O que se cala – Elza Soares

minha narrativa deixa de contemplar diversas outras leituras de mundo, principalmente aquelas que partem da branquitude e que se constroem sob uma lógica de supremacia branca.

Entretanto, o meu falar, por si, não silencia outras vozes. Há espaços para múltiplos discursos e isso é bom. Ruim é, porém, considerar que esta minha possibilidade de fala e articulação de ideias neste campo jurídico é fenômeno singular, pouquíssimo frequente, tendo sido raros os corpos negros que conquistaram este poder de fala. Isso precisa mudar!

Considerando a intenção deste trabalho de evidenciar letramentos multissemióticos e defender essa prática através do Letramento Jurídico Crítico apresentado aqui como estratégia de deslocamento do direito para o Sul Global, me valho de múltiplas formas de evidenciação de saberes para provocar novos modos de pensar e questionar este campo, seu *corpus* e seu cânone linguístico. A língua jurídica, como pensa Bourdieu (2011), é composta de elementos estranhos que se misturam, estrategicamente, a uma língua comum, exatamente para criar uma atmosfera de afastamento e neutralidade. Isso corrobora com uma hierarquização que distancia os profissionais dos profanos, sendo estes últimos os que não tem autorização para dizer o direito, para interpretá-lo e compreendê-lo. Não considero mais viável a manutenção desta dinâmica monopolística e racionalista no mundo do direito. Este estudo questiona toda essa estrutura partindo de sua raiz moderna, chegando até os dias atuais e indo além, projetando-se para um ensino jurídico diverso que já se vislumbra. Para conduzir este percurso, que busca romper com o que sempre esteve sobre uma espécie de tensão controlada, me valho de outros modos discursivos, de outros letramentos para compor novas estratégias.

A arte, um dos principais componentes da cultura e da língua africana, integra-se a este trabalho com uma força pedagógica muito grande de "deseducar" juristas para se atentarem para outros modos de se pensar o ensino jurídico e sua prática.

O uso de colagens críticas[13] e de áudios espalhados ao longo deste trabalho dialoga com tudo o que se quer desenvolver como Letramento Jurídico Crítico, que não se contenta com o aumento quantitativo de corpos negros na academia, que não se resume em ofertar leituras de autores do sul global, que não se limita a criar uma sala de aula com cadeiras dispostas em círculo e nem mesmo em propor um debate sobre descolonização em um colóquio anual, embora tudo isso também seja importante. Colocar em prática um Letramento Jurídico Crítico impõe um deslocamento mais complexo de posicionamento pedagógico. É necessário repensar tudo. A multiplicidade potente que a arte carrega pode contribuir muito neste processo disruptivo e necessário. Sendo assim, tudo o que compõe o *corpus* deste estudo está aqui de modo pensado, provocativo e insurgente como a própria prática da teoria que se defende.

Num esforço de demonstrar a aplicabilidade dos métodos apresentados neste estudo como materializadores de uma pedagogia engajada, articulo um diálogo com a jurista negra estadunidense, uma das desenvolvedoras da Teoria Racial Crítica, Patricia Williams (1991) e apresento um diário de uma professora negra na faculdade de direito. Em dez episódios espalhados ao longo de todo o texto demonstro a aplicação de algumas estratégias educacionais que envolvem um Letramento Jurídico Crítico. Estes episódios servem de modelos exemplificativos que podem ser implementados por docentes interessados em transformar o sistema de justiça a partir do ensino jurídico, bem como promovem reflexões sobre o dia a dia de docentes outsiders withins (COLLINS, 1986).

---

[13] Donna Haraway diz que "o bom pensamento surge quando ficamos sem palavras". Este trabalho inteiro, desde sua ideia inicial até sua finalização, vem se construindo neste limiar, neste local fronteiriço que faz ser urgente novos modos de pensar e fazer o direito. Há uma crise do sistema jurisdicional que se evidencia das mais diversas formas nestes tempos obscuros. E é nestes momentos de decomposição de tudo o que se considerava normal que surge a necessidade de outros pensamentos, diferentes dos comuns, dos corriqueiros e já domesticados.

Há um outro ponto fundamental a ser destacado na metodologia de desenvolvimento aqui aplicada. Evocar neste estudo a presença dos orixás significa respeito e compromisso com uma escrita e prática que realmente tragam como eixo a lógica discursiva do sul global.

A carga ancestral e de resgate de origens culturais, éticas, estéticas, sociais, econômicas e políticas vem fortalecida neste texto ao exaltar a mitologia dos orixás, o discurso originário e que representa o contexto formador do qual emerge o grupo oprimido ao qual pertenço, composto pela maioria populacional deste país, que segue tratada como objeto de estudo científico, massa de manobra política, amontoado periférico, mão-de-obra barata, alvos certeiros para genocidas higienistas ou seja, tratada como tudo o que não importa.

Alguns capítulos são inaugurados por uma lenda representante de um arquétipo da mitologia dos orixás e, para tanto, alguns esclarecimentos se fazem necessários:

1. – Embora eu não esteja inserida numa prática imersa nas religiões de matriz africana, ou seja, mesmo não sendo uma mulher de terreiro, por me compreender uma mulher em processo de enegrecimento, o ato de tornar-me negra desperta em mim uma responsabilidade para com o trato sério e respeitoso destes saberes ancestrais que interseccionam minha negritude. O faço com todo o cuidado, tendo consultado os orixás antes de integrá-los definitivamente ao texto que apresento e desvelo ao público.

2. – Por se tratar de um estudo que questiona as bases estruturantes dos saberes legitimados academicamente, propondo uma descolonização do saber e a inserção de uma outra pedagogia, condutora de uma formação centrada em epistemologias do sul global e que defenda um Letramento Jurídico Crítico como construtor de um novo caminho para o ensino jurídico no país, considero imprescindível que todo o desenvolvimento deste trabalho parta deste outro lugar afrodiaspórico. Então, a abertura de cada capítulo com um convite à visibilização da sabedoria

ancestral significa um lembrete de que todo o raciocínio desenvolvido e apresentado, embora respeite o rigor, as metodologias e epistemes condutoras desta academia e do campo jurídico neste momento, de um modo geral, emana de um outro lugar, de um ponto lido socialmente como periférico mas que ganha centralidade nesta faculdade de direito através desta minha escrita insurgente, preocupada e comprometida com a emergência de um futuro íntegro para todo o sistema de justiça brasileiro.

3. – Todas as lendas enunciadas aqui partem dos estudos de Pierre Fatumbi Verger (1997) e Reginaldo Prandi (2001), importantes estudiosos deste assunto tão sério e complexo. A escolha por ambos e por suas maneiras de ler as manifestações ancestrais, embora distintas e muito particulares entre si, se deu por pura afinidade com a escrita e o modo de estudo e compreensão da mitologia dos orixás por estes dois pesquisadores. Há inúmeros outros estudiosos e obras relevantes sobre o tema e que também poderiam estar contemplados neste trabalho, por serem igualmente sérios e responsáveis como os estudos desenvolvidos pelos autores que aqui se evidenciam, e aos quais também reverencio por nos apresentar para este mundo sagrado com tanto primor.

4. – A escolha pelas lendas aqui apresentadas se deu de forma intuitiva e fortalecida à medida em que ia lendo e aprofundando meus estudos (embora ainda muito rasos) sobre a temática. Houve uma intenção de apresentar histórias que pudessem, de alguma forma, amalgamar os pensamentos trazidos a cada passagem e também criar uma dinâmica cognitiva que se aproximasse da proposta revisionista do paradigma da nortecentricidade e abrisse os portões para uma meridionalidade/australidade nuclear e urgente.

5. – Em absoluto respeito e gratidão, me curvo em reverência a cada um dos orixás aqui mencionados, bem como de todos os que compõem a riquíssima mitologia africana e que construíram os caminhos que agora trilho com a cabeça erguida e o olhar sanguíneo.

Àse!

Figura 2 – Colagem autoria própria

INTRODUÇÃO OU DESEJOS DESCOBERTOS

Uma invocação crítica do ensino jurídico no Brasil demanda uma análise, ainda que pontual, sobre alguns mitos estruturados ao redor desta temática e que geram divergências que obstaculizam outras formas de se compreender as múltiplas nuances e complexidades do eixo central em debate.

Este estudo enfrenta um dilema bastante específico desta temática e promove uma crítica à sistematização, construção e oferta do letramento jurídico que se impõe desde a formação dos primeiros pilares da modernidade. Entretanto, para conseguir evidenciar o eixo central deste estudo, considero importante me comprometer também com um desvelamento do que não é sustentável quando se aprofundam as investigações sobre este assunto.

Primeiro, há um mito de que a democratização do acesso ao ensino jurídico, por si só, já promoverá a equalização do conhecimento e resolverá o dilema da escassez de oportunidades de ascensão da intelectualidade negra. Infelizmente, essa não é uma verdade, haja vistas as complexidades e aspectos mais ocultos e profundos da realidade em que submerge o corpo oprimido. A oferta de um letramento jurídico que não se alinha com as vivências, singularidades, multiculturalidades e saberes localizados em outros lugares, demonstra a existência de um interesse em se preservar uma lógica de colonialidade do poder que preserva as relações de dominação sobrepondo opressores e seus privilégios.

Segundo, um outro mito que persiste é o de que uma formação adequada para corpos oprimidos precisa se dar apartada do ensino coletivo e ofertado a toda a comunidade. Este é um outro equívoco comum, pois há históricos de escolas segregadas que se formaram em vários momentos e locais da América, com grande presença nos Estados Unidos da América, mas que não conseguiram dar conta de resolver o dilema das plurivocacidades emudecidas por uma pedagogia comum, equivalente[14]. Uma faculdade preta, um ensino segregado, não resolveria o problema do letramento jurídico no país, posto que este precisa ser transformado em sua integralidade, não só para alcançar o público oprimido. Há uma necessidade imensa de transformação do alunado que ocupa o lugar do privilégio. Estes juristas opressores que se formam precisam ter acesso, em sua formação, a outras leituras de mundo, multiculturais, que os permita compreender e respeitar outras formas de ser e viver tudo ao seu redor. Isso só vai acontecer na comunhão de diversidades. A proposta que se apresenta neste trabalho pretende se afirmar paradigmática para todos os cursos de direito do país, para todos os que adentram numa academia de formação jurídica. Por conta disso, demonstro como as bases estruturantes do Letramento Jurídico Crítico não elegem um único discurso, uma leitura hegemônica de mundo, um cânone. Há respeito ao plúrimo, ao múltiplo e ao diverso. Sendo assim, a solução para o enclausuramento elitista do ensino jurídico e do sistema de justiça como um todo, não se encontra na formação de escolas segregadas; muito pelo contrário, está na união de esforços para entrecruzar grupos e culturas diversas. Essa mudança não exige que se ponham abaixo as faculdades de direito de todo o país e se construam novas. Há urgência para se reformular os currículos, em se criar departamentos de estudos negros nas graduações e nos

---

[14] Para um aprofundamento neste tema recomendo a leitura de BELL, Derrick. *Silent Convenants: Brown V. Board of Education and the Unfulfilled Hopes for Racial Reform*. NY: Oxford, 2004.

programas de pós-graduação e em se atualizar o corpo docente preparando-o para acolher e difundir novos saberes e legitimar outras formas de conhecimento, alargando a noção tão convenientemente reduzida de ciência, que predomina hoje.

Terceiro, mesmo com a oferta de um letramento jurídico nortecentrado, sempre haverá corpos oprimidos que serão formados e preservarão ou desenvolverão, mesmo na contramão do sistema, seu potencial de resistência. Maya Angelou[15] reproduz a força dessa resistência com o primor que lhe é peculiar, quando diz "ainda assim eu me levanto", marcando o ritmo de resistência que preenche corpos e mentes negras pelos séculos afora. Nestes moldes, é possível se encontrar juristas advindos de grupos historicamente oprimidos que chegaram à universidade com tamanha consciência política que lhes permitiu não ser cooptados pelo sistema e que se valeram das estratégias pedagógicas implementadas, ainda que estas não estivessem engajadas para a e, para se tornar juristas emancipados. Entretanto, essa não é uma regra absoluta. Há meandros inatingíveis nas imbricações de opressões que são impostas sobre corpos colonizados. Não se trata simplesmente de letrar e com isso emancipar. A emancipação integral dependerá de um giro pedagógico que demandará esforços para além da implementação de um sistema de cotas raciais ou de indicações bibliográficas decoloniais e afrodiaspóricas para o alunado. Há uma necessidade de um persistente, doloroso e complexo trabalho de deslocamento epistemológico, que demandará esforços conjuntos de juristas formad@s e em formação.

Vale, porém, questionar também se outras ferramentas terão êxito nos processos de emancipação e a resposta será sempre uma incógnita até que se implementem as mudanças e os resultados se evidenciem. Sendo assim, quando lanço mão do Letramento Jurídico Crítico como estratégia de

15 QRCode 4 - Poema – *"Ainda assim eu me levanto"* (Maya Angelou) – Voz Maria Angélica dos Santos

emancipação intelectual do jurista oprimido e, por tabela, de toda uma sociedade oprimida por um sistema jurisdicional elitizado e embranquecido, não garanto sucesso nessa empreitada. Não há como saber até se implementar. A certeza que se pode ter de pronto é que mudar o modelo de letramento jurídico para um outro multicultural, com outro eixo epistemológico e que legitime outros saberes é condição fundamental para o surgimento de um ensino jurídico e de um sistema de justiça antirracista, feminista e voltado para as demandas do sul global. Vejo o Letramento Jurídico Crítico como possibilidade real e factível para o futuro que é praticamente o agora, no tempo que pretendo demonstrar[16].

Todo o exposto acima se mostra imprescindível para delimitar o terreiro sobre o qual este estudo se assenta. Luiz Antonio Simas e Luiz Rufino, ao tratarem das epistemologias encantadas explicam que "O nosso terreiro é boca que tudo come e corpo que tudo dá. Fazemos rodas, praticamos esquinas, erguemos choupanas e cazuás, inventamos mundos." (SIMAS; RUFINO). Essa terreirificação, termo usado por Silvio Almeida[17], contribui para a formação de um espaço de pertencimento, fundamental para que uma pedagogia engajada e que promova um ensino jurídico multicultural e emancipatório possa realmente se estabelecer. Parto de premissas importantes que merecem destaque do mesmo modo como foi necessário refutar mitos pré-estabelecidos. A primeira premissa que se estabelece neste trabalho é

[16] O futuro, no pensamento africano, é sempre um tempo vivido, um acúmulo de vivências que se evidencia. Numa lógica ocidental, futuro é aquilo que ainda não foi experienciado. Entretanto, numa outra leitura de mundo, o que não foi experienciado não existe, não tem nem mesmo como ser narrado. Neste trabalho, o futuro existe, é palpável e necessário, é um futuro que demonstro em possibilidades discursivas diversas.

[17] Este termo foi utilizado por Silvio Almeida numa live com Luiz Antonio Simas, transmitida pelo perfil @silviolual no Instagram em 2020. Na oportunidade se estabeleceu um diálogo entre estes dois interlocutores acerca do uso e amplitude do termo "terreiro" por Simas. Minha referência para trabalhar com o termo *terreiro jurídico* encontra ancoragem no pensamento de Luiz Antonio Simas e de Luiz Rufino.

que escrever em primeira pessoa é uma prática insurgente importante para determinar a localização social e política do discurso, que ganha contornos muito específicos quando parte do que Conceição Evaristo (2020) denomina de escrevivências[18]. Eu escrevivo e é disso que é feita essa pesquisa.

A segunda premissa que se evidencia é o deslocamento temporal da ideia de modernidade, conceito em disputa frequente como nos evidencia Sérgio Costa (COSTA, 2006). A modernidade é o marcador temporal deste trabalho, mas ele não se restringe a ela e persegue mais, um futuro como superação dos marcadores modernos que oprimem corpos do sul e afrodiaspóricos. Essa modernidade que aqui tem seus traços evidenciados, não os têm desenhados por uma ciência androcêntrica, muito pelo contrário, o ponto de partida para o pensamento descolonizado que aqui se apresenta é aquele que inteseciona raça, gênero e classe. Daí se torna imprescindível um diálogo constante com as teorias do feminismo negro bem como com as reflexões produzidas pelos feminismos outros[19], e suas defensoras insurgentes cujas vozes reverberam constantemente neste texto. Escolho bell hooks para ser minha principal interlocutora, uma outra mulher negra preocupada com uma pedagogia engajada[20] para a libertação

---

[18] Segundo Conceição Evaristo, "escrevivência", termo trabalhado em sua dissertação, identifica a escrita que parte do lugar social localizado, das lembranças e experiências traumáticas individualizadas, das percepções de mundo e da construção da outridade, ou seja, da condição de perceber o outro como ser distinto e relevante. Colocar-me como uma escrevivente, determina o tom do discurso que pretendo adotar em todo o percurso de produção deste trabalho. Trata-se de posicionamento decolonial e afro-diaspórico.

[19] Para um aprofundamento no tema recomendo a leitura de CURIEL, Ochy. *Construindo metodologias feministas a partir do feminismo decolonial*. 2014. In: HOLLANDA, Heloísa Buarque de (organizadora). Pensamento feminista hoje: perspectivas decoloniais. Rio de Janeiro: Bazar do Tempo, 2020.

[20] Catherine Walsh trabalha com a categoria "pedagogia decolonial" (WALSH, 2009) e dialoga com Paulo Freire na abordagem do tema. Deste

de um modelo de patriarcado capitalista supremacista branco imperialista que nos oprime há séculos.

A terceira premissa a ser mencionada é a de que este trabalho não se prende a uma linearidade tradicional, nos moldes ocidentais. Isso se evidencia, porém, de modo crítico na própria organização física do texto, que embora apresente uma menção à linearidade, desta não faz seu ponto de centralidade. A colocação de uma pseudo-linearidade se dá para confranger um debate. Há aqui uma preocupação com uma produção realmente descolonizada e afrodiaspórica, por isso, o tratamento do tempo também exige cautela e revisibilidade. O tempo está em diálogo entre seus componentes, tudo é cíclico e sincrético. Segundo John Mbiti, a ideia ocidental de tempo é concebida de forma distinta da africana (MBITI, 1990). No ocidente, o tempo é monetarizado, contado e medido; se torna escasso e se acaba. Já na cultura africana, tempo é o que se cria e se produz. O tempo é feito de acordo com as necessidades do ser e não o contrário. Neste trabalho tudo está em convergência, em diálogo pleno e constante, como o próprio texto, com suas múltiplas linguagens, faz questão de evidenciar.

Outra premissa importante é a de uma preocupação com a multiplicidade de letramentos que o trabalho oferece. Ao defender um Letramento Jurídico Crítico, o que se quer ter em mente é a importância de um letramento íntegro, ou seja que apresente congruência entre o que se pensa, o que se diz e o que se faz, conforme ensina bell hooks[21]. Um letramento que tenha como eixo o sul global, e que considere que o entrecruzar de possibilidades cognitivas e formadoras exige um com-

---

modo, em alguma medida, é possível se perceber semelhanças entre as duas categorias, embora partam de autoras envolvidas em debates e sob contextos distintos.

21 A autora faz uso recorrente do termo "integridade" ao tratar da educação como uma ferramenta da colonização e remete à Nathaniel Branden que define o termo da seguinte forma: "Integridade é a integração de ideias, convicção, padrões, crenças - e comportamentos." hooks (2019B, ps. 64-65) promisso com uma produção que extrapole o convencional, sendo este um dos paradigmas defendidos a todo momento aqui - o da superação das convencionalidades nortecentradas. Desta postura atenta com o que se defende é que emerge um trabalho repleto de produções visuais, auditivas e textuais, comprometendo-se em implementar exatamente o que defende como adequado para um novo ensino jurídico verdadeiramente emancipatório. Tudo isso vem coordenado com uma necessidade de deslocamento desconfortável da pedagogia vigente para uma nova proposta de ensino. bell hooks defende a importância de a sala de aula ser um espaço seguro para que o ensino possa ser efetivamente transformador. Indo um passo além, compreendendo que a sala de aula precisa se transformar em uma roda de capoeira, com todos reposicionados em circurilaridade, aprendendo e aprendendo ombro a ombro, desenvolvendo sentidos e praticando para promover novos sentidos, desfazendo a lógica de competição e abrindo caminho para uma dinâmica colaborativa. Os livros devem se transformar em diários abertos e em construção para @s escreviventes (EVARISTO, 2020) poderem contribuir para a produção dos saberes a serem compartilhados. O professor deve portar-se como um discípulo que aprende ao mesmo tempo em que se posiciona como mestre que ensina e forma, como pensam e ensinam os capoeiristas. Considero inimagináveis os impactos deste novo modo de ensino jurídico sobre o sistema de justiça brasileiro, mas mesmo não concebendo-os imagináveis, palpáveis, entendo que são imprescindíveis e urgentes.

A premissa geográfica também merece ser observada, pois não construo este trabalho partindo de um mapeamento tradicional das localizações. O espaço é também entrecruzado por aspectos políticos, sociais e econômicos, que o conformam de modo bastante diverso do que o ocidente determina e torna legítimo. O eixo central aqui é a encruzilhada atlântica, promovida pela modernidade e responsável pela formação do opressor e do oprimido, do colonizador e do colonizado. Partindo deste lugar entrecruzado, tudo o que é determinado por uma lógica de dominação, impositiva e hegemônica passa a ser considerado como nortecentrado ou ocupante do norte global e tudo o que é comandado, colonizado, oprimido e invisibilizado passa a ser considerado como o sul global. Por conta disso, este trabalho não se pauta somente em um pensamento decolonial[22], cujas origens são bastante específicas nos dilemas latino-americanos. A perspectiva decolonial não dá conta de resolver as disputas que se evidenciam no entrecruzar de raça, gênero e classe, como sustenta a crítica pós-colonial posta por Ochy Curiel (2019); por isso também me reporto ao pensamento descolonizado e interessado em uma conscientização contra-hegemônica e que coloque sob suspeita a pedagogia de ensino jurídico que preserva uma supremacia branca e perpetua a colonização de mentes e corpos confinando-os na posição de oprimidos. A preocupação com uma descolonização do pensamento é presença constante nos estudos de bell hooks, a quem também recorro para me acompanhar nessa jornada.

---

22 Me interesso pela perspectiva da pedagogia decolonial apresentada por Catherine Walsh e que complexifica o debate na seara educacional de um modo bastante significativo. Para uma compreensão melhor do tema, recomendo a leitura do Dossiê Colonialidade e Pedagogia Decolonial: para pensar uma educação outra. Disponível em https://epaa.asu.edu/ojs/index.php/epaa/article/view/3874 .

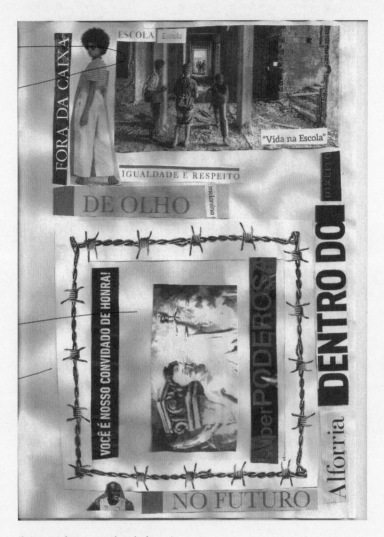

Figura 3 - Colagem autoria própria

ENCARTE I[23]

> Só podemos compreender o presente nos referindo ao passado e estudando-o de forma contínua, quando qualquer um dos fenômenos complicados de nossa vida cotidiana nos deixa perplexos, quando surgem problemas religiosos, políticos ou raciais precisamos sempre nos lembrar de que, embora sua solução esteja no presente, sua causa e explicação se encontram no passado.
>
> W.E.B. Du Bois (1905, p.104[24])

---

23 Este livro está dividido em três encartes. Esta divisão tem o objetivo pedagógico de facilitar o manejo do material para estudos e reflexões. Cada encarte detém uma certa autonomia e os três podem ser lidos fora de uma ordem pré-estabelecida.

24 Esta referência aparece no texto de Maulana Karenga(2009).

1. O ENSINO JURÍDICO E A MEMÓRIA

Briga entre OXALÁ e EXU

Oxalá e Exu discutiam sobre quem era o mais antigo deles. Exu, decididamente, insiste ser o mais velho. Oxalá, decididamente também, proclama com veemência que já estava no mundo quando Exu foi criado. O desentendimento entre eles era tal que foram convidados a lutarem entre si, diante dos outros Imalés, reunidos numa assembleia. Ifá foi consultado pelos adversários e foram, ambos, orientados a fazer oferendas. Oxalá fez as oferendas prescritas.

Exu negligenciou a prescrição. O dia da luta chegou. Oxalá apoiado em seu poder, Exu, contando com a magia mortal e a força dos seus talismãs. Todos os Imalés estavam reunidos na praça de Ifé. Oxalá deu uma palmada em Exu e boom! Exu caiu sentado, machucado. Os Imalés gritaram: "Êpa!" Exu sacudiu-se e levantou-se. Oxalá bateu-lhe na cabeça e ele tomou-se anão. Os Imalés gritaram juntos: "Êpa!" Exu sacudiu-se e recuperou seu tamanho. Oxalá tomou a cabeça de Exu e sacudiu-a com violência. A cabeça de Exu tomou-se enorme, maior que o seu corpo. Os Imalés gritaram juntos: "Êpa!"

Exu esfregou a cabeça com as mãos e esta recuperou seu tamanho natural. Os Imalés disseram: "Está bem! Que Exu mostre agora seu poder sobre Oxalá." Exu caminhava pra lá e pra cá. Ele bateu na própria cabeça e dela extraiu uma pequena cabaça. Ele abriu-a repentinamente e virou-a na direção de Oxalá. Uma nuvem de fumaça branca saiu da cabaça e descoloriu Oxalá. Os Imalés gritaram juntos: "Êpa!" Oxalá esfregou-se, tentando readquirir sua antiga cor. Mas foi em vão. Ele falou: "Está bem!" Oxalá desfez o turbante enrolado sobre sua cabeça e, daí, tirou o seu poder (axé). Tocou com ele sua boca e chamou Exu. Exu respondeu com um sim. Oxalá ordenou-lhe: "Venha aqui!" Exu aproximou-se. Oxalá continuou: "Traga sua cabacinha". Exu a entregou nas mãos de Oxalá. Este a tomou firmemente e a jogou no seu saco. Os Imalés exclamaram: "Êpa!" E disseram: "Oxalá é, sem dúvida, o senhor do poder (axé). O senhor da iniciativa e do poder (alabalaxé). Tu és maior que Exu. Tu és maior que todos os orixás. O poder de Oxalá ultrapassa o dos demais. Exu não tem mais poder a exercer. Oxalá tomou a cabeça que ele utilizava para o seu poder." É esta cabaça que Oxalá utiliza para transformar os seres humanos em albinos, fazendo, assim, os brancos, até hoje (VERGER, CARYBÉ, 1997)

Esta lenda inaugura o capítulo que trata da teoria do bacharelismo , marcada pelo posicionamento do saber jurídico no lugar elevado que este ainda ocupa.

Os ensinamentos advindos desta lenda e que quero destacar são relacionados ao apego à antiguidade. Disputa-se o lugar da experiência e do poder entre os orixás, partindo-se da autoridade ancestral.

Os estudos que partem de uma eurocentralidade fazem questão de apagar o passado. Desdenham da força ancestral, da história que lhes antecede. Delimitam o tempo da história válida e relevante. Recriam e recontam a história sempre se colocando no centro, sempre protagonistas. Todos os demais são figurantes, periféricos, cuja invisibilidade é convenientemente provocada e preservada. Essa prática discursiva já não se sustenta mais.

Os orixás, ao disputarem o lugar de poder, se valem de um recurso estético que aqui merece ser analisado. Exu embranquece Oxalá a título de punição. Ser branco, portanto, neste outro lugar de onde partem outros saberes, se apresenta como algo desfavorável. Uma estratégia discursiva muito distinta da que reverbera e predomina desde a triangularização do Atlântico.

É evidente que só se aprende outros jeitos de ler o mundo conhecendo histórias que partam de outros lugares. Sendo assim, criar uma tradição jurídica que garanta aos supremacistas brancos sua permanência no poder e que mantenha essa lógica de ensino e formação é evidenciar as mesmas histórias de sempre e que partem do lugar que não me basta mais.

Quando escolho falar sobre ensino jurídico e desigualdades, opto por percorrer um caminho que não é novo para mim. Entretanto, exatamente por estar ciente do percurso, considero recomendável reforçar minha atenção pois este é um caminho estreito e perigoso, repleto de armadilhas do ego, vaidades e disputas de toda ordem, inclusive intelectuais. Falo isso porque o direito flerta de forma indecente com a política, a economia e outras ferramentas de controle social, tudo ocorrendo de forma um pouco incestuosa, já que todas essas ferramentas possuem a mesma *mater*, a mesma origem, que é a modernidade.

Repiso um chão que já foi pisado desatentamente por mim anos atrás, pois meu ingresso na graduação da Faculdade de Direito e Ciências do Estado da UFMG se deu quando eu era muito jovem e meu olhar não estava treinado para se ater a detalhes. E aproveito isso, esta revisão de trajetória, para me posicionar num entre-lugar[25]. Este meu posicionamento diferenciado é bastante significativo pois não fui uma criança negra comum. Fui criada entre livros e outros saberes não validados e legitimados pela academia. Mesmo sendo periférica em alguma medida, minha posição era muito mais complexa porque a periferia é o lugar de fronteira, já que quando entre meus vizinhos e colegas eu era "a outra", eu não me enquadrava porque aquelas vidas eram construídas por experiências muito diversas das minhas, seus valores, objetivos e idealizações exis-

---

[25] A noção de entre-lugar será melhor trabalhada em outro momento no texto. De antemão, destaco minha posição neste entre-lugar como sendo sempre fronteiriça, como uma terceira margem do rio, fazendo aqui uma referência ao meu conterrâneo Guimarães Rosa, embora meu sertão tenha sido pouco ou praticamente isento de veredas.

tenciais eram muito diversos dos meus. Eu não era bem-vista porque era "a menina estranha que lê e estuda". Era bastante frequente ouvir que quem estuda muito fica louco, uma fala dita num tom meio profético e aconselhador, que soava como que um alerta feito com uma certa pena da pessoa que eu iria ser se continuasse naquele caminho diferente. Ao invés de sair para namorar, "ficar", beber, eu estava em casa me preparando para o vestibular. Eu era mais próxima de Machado de Assis do que dos jovens que me rodeavam; era com o escritor negro e tantos outros romancistas e seus personagens que preferia passar a maior parte do meu tempo.

Entretanto, quando ingressei na academia, aos 18 anos, num espaço em que eu imaginava me deparar, enfim, com meus iguais, o alívio do encontro fraterno se transformou em assombro ao constatar que meus colegas de sala estavam anos-luz à frente de minhas potencialidades que, lá, entre os meus me tornavam destacada, estranha e intrusiva. Perto dos de cá minhas potencialidades caíam no lugar do irrelevante, do invisível, do sem importância.

Nestes moldes, me percebi num não-lugar. Eu não me inseria de forma plena nem lá no meu grupo de origem e nem cá no meu grupo de acesso. Esta minha localização me tornou intrusa nos dois mundos entre os quais eu gravitava sem efetivamente me inserir.

Hoje, quando analiso todo o meu percurso, compreendo minha localização de outro modo. Na verdade, meu posicionamento não marca um não-lugar, mas sim um entre-lugar, que é onde se encontra todo corpo oprimido que ousa ocupar espaços de poder construídos e naturalizados para outros corpos privilegiados. O entre-lugar é a posição do insurgente, defendida por Boaventura Sousa Santos (2007) e que me contempla tanto nesse trajeto intelectual de mulher negra periférica e acadêmica.

Deste meu entre-lugar, percebo que há um impacto interessante das desigualdades sociais dentro da universidade que compromete não só o potencial desenvolvimento acadêmico, mas também o futuro profissional dos estudantes, pois aqueles que possuem piores condições econômicas, precisam fazer escolhas muito objetivas para além do ambiente acadêmico.

Num curso elitizado como é o direito, estudantes de classes menos favorecidas precisam decidir onde irão depositar seus esforços vitais. Pois não lhes é permitido ter tranquilidade para estudar sem ter que se preocupar com prover-se a si mesmos e aos seus. Neste cenário, as disparidades acadêmicas se acirram, pois o dilema do intelectual negro (WEST, 1999) em formação o coloca num lugar de dicotomias: ou trabalha ou estuda. Ainda que consiga conciliar ambos, o envolvimento acadêmico é certamente comprometido por aspectos de ordem física, mental e psicológica.

O nível de complexidade de uma formação excelente e que refine o capital cultural (BOURDIEU, 2007) preparando o alunado para atuar de modo eficiente, exige uma robusta estrutura de suporte de várias ordens (intelectual, econômico, afetivo), que também favorecem grupos sociais dominantes e que já apresentam este projeto de apoio estabelecido de forma natural porque já integrado à realidade destes privilegiados.

Alun@s originári@s de grupos oprimidos também são comprometidos no tempo gasto para alcançar êxito profissional porque dependem de vários fatores externos ao aprendizado acadêmico para criar condições adequadas para ter sucesso. Precisam, por vezes, direcionar seu potencial para dirimir problemas de ordem financeira antes de poderem se concentrar de forma adequada para se desenvolverem na carreira, que demanda concentração e foco. Enquanto grupos privilegiados não precisam escolher um foco para direcionar suas energias produtivas, pois já estão num patamar de tranquilidade que os exime destes dilemas.

O alunado mais simples, após se formar precisa decidir se investe suas forças e recursos em estudar para um concurso ou se concentra suas energias em se organizar financeiramente primeiro para depois, então, ter condições que criem a possibilidade de focar em um aperfeiçoamento mais elaborado. No meu caso, meus colegas de turma puderam se dedicar a estudar para concursos pelo tempo necessário até serem aprovados, ou se prepararem para mestrado e doutorado imediatamente após a graduação. Já a mim, embora tenha havido esforços reais para transitar direto da graduação para o mestrado, as oportunidades eram escassas e exigiram que eu direcionasse meu potencial para trabalhar e criar uma mínima estabilidade financeira que me permitisse, depois, investir em aprimoramento intelectual.

Enquanto meus colegas que optaram, como eu, por uma carreira acadêmica, já lecionam como doutores e em instituições de renome, inclusive a própria Faculdade de Direito e Ciências do Estado da UFMG, há anos; minha formação sofre um atraso de cerca de uma década, pois necessidades básicas para a sobrevivência exigiram a dispersão de minhas energias em outras direções. Precisei acumular muitas horas de trabalho para ter casa, boa alimentação, condições mínimas para criar meus filhos e estabilizar minha família. Considero este atraso uma evidência de que há uma espécie de "maldição do capital simbólico negativo" que Pierre Bourdieu (2011) evidencia e à frente retornarei a este tema para defender que a condição do corpo oprimido é sempre de aceleração para tentar compensar atrasos de toda ordem. O oprimido está sempre "correndo atrás de"; nunca é seguido (embora fortemente perseguido), sempre segue o rastro do outro. Isso precisa mudar.

Todo o exposto acima se apresenta para demonstrar o quanto as escolas se dedicam a processar muito mais do que conhecimento; processam as próprias pessoas em si. Este é um dos pensamentos de Pierre Bourdieu (2007), que se dedicou ao estudo e compreensão das dinâmicas de reprodução social a partir da formação escolar. Embora partindo de outra realidade educacional, política, econômica e social, este pensamento do sociólogo francês nos serve a modo e termo, pois construído com o intuito de desvelar as complexidades de relações educacionais estabelecidas para preservar uma lógica de dominação e controle.

O ensino jurídico no Brasil preserva e exalta esquemas estruturais que reproduzem a lógica colonial, com dinâmicas de concentração de poder e privilégios nas mãos de uma elite que se vale desta formação para reforçar desigualdades sociais. Neste contexto, compreendendo-se que tratar de educação é abordar política, constata-se que o currículo e o letramento que o sucede apresentam-se como ferramentas de reprodução cultural repletas de ideias, valores e normas que mantém as relações de reprodução social de acordo com as intenções de seus formuladores, os herdeiros[26] de uma tradição bacharelista e eurocentrada de formação jurídica.

Importa ponderar que, todo um letramento articulado de modo eurocentrado e pautado no supremacismo branco, como demonstrarei tratar-se o nosso, compromete uma formação emancipatória de juristas e estende a mesma lógica para todo o sistema de justiça que, segue servindo aos interesses do opressor.

---

[26] O CNJ publicou em 2019 relatório que indica que a maioria dos magistrados brasileiros tem origem nos estratos sociais mais altos, sendo que 40% deles já tinham o pai e a mãe com ensino superior completo ou mais quando ingressaram na magistratura. Quanto mais recente é o ingresso na carreira, maior é a proporção de magistrados com pais com ensino superior completo ou mais. Dentre os que ingressaram após 1991, 31% têm mãe com alta escolaridade, e 23% têm pai com esse nível de escolaridade. Já os que ingressaram a partir de 2011, 64% têm mãe com ensino superior completo ou mais e 73% têm pai nessa mesma faixa de escolaridade. (Dados disponíveis no relatório Perfil Sociodemográfico dos Magistrados Brasileiros - 2018)

Figura 4 - Colagem autoria própria

O Conselho Nacional de Justiça, CNJ, em pesquisa recente[27], demonstra que a presença de negr@s na magistratura é muito baixa no Brasil. Nada de novo sob o sol. Trata-se de uma constatação sintomática de uma tradição jurídica marcada pelo predomínio do corpo branco e hegemônico. Este cenário não é privilégio da magistratura, a presença exígua de negr@s no sistema de justiça permeia toda a estrutura desde as cadeiras da academia.

Entretanto, não devemos nos deixar seduzir pelo falacioso argumento de que tudo se resolveria se estivéssemos em maior número. Não se trata de questão exclusivamente numérica. Há "formas mais ocultas", nos dizeres bourdieusianos, que conjuram para garantir privilégios e reforçar jogos de dominação que quando não anulam e invisibilizam, cooptam juristas originários e herdeiros da subalternidade. Para uma efetiva transformação de cenário, mais que implementar estratégias de democratização de acesso à composição do sistema de justiça, é preciso modificar toda a estrutura de formação de juristas para que sua inserção neste campo se configure efetivamente transformadora. Trata-se de uma mudança muito maior que a quantitativa ou mesmo conteudista. Há uma necessidade premente de transformação metodológica e que conforme novas epistemes.

Numa sociedade ainda colonial, em que as pautas consideram as inúmeras demandas que envolvem raça[28], gênero, classe e saber, qual é a função de uma universidade para um

---

27 Pesquisa sobre negros e negras no Poder Judiciário / Conselho Nacional de Justiça. – Brasília: CNJ, 2021. Nesta pesquisa é possível se observar que, tendo em conta o ano de ingresso na magistratura, o percentual de negr@s como magistrad@s era de 12% até 2015, tendo uma elevação em 2016 e chegando em 2020 ao patamar de 21% de magistrad@s negr@s no Brasil.

28 Este trabalho terá a raça como centro de todas as discussões. Inicialmente, destaco que considero raça como um método de decodificação de relações humanas altamente complexas e que se valem de construções identitárias para estabelecer disputas de poder. Este método, portanto, alimenta estratégias de dominação e estabelece categorias de opressões, que serão temas bastante estudados na minha pesquisa.

corpo negro? A construção de uma universidade estruturada sobre relações de opressão, dominação e resistência abre espaço para que ocorra uma emancipação do oprimido[29] através do conhecimento e da praxis acadêmica?

A inserção do corpo dominado no espaço do opressor condiciona uma mudança nas relações de poder e autoriza ou garante a emancipação, instrumentalizando-o para que renove os saberes constituídos e o aproxime do espectro social ao qual pertence, transformando-o? Como o marcador social da negritude interfere ou condiciona as relações e os mecanismos de produção, arquivamento e transmissão do saber individual e coletivo em um espaço naturalizado para corpos lidos como brancos? Como estes corpos negros[30] são integrados e aderidos

---

[29] Opto por utilizar o termo "oprimido" no lugar de "subalterno", trazendo um assentamento para esta pesquisa acerca dos variados debates que permeiam a questão. Ambos os termos possuem uma raiz comum, que é o discurso da servidão voluntária de Etienne de La Boétie, cuja construção serve de base para a dialética hegeliana entre senhor e escravo, temática retomada na teoria crítica de Marx e posteriormente atrelada ao termo "subalterno" desenvolvido por Gramsci. Os Estudos Culturais aprimoram o termo que passa a adquirir uma carga cultural que antes não possuía. Mas Paulo Freire, ao trabalhar com a perspectiva do "oprimido" aprimora o debate ao contribuir para o resgate do termo mas agora sob um viés pedagógico. A experiência de exclusão e subordinação segue sendo relacional como desde sua origem, entretanto, com Paulo Freire passa a ser entendida sob um outro espectro, que é o educacional. Neste sentido, o processo de libertação pelo qual se submete o oprimido através de uma pedagogia da libertação não se restringe a transformar somente um lado. O processo pedagógico de construção emancipatória do oprimido implica também em uma humanização do opressor. Este elemento sofistica muito o termo "oprimido". Sendo esta pesquisa dedicada a abordar o ensino jurídico e seus meandros emancipatórios, sem desconsiderar a necessidade de uma escola que integre e promova diálogos entre opressor e oprimido, desejando-se que haja uma humanização mútua e permanente, o uso do termo "oprimido" faz todo sentido.

[30] Ao escolher o melhor modo de tratar de negros e negras e considerar as variações pronominais que modificam completamente o conteúdo, optei por utilizar neste projeto "corpos negros" ao invés de ter que me

a um corpo discente hegemonicamente branco e quais são as estratégias de dominação que se estabelecem durante o processo de letramento jurídico ao qual estes corpos são submetidos? Qual seria o propósito que justificaria uma mudança, um giro epistêmico e metodológico em uma estrutura que funciona tão bem? Mas, vejamos, será que funciona tão bem assim?

Importa colocar luz sobre todas essas questões dispostas acima, pois há muito poder em disputa nos espaços acadêmicos e que conformam o estudante e por conta disso os interesses dominantes é que determinam o que significa "funcionar bem". Por esta perspectiva, há que se considerar se formar um jurista negro que pense como negro (MOREIRA, 2019) seria benéfico ao grupo dominante ou se o projeto de dominação requer exatamente o contrário.

Produzir uma elite intelectual negra com letramento jurídico demanda uma transformação do modo como o direito é ensinado? Uma formação emancipatória amplia o impacto deste saber sobre outros grupos? Por que e para quem isso não é interessante?

Um(a) jurista negr@[31] cuja racialidade (identidade racial) foi manipulada ou apagada produz saber transformador ou só continua ecoando o mesmo modelo eurocêntrico que se usa para pensar e se molda conforme padrões coloniais? Para que juristas negr@s percorram o tortuoso caminho rumo ao letramento jurídico e se formem juristas que pensam como negr@s (MOREIRA, 2019), basta que ingressem em uma das melhores instituições de ensino jurídico do país?

---

referir a negros ou negras e cair na armadilha de identificação binária de gênero. Compreendo que há muitas diferenças ao se falar de um homem negro cis/trans ou de uma mulher negra cis/trans na Faculdade de Direito e Ciências do Estado da UFMG e nos inúmeros atravessamentos ou acúmulos de estratégias de dominação que os oprimem e no trabalho em si construirei estruturas que demonstrem claramente quando me refiro a um ou outro grupo oprimido categorizado por gênero.

31 A neutralidade aparece em alguns momentos do texto como experimentação linguística válida, embora pouco comum no âmbito jurídico.

Arregimentada por tantas questões é que essa pesquisa se posiciona na encruzilhada do saber para o debate, não se recusando a sofrer os diversos atravessamentos que a posição acaba por dinamizar.

O campo deste debate, embora travado na Faculdade de Direito e Ciências do Estado da UFMG, é o ensino jurídico brasileiro de modo amplo e irrestrito, cobrindo tanto as instituições públicas quanto privadas. Mais do que questionar as estruturas de uma ou outra instituição, esta pesquisa se assenta num espaço mais amplo de debate, pois uma reflexão sobre Letramento Jurídico Crítico abarca um dilema que não é localizado em uma instituição ou outra, da mesma forma como se dá com o bacharelismo[32]. Mais do que compreender como uma renomada instituição oitocentista formou, conformou ou deformou o corpo negro que se assenta em seus bancos, pretende-se aqui indagar como um letramento jurídico eurocentrado deforma corpos negros enquanto forma ou conforma outros corpos para ocuparem o papel do opressor.

Eu, jurista negra, graduada pela Faculdade de Direito e Ciências do Estado da UFMG, lecionando em instituições de ensino superior periféricas e que acolhem um público cuja origem se assemelha à minha, retorno ao meu espaço formador para investigar se as estratégias de acolhimento do corpo negro formam, conformam ou/e deformam universitários que

---

[32] Maria Fernanda Salcedo Repolês defende que as reformas promovidas no ensino jurídico ao longo das décadas acompanham, convenientemente, mudanças político-sociais e que acabam por moldar o perfil do ensino jurídico e, por sua vez, dos profissionais do direito. Neste sentido, a lógica bacharelista a qual me refiro ao longo de todo o estudo não se restringe ao momento costumeiramente designado pela teoria - o Império -, se expandindo e alcançando os dias atuais exatamente por se firmar na ideia de que a educação jurídica está inserida num contexto político-social que estende o colonialismo para dentro da colonialidade e carrega assim uma série de estigmas e padrões que se associam ao direito para além das fronteiras temporais e históricas do Império. Para uma melhor compreensão do tema, recomendo a leitura do texto *Ensino Jurídico, Transdisciplinaridade e Saberes Outros* (REPOLÊS, 2020).

posteriormente serão responsáveis pela reprodução do saber adquirido neste espaço de saberes naturalizados como pertencentes e à serviço de uma superioridade branca.

O desafio consiste em articular um novo destino para as instituições de ensino superior no Brasil, examinando suas estratégias de letramento atuais utilizadas como métodos de dominação e as projeções para um futuro que se apresenta através do Letramento Jurídico Crítico. Nas linhas dos pensadores africanos da atualidade, a intenção deste estudo é extirpar ou "abandonar o odor fétido do pai" (SARR, 2019), ou seja, abrir mão de velhas estratégias, epistemes e metodologias para construir uma academia engajada, diversa e verdadeiramente emancipadora.

Sobre quais bases epistêmicas e metodológicas deve ser erguida uma nova instituição de ensino jurídico e como deverá ser construído seu futuro? Como superar a colonialidade de uma academia que ainda usa estratégias de letramento baseadas em um universalismo eurocentrado? Respondo a todas essas perguntas com a apresentação da tecnologia emancipatória do Letramento Jurídico Crítico.

Defendo que a superação do dilema do intelectual negro que acessa os espaços de formação para se tornar jurista, mas que não consegue encontrar ali a instrumentalização adequada, se dará através do Letramento Jurídico Crítico e das possibilidades de um futuro para o direito, sem o qual este estagnará fadado a reproduzir-se sem emancipar-se. Esta reprodução do direito sem que este vá além de onde está é o que denomino de fracasso do ensino jurídico no Brasil.

Atravessada por todas as vivências que tive como discente da Faculdade de Direito da UFMG e agora como docente negra formada naquele espaço, considero premente compreender como usar o capital cultural (BOURDIEU, PASSERON, 2014) adquirido em uma universidade eurocentrada para promover emancipação de grupos oprimidos, reproduzir saberes periféricos e deslocar das margens para o centro aqueles que interseccionam marcadores excludentes de raça, classe, gênero e saber, sem ser expurgada do sistema sob o argumento, eloquentemente silencioso, de que tudo já está bom como está.

Por que analisar a dinâmica de letramento jurídico de negr@s? Porque a raça, bem como o gênero, classe e sexualidade interferem na percepção e apropriação do conteúdo jurídico. Seja na etapa de absorção, na fase de interpretação, aplicação e também de reprodução. Se a narrativa jurídica é toda centrada no corpo hegemônico, que é identificado como branco e masculino, toda uma estrutura de alteridade se faz necessária para que grupos oprimidos não sejam posicionados às margens. É neste contexto que o bacharelismo se evidencia como ponto de torsão das relações de poder que hoje se evidenciam no campo jurídico.

O estudo sobre bacharelismo já possui contornos bem definidos no Brasil. O interesse por compreender a dinâmica de formação e conformação do alunado que inaugura uma tradição de ensino jurídico no país, tem se mostrado latente.

Os primeiros cursos de formação jurídica são estruturados no Brasil na década de 1820, precisamente em 1827, e se estruturam sob o intuito imediato de formar e conformar uma leva de operadores da máquina pública e de exercentes de atividade política no país, durante o Império. Tratava-se da formação de uma elite intelectual que já ocupava outros espaços de poder, mas ainda não estava tecnicamente aparelhada para desenvolver funções para as quais os cursos de direito habilitavam.

Os cursos de ensino jurídico da época apresentavam em sua composição curricular conhecimentos tidos como universais, de viés humanista e filosófico. Com isso, uma elite econômica intelectualizava-se para exercer tarefas burocráticas de cunho organizacional e estrutural do país. Não causa assombro algum que grandes políticos e gestores de órgãos públicos tenham sido, desde o Império, egressos das primeiras instituições de ensino jurídico do Brasil.

Bacharelismo é fenômeno social que identifica um predomínio de bacharéis na vida social para desenvolverem funções para além do campo de atuação jurídica. O bacharel era uma espécie de entidade instrumentalizada para ocupar qualquer espaço e desempenhar quaisquer atividades que a conveniência mostrasse necessárias.

Antes de avançar, importa esclarecer que este fenômeno é narrado por muitos estudiosos como sendo característico do Império. Entretanto, há mais de modernidade no bacharelismo do que se pode imaginar. É este fenômeno um elemento primordial da solidificação do triângulo atlântico apresentando-se como ferramenta importante para a estruturação de uma dinâmica hoje compreendida como parte de uma colonialidade do poder. Nestes moldes, compreendo o bacharelismo como um componente integrante do que é tido hoje por colonial e, portanto, integrante essencial da ideia de modernidade que se instaura a partir da triangularização do Atlântico.

A modernidade que se instala com as violências expansionistas e genocidas do século XV é a mesma que acompanha a consolidação de uma lógica bacharelista que incorpora significados ao ensino jurídico que perduram até os dias atuais.

A plêiade intelectual formada nos bancos das escolas de direito iniciadas por São Paulo e Recife, egressava dos programas de formação com um diploma que os habilitava para serem muito mais que operadores do direito. Também estariam aptos para a carreira política, chefia de órgãos públicos, jornalismo, magistério, dentre outros. (MEDINA, 2009).

Portanto, um diploma de bacharel em direito legitimava o acesso e a permanência de alguns corpos em espaços de poder. Esta lógica imperial de formação e conformação de uma elite intelectual persiste durante todo o processo de construção e solidificação dos cursos de direito no período republicano. Há diversos estudos se aprofundando neste debate, permitindo que se compreendam as tramas que tecem a história do direito no Brasil.

Muitos dos recém-formados pelas recentes faculdades de direito instaladas no país, contribuíram de modo robusto para a preservação dos interesses da elite a qual pertenciam.

Contrapondo-se explicitamente aos ideais de libertação e emancipação de escravizados. Persistiam em defender a manutenção dos privilégios de sua classe, o que não promove qualquer espanto. O maquinário de formação acadêmica, com seu currículo e suas dinâmicas de letramento se voltavam para instrumentalizar estes intelectuais e capacitá-los para defender seus pares, seu grupo.

Menos de dez anos após instaladas as primeiras faculdades de direito no Brasil, percebe-se um cenário de disputas por privilégios que se vale do judiciário, do legislativo e de uma rede de influências para desenhar a futura silhueta do ambiente jurídico que dominará o país até a República.

Tâmis Peixoto Parron, ao tratar da política da escravidão, conta como a articulação dos recém-bacharéis com suas relações de poder e influência contribuiu para uma remodelagem do judiciário nos anos do Império. Segue:

> "A principal gestação de articulação pró-escravistas deve ser procurada entre os políticos que saíram derrotados das eleições para Regente em 1834-1835. Bernardo Pereira de Vasconcelos e Carneiro Leão (marquês de Paraná, em 1854), chefes políticos de Minas Gerais, aliaram-se a Joaquim José Rodrigues Torres (visconde de Itaboraí, em 1854) e Paulino José Soares de Souza (visconde do Uruguai, em 1854) – o primeiro, um líder notório no Rio de Janeiro, o segundo, prestes a sê-lo na mesma província. Unidos, criaram o Regresso (Partido da Ordem ou saquarema), núcleo histórico do futuro Partido Conservador do Brasil. Suas principais pautas políticas consistiam em dois eixos: por um lado, a interpretação do recém-aprovado Ato Adicional (1834) e a reforma do Código de Processo Criminal (1832); por outro, a defesa incondicional do contrabando e a garantia da propriedade escrava ilegal. Em longa e incessante luta no Parlamento de 1836 a 1841, Vasconcelos e seu *entourage* obtiveram compor significativa maioria parlamentar que aprovou reformas profundas no judiciário do Império. É possível que a remodelação do judiciário tenha se prendido à defesa do contrabando." (PARRON, 2009, p.102)

Dos mencionados acima, todos menos um possuíam formação jurídica. Bernardo Pereira de Vasconcelos formou-se na Universidade de Coimbra, Paulino José Soares de Souza se formou na Faculdade de Direito de São Paulo, Honório Hermeto Carneiro Leão se formou na Universidade de Coimbra e Joaquim José Rodrigues Torres se formou em matemática, mas atuou tanto na chefia de diversos órgãos públicos ao ponto de publicar, dentre outras obras, um "Ensaio sobre o Direito Administrativo". Vê-se aí como o bacharelismo se articulava no país para resguardar uma estrutura de privilégios e preservar um domínio político, econômico e intelectual.[33]

A formação oferecida pelas faculdades de direito que se instalaram no país, pautava-se por uma concepção humanista e conferia ao bacharel condições de se fazer atuante nas mais diversas frentes de trabalho, onde sua intelectualidade se fizesse significativa. Com isso, muitos juristas formados durante o período imperial tiveram a oportunidade de empregar seus conhecimentos nas lutas em torno da abolição da escravatura. E é fundamental que se destaque que nem todos se posicionavam da mesma forma. Havia sim um espaço de disputa no campo jurídico, como sempre existiu e permanecerá existindo. De um lado se instalavam os abolicionistas e de outro os contrários à abolição. No livro Orfeu de Carapinha, Elciene Azevedo (1999) apresenta uma ambientação importante deste debate a partir da trajetória de Luiz Gama e seus laços com o direito.

Portanto, muitos juristas formados por um ensino eurocentrado, provenientes de uma elite privilegiada, ainda assim se engajavam nas lutas abolicionistas, defendendo escravizados que lutavam por sua libertação, mediando acordos de compra de alforria e se interpondo nas demandas que se estruturavam sobre o embate entre o direito à liberdade e o direito à propriedade. Havia disputa.

---

[33] Para uma melhor compreensão do tema, recomendo a dissertação de Daniel Carvalho Ferreira defendida no Programa de Pós-graduação em Direito da UFMG, e publicada em livro pela Editora Lafayette (FERREIRA, 2020).

Os impasses que rodeavam o período abolicionista atiçaram muitos juristas da época que atuavam nos mais diversos postos de comando dos órgãos públicos e políticos do país. A busca pela liberdade ganhava mais espaço nos tribunais e também pressionava o legislativo, responsável pela produção de normas que regulavam tais dilemas. É Joseli Nunes Mendonça quem narra:

> "As referências aos 'abusos' cometidos nos processos que objetivavam a alforria por apresentação do pecúlio multiplicavam-se pela Câmara a cada vez que se entrava na discussão da 'questão servil'. Não era raro que os reclamos sobre manifestações abolicionistas fossem somados aos protestos sobre a 'exorbitância' da magistratura nos processos de liberdade. O deputado Rodrigues Peixoto, em 1884, chegou a pedir a intervenção do ministro da Justiça no poder Judiciário para conter os 'abusos' praticados pelos juízes. Entre tais 'abusos', o deputado destacava os referentes ao pecúlio e ao depósito de escravos. Para exemplificar sua preocupação, o parlamentar demonstrava o que ocorria no município de Campos e, segundo ele, também 'no país inteiro': 'Depositam-se no poder de indivíduos que os alugam e com o produto deste aluguel, muitas vezes insignificantes, conseguem eles a sua liberdade'. Segundo ainda o deputado, dava-se o 'abuso de serem depositados escravos sem que o pecúlio equivalente ao seu valor [fosse] depositado. Não bastasse tudo isso, acrescentava: 'o modo por que se ouvem as queixas dos escravos, a importância a que se liga às suas informações, muitas vezes infundadas e caluniosas tem concorrido para torná-los insubordinados, com risco para os distritos agrícolas'."
> (MENDONÇA, 2008, p. 264-265)

Manuel Rodrigues Peixoto, mencionado acima, formou-se em 1864 pela Faculdade de Direito de São Paulo. Mais um exemplo de um jurista cuja atuação se direciona para a manutenção de privilégios e de uma chamada "política da escravidão".

Figura 5 – Trote aos calouros na Faculdade de Direito e Ciências do Estado da UFMG em 2013

"Um só homem, sem outro recurso que as próprias forças, não conseguirá, ao mesmo tempo, tolher os movimentos defensivos da vítima (sendo esta mulher adulta, normal e sã) e possuí-la sexualmente. Conta-se de um juiz que, ao ouvir de uma pseudo-estuprada que o acusado, para conter-lhe os movimentos de defesa, se servira, durante todo o tempo de ambas as mãos, indagou: 'Mas quem foi que conduziu o ceguinho?' E a queixosa não soube responder..." (DOTTI apud RUFINO & PENTEADO, 2003, p. 214)

A passagem acima consta de uma menção elogiosa à ironia persuasiva que marcava a personalidade de um dos juristas mais considerados do país: Nelson Hungria. Homem branco nascido em Minas Gerais, no Arraial de Angustura, em 1891. Formado pela Faculdade Livre de Ciências Jurídicas e Sociais do Rio de Janeiro, tornou-se um dos mais aclamados penalistas deste país, professor na UFRJ e autor de diversos livros reverenciados até o presente.

Este trabalho não pretende aprofundar-se na figura de juristas formados pelas instituições de ensino do país. Porém, considero pertinente que analisemos alguns aspectos ligados a um ou outro grande jurista brasileiro, para que compreendamos o perfil do alunado formado, conformado ou deformado no Brasil, bem como a influência que tiveram sobre a consolidação do direito como é hoje ensinado e praticado.

O trecho apresentado acima faz parte de uma obra de Nelson Hungria, em que se pode contemplar a forma como este jurista pensa e se coloca no mundo. A carga misógina, machista e jocosa com que o tema do estupro é tratado, leva à necessidade de uma reflexão acerca de como o conteúdo foi apresentado para este aluno quando de sua graduação e, mais ainda, de como este penalista promove, ensina e reproduz o letramento jurídico em sua sala de aula e através de seus livros, infectando sua prática e a de gerações futuras.

Não se tem aqui expresso o dizer de um jurista puramente brincalhão, muito pelo contrário, trata-se de uma fotografia de um pensamento, de um modo de ser e agir que não marca somente a personalidade deste autor, mas de toda uma geração de estudantes que aprenderam e foram letrados a partir de suas obras. É possível se imaginar a naturalização deste saber por aqueles que acessaram seus ensinamentos. René Ariel Dotti ressalta que "Os textos de Nélson Hungria influenciaram gerações de juízes, membros do Ministério Público, advogados e demais trabalhadores forenses, além de servirem como referência indispensável para os estudiosos do direito criminal." (DOTTI apud RUFINO & PENTEADO, p.238)

O uso da expressão "pseudo-estuprada" impõe um peso para o direito penal que, durante décadas foi, e ainda é visto por muitos, como a *prima ratio*; um ramo do direito que se apresenta como maquinário adequado para a solução dos dilemas sociais. Neste cenário, letrar o alunado com um discurso que esvazia o poder da vítima de se defender por ser esta previamente considerada mentirosa por conta de sua condição sexual e física é munir o futuro jurista das ferramentas de manutenção do patriarcado, da violência de gênero e tantas outras opressões. O resultado disso foi um ensino jurídico produzido e reproduzido com todos estes estigmas de subalternização. As obras e pensamentos do renomado penalista formaram diversas gerações de juristas que acessaram os mais variados cargos e espaços na cena política e judiciária do país.

Outro jurista consensualmente destacado foi Pontes de Miranda. Sua trajetória formadora antecede em muito os bancos da Faculdade de Direito do Recife. Vilson Rodrigues Alves narra que:

> Pontes de Miranda passou parte da infância e de sua juventude na Casa-Grande, no engenho de seus avós. Iniciou os primeiros estudos em sua cidade natal, indo posteriormente para o Recife, onde ingressou na Faculdade de Direito. (...) Com apenas dez anos de idade, discutia sociologia com os parentes durante as refeições e ajudava seu avô na tradução do livro latino *Flos Sanctorum*. Aos quatorze anos, dominando o inglês e o francês, já estudava com os frades franciscanos latim, alemão e grego. (...) Com apenas quinze anos de idade lançava críticas à filosofia de Descartes, em trabalho publicado em jornal do Recife, possivelmente as iniciais incursões na Filosofia que proporcionaram a posterior publicação de suas 'Meditações anticartesianas' pela *Revista Brasileira de Filosofia*. (ALVES apud RUFINO & PENTEADO, 2003, p. 257-258)

Interessante observar que o renomado jurista descende de uma família escravagista, possuidora de um engenho, local onde foi criado e preparado para galgar os mais altos postos da intelectualidade. Tem-se notícia de que aos doze anos o menino já pensava em ir estudar matemática na Universidade de Oxford. Constata-se o quanto suas oportunidades eram ilimitadas já desde a infância. Foi desestimulado a seguir a carreira de matemático por sua tia Chiquinha que apresentou argumentos bastante curiosos para esta nossa reflexão sobre o bacharelismo. É o próprio Pontes de Miranda quem narra que:

> Ao encontrar-me com a minha tia, Francisca Menezes, ela me disse: 'Você usa botas Bostol e sapatos All Cover que não poderá importar com o ganho das matemáticas. Dentro em breve o Governo proibirá a importação pelo Norte de maquinarias para engenhos. Porque não estuda Direito, que tanto seduz sua atenção nas conversas de mesa? Se fosse no tempo do Império você se formaria em Física e Matemática, descobriria uns teoremas, o que é o seu ideal, e isto seria um problema para a Corte, mas ela o resolveria. Você acabaria, pelo menos, Barão de Frecheiras. (ALVES apud RUFINO & PENTEADO, 2003, p. 259-260)

A observação desta narrativa mostra como o direito era visto, no Império, como um garantidor de um *status* e de um padrão conquistado pelas gerações anteriores. O discurso da mulher branca preocupada com a manutenção do *status quo* do sobrinho e que, inclusive, demonstra sua percepção de um porvir não tão favorável às elites, evidencia uma realidade que se perpetrou nas décadas seguintes, ancorando no século XXI. Uma lógica de que o ensino jurídico é porto seguro para as elites que se perpetuam no poder e que não pretendem abrir mão de privilégio algum. Vale destacar também como o direito era visto como algo forte mesmo após o Império, já na República.

Este pensamento de Francisca Menezes provavelmente não foi inovador nesta família, pois o próprio Pontes de Miranda conta que seu avô paterno, Joaquim Pontes de Miranda, também formado em direito, era grande matemático. O mesmo ocorreu com seu pai, outro advogado com forte paixão pelos números.

Mantida a lógica meritocrática e o velho jogo das relações de poder, com seus favores e privilégios, o jovem jurista foi, desde cedo, agraciado com uma farta gama de possibilidades e alternativas para manter uma tranquila trajetória intelectual. Vilson Rodrigues Alves conta que "no mesmo dia em que formado, Pontes de Miranda recebeu convite para ser diretor da Caixa Mercantil, banco em Alagoas. Recusou-se. Pediu a seu pai determinada quantia em dinheiro para manter-se por três meses na Guanabara". (ALVES, apud RUFINO & PENTEADO, 2003, p. 261)

Receber convites para ocupar cargo de direção no mesmo dia em que se forma um jurista, não é algo comum e que ocorre a todo recém-formado no ensino jurídico. Entretanto, não se pode olvidar que muitos dos egressos deste espaço já tem seus lugares sociais devidamente garantidos e resguardados, pois são oriundos de uma estrutura econômica e política que privilegia e protege seus pares. Os corpos majoritários no espaço acadêmico são os herdeiros de um capital cultural que é visibilizado e legitimado desde a fundação das primeiras faculdades de direito do Brasil.

Esse percurso é monopolizado por muito tempo pelas futuras gerações destes bacharéis que, valendo-se de suas naturalizadas relações de poder, promoviam a ascensão de sua prole, no intuito de garantir-lhes a manutenção do *status quo ante*. Na minha turma, ingressante no primeiro semestre de 1997 e formada em dezembro de 2001, havia inúmeros exemplos desta hereditariedade do privilégio. Vários dos meus colegas, eram filhos, netos ou bisnetos de grandes juristas, que, como demonstra a teoria do bacharelismo, atuavam para além da seara jurídica, na política ou comandando órgãos públicos de relevância. Poucos eram como eu, primeira de minha família a estudar em uma universidade pública. Para além disso, pouquíssimos eram como eu que não sabia identificar sua árvore genealógica para além dos bisavós, por conta da invisibilidade dos corpos escravizados. É inegável a condição de privilégio do alunado branco que adentra a academia em busca de letramento jurídico.

Na UFMG, os programas que consideram a autodeclaração de cor do alunado, para efeito de ingresso na instituição, até o momento, são os seguintes: Programa de Bônus (aplicado no Vestibular UFMG desde 2009 até 2012) - este programa não reservava vagas, mas aplicava bônus aos resultados obtidos pelo candidato aos cursos de graduação[34]. Programa de Reserva de Vagas (conforme Lei 12.711/2012, de 29/08/2012) - aplicado nos processos seletivos de ingresso em vagas novas de cursos de graduação (SISU, Vestibular) desde 2013 até o presente[35]. Política de

---

[34] Para saber mais veja Conselho Universitário. RESOLUÇÃO 03/2008, DE 15 DE MAIO DE 2008 (Altera a forma de apuração dos resultados do Concurso Vestibular da UFMG pela atribuição de pontos adicionais a egressos da Escola Pública.); Conselho Universitário. RESOLUÇÃO 02/2012, DE 03 DE MAIO DE 2012 (Reedita, com alterações, as Resoluções 03/2008, de 15/05/2008, e 05/2010, de 05/05/2010, estabelecendo procedimentos para a apuração dos resultados do Concurso Vestibular da UFMG e para o ingresso dos candidatos.).

[35] Para saber mais veja Brasil. Lei Federal n° 12.711/2012, de 29/08/2012; Conselho Universitário. RESOLUÇÃO 13/2012, DE 23 DE OUTUBRO DE 2012 (Revoga a Resolução 02/2012, de 03 de maio de 2012, que estabeleceu procedimentos para a apuração dos resultados

Ações Afirmativas para inclusão de pessoas negras, indígenas e com deficiência na Pós-Graduação stricto sensu - prevê reserva de vagas nos programas de pós-graduação stricto sensu da UFMG para ingressos a partir do primeiro semestre de 2018[36].

Atualmente, sobretudo após a implementação do sistema de cotas, há cada vez mais diversidade na academia. Há mais pluralidade de classes, de gênero e de raça. Entretanto, não é o suficiente, pois o letramento jurídico permanece estruturado sobre as mesmas bases hegemônicas que o fundaram. Portanto, o mesmo pensamento que Pierre Bourdieu desenvolve em sua sociologia da educação, contempla também a realidade jus-acadêmica brasileira, pois há "formas mais ocultas" que precisam ser evidenciadas para que se dê uma real compreensão do problema do ensino jurídico no país.

Como prenuncia a tia de Pontes de Miranda, é no ensino jurídico que fica ancorada uma tranquilidade da elite brasileira de perpetuar-se no lugar do privilégio, da preservação de domínio. O projeto de bacharelismo acolhe a elite embasado por um discurso de construção de um país operacionalizável, mas que, no fundo e a termo, serve para garantir uma estabilidade no poder para quem dele já provou e sempre dele se beneficia.

---

do Concurso Vestibular da UFMG e para o ingresso dos candidatos.); Conselho de Ensino, Pesquisa e Extensão. Resolução Comum 02/2012, de 15 de Maio de 2012 (Estabelece normas para o Concurso Vestivular 2013 da UFMG); Conselho Universitário. Ata da Reunião Extraordinária de 23 de Outubro de 2012; Conselho de Ensino, Pesquisa e Extensão. Ata da Reunião Ordinária de 16 de Outubro de 2012.

36 Para saber mais veja Brasil. Ministério da Educação. Portaria Normativa nº 13, de 11 de maio de 2016 (Dispõe sobre a indução de Ações Afirmativas na Pós-Graduação, e dá outras providências). Diário Oficial da União, 12/05/2016, Seção 1, p. 47; Conselho de Ensino, Pesquisa e Extensão. Resolução Comum 02/2017, de 04 de Abril de 2017 (Dispõe sobre a Política de Ações Afirmativas para inclusão de pessoas negras, indígenas e com deficiência na Pós-Graduação stricto sensu na Universidade Federal de Minas Gerais).

Mesmo havendo um debate robusto sobre bacharelismo, ainda são perceptíveis fissuras na solidificação desta teoria por conta da escassez de abordagens que se debrucem sobre o dilema do intelectual negro que acessa o letramento jurídico no país.

Aparentemente, nas instituições de ensino jurídico, os corpos que importam são os corpos brancos, para os quais a escola foi construída. Até mesmo sua localização física atende aos privilegiados cujas moradias a rodeiam. Posição central, geograficamente falando, que depõe a favor desta ideia de afastamento da periferia.

Essa centralidade dos corpos brancos e marginalidade dos corpos negros na edificação do letramento jurídico, evidencia a quem este espaço se dispõe a acolher e quais papéis podem ser ocupados por cada grupo.

No caso específico da minha instituição formadora, a estruturação da cidade de Belo Horizonte, como da maioria das cidades, contempla um espaço planejado. Há um cinturão contornando o centro da cidade, mas com o passar do tempo este espaço foi sendo ultrapassado. Na região metropolitana, compondo as margens da metrópole, encontram-se as chamadas cidades-dormitório, ou seja, espaços para onde aqueles que trabalham no centro retornam para dormir.

Dentro desta dinâmica, corpos prioritariamente negros, posicionados às margens, se deslocam para o centro para trabalhar. Por isso, na Faculdade de Direito e Ciências do Estado da UFMG sempre houve negr@s. Um clássico exemplo é o do Sr. Samuel, bedel que foi homenageado dando nome ao jornal mais importante desta instituição de ensino por décadas, o Sino do Samuel. Tratava-se de mais um corpo negro que, como tantos outros, permite o funcionamento institucional, atuando como faxineiros, porteiros, seguranças, bibliotecários, copeiros.

Essa presença é fundamental, pois naturalizou-se que funções serviçais são prioritariamente desempenhadas por corpos negros e na Faculdade de Direito e Ciências do Estado da UFMG não seria diferente. Além de ser também conveniente, pois serve ao tokenismo[37], demonstrando a aceitação destes corpos marginais pela elite branca e também legitimando medidas racistas e elitistas, que são defendidas e até desejadas por estes corpos oprimidos, sobre os quais recai exatamente a obrigação de zelar e dirimir os problemas operacionais da escola.

Um bom exemplo desta legitimação de discursos excludentes justificados pela aquiescência do próprio oprimido é a colocação de catracas controlando o fluxo de pessoas na Faculdade de Direito e Ciências do Estado da UFMG. À época, os principais interessados, alegando uma invasão de mendigos e precarização das instalações e segurança dos alunos e professores, justificavam não haver qualquer intenção racista ou segregacionista pelo fato de terem os serviçais (tão oprimidos quanto os que seriam barrados) apoiado veementemente a medida. Ora, não poderia ser diferente, considerando que qualquer problema recairia drasticamente sobre estes funcionários, podendo os mesmos até perder o emprego ou pior, serem responsabilizados administrativa ou até penalmente.

Não são raras as vezes na história da elite intelectual brasileira em que a justificativa de haver negr@s coniventes com determinadas práticas as isentaria de serem taxadas como discriminatórias. Valendo-se do argumento "mas até negr@s concordam com..." a elite segue tranquila em suas estratégias de dominação.

Seguindo esta lógica contra-argumentativa, entendo importante destacar a existência de muitos bacharéis mestiços. A presença destes intelectuais na academia não deve causar espanto pois sempre haverá aqueles que se desgarram do trajeto esperado e conseguem despontar, eu mesma sou um exemplo deste fenômeno. Ana Flávia Magalhães Pinto destaca vários destes mestiços que adquiriram letramento jurídico aqui no Brasil, nas primei-

---

[37] Tokenismo é uma expressão inglesa que se refere à prática de se fazer um esforço simbólico com o objetivo de ser inclusivo para membros de minorias. Seria uma forma de aparentar igualdade racial. Serve também para mascarar posturas racistas sob alegações do tipo "tenho amigos negros...", "temos negros trabalhando aqui...", "temos estudantes negros...", e, portanto, não somos racistas. (EDDO-LODGE, 2019)

ras escolas, ou mesmo em Coimbra. (PINTO, 2014) O trato da mestiçagem é extremamente complexo e demanda esforços que não estão reservados para tal neste trabalho, entretanto, impõe destacar que muitos destes bacharéis tiveram a oportunidade de estudar por apoio financeiro de seus progenitores, homens brancos e abastados que tinham interesse em ver sua prole amparada. Mais uma das facetas da opressão, transformando violência em boa ação, tudo para preservar a auto-imagem e o nome.

Estes mestiços letrados, seguindo a tradição bacharelista, eram muitas vezes convidados a ocupar cargos burocráticos de destaque. Homens importantes como Francisco de Paula Sales, Aureliano Augusto Pereira de Carvalo, José da Natividade Saldanha, Luiz Gama, José da Natividade Saldanha, Antônio Pereira Rebouças, dentre outros. Alguns destes formaram-se na academia, enquanto outros, como o Rebouças, foram autodidatas em sua formação, recebendo uma autorização para exercer a advocacia, por serem dotados de uma espécie de notório saber. Nestes moldes, é fundamental dizer que a evidenciação dessas trajetórias não desconstrói toda uma lógica de opressão e racismo vivido pela maioria dos mestiços, pretos forros.

Os anos que entremeiam a passagem do Império para a República são marcados por fortes lutas antiescravagistas e republicanas, estando muitos destes bacharéis mestiços fortemente envolvidos nas lutas abolicionistas, como foi o caso de Luiz Gama, menos reverenciado do que deveria considerando-se a robustez de seu capital cultural, conquistado a duras penas e marcado por um esforço pessoal e insurgente, como ocorre ainda hoje com muitos dos juristas oprimidos[38] formados e em formação.

---

38 Farei uso desta expressão "juristas oprimidos" ao longo de todo o trabalho para me remeter aos juristas que não são os corpos de sempre, que não são aqueles tradicionalmente esperados para se tornarem juristas. Embora possa parecer ser uma construção anacrônica, não é deste modo que a vejo, pois o que defendo aqui neste trabalho é que a formação jurídica tradicional por si só não é emancipatória. Deste modo, não se pode essencializar o debate e defender que todo jurista, simplesmente por ser jurista, já é um corpo emancipado.

Embora tenha havido uma efervescência da temática racial durante o período abolicionista, o assunto delicado segue embalado pela República, responsável por fazer emergir contradições interessantes já que, embora proclamada como baluarte de igualdade, não efetiva as mudanças emancipatórias tão desejadas. (PINTO, 2014, p. 231-265)

Essa passagem do Império para a República evidencia uma tolerância conveniente para com os negros forros e nascidos livres que teimavam em se fazer presentes nos espaços de poder dominados pela aristocracia branca. A República, entretanto, inaugurou novos modos de tratar o tema. Os jornais da época (PINTO, 2014, p.234) demonstram como essa desejada República ignorava as diferenças e deixava, voluntariamente, de criar mecanismos garantes de proteção e respeito a direitos das minorias que agora avolumavam-se pelas ruas, praças e encruzilhadas.

A fronteira entre o Império e a República foi delineada por sangue, suor e esforços desmedidos, tanto dos que pretendiam manter o cadáver do império insepulcro, quanto dos que pretendiam ver parida a qualquer custo uma República embalada por braços cuja cor indefinida prometia melhorar o país. A fronteira da história, neste momento, foi lugar de resistência, como é de sua natureza, e de disputa.

O campo do letramento jurídico também conforma um lugar de resistência. A presença de corpos oprimidos num ambiente de opressão e de letramento hermético não impede que estes encontrem espaços para edificar uma outra dinâmica de ocupação. Embora não sejamos desejados, permanecemos. No perfil do Instagram, idealizado por mim, @juristasnegres, encontram-se depoimentos bastante emocionantes de obstinados corpos insurgentes em uma academia eurocentrada. J. L., advogado carioca, narra, em seus perfis públicos, sua própria história de superação nos seguintes moldes:

> Presidente Lula, eu não sou filho das cotas, não sou filho do PROUNI, eu sou filho de um ex-traficante de drogas e foi assim que consegui meu curso superior. E ser o primeiro de uma família a

concluir o ensino médio e depois fazer uma faculdade. Quando eu ajudo a montar um pré-vestibular na minha favela, quando eu debato sobre lei de drogas, quando eu debato um projeto do país que inclua o povo preto. É porque eu desejo que mais nenhuma família tenha que se submeter ao que minha família se submeteu para ter o mínimo, educação de qualidade. O tráfico lá em casa não era para esbanjar, acumular, ter casa em Angra, era pra pagar colégio e faculdade. Meu pai falava 'minha herança para vocês é a educação'. É nisso que acredito, presidente. Educação. https://noticias.uol.com.br/reportagens-especiais/filho-de-ex-traficante-atua-como-advogado-em-favela-do-rio-sou-um-abolicionista-penal/#cover

Ser este corpo negro desviante, que acessa o lugar que não foi feito para ele, implica em uma série de superações que podem gerar impactos fortemente transformadores. A mesma formação ofertada para o alunado que advém do lugar de sempre, das elites supremacistas que se enraizaram nos espaços de poder, consegue dar conta de vivências periféricas que atravessam o corpo oprimido? O letramento jurídico que parte do lugar universal[39] apresenta leituras de mundo que se restringem ao lugar inacessível para o filho do traficante iletrado. Mesmo assim, este corpo negro transforma aquele saber em ferramentas de emancipação. Trata-se de uma excepcionalidade que serve para confirmar a regra de que uma formação que não parte de uma multiculturalidade, de contextos próximos às vivências de seus alunado, é uma formação que conforma ou deforma. Este advogado negro, transgride e operacionaliza seu capital simbólico (BOURDIEU, 2011) em prol da emancipação de seu povo. Mas a regra é outra.

O ingresso em uma universidade de excelência seleciona naturalmente aqueles que estão dotados de um capital cultu-

---

[39] Pierre Bourdieu demonstra que esse efeito de universalização se dá não só por meio da oferta de leituras e visões de mundo que partam do lugar validado e legitimado, como é a Europa. Mas também através de vários processos convergentes como utilização de um jargão linguístico sistematicamente estruturado para criar a impressão de hierarquia de saberes, de neutralidade e universalidade do conteúdo apresentado. (BOURDIEU, 2011)

ral (BOURDIEU, 2018) mais robusto e também de um capital simbólico (BOURDIEU, 2011) legitimado por aquele grupo nortecentrado. Dentro deste espectro, corpos oprimidos que acessam este espaço estão numa condição de entre-lugar que o acompanha desde sempre. Para ingressar num espaço elitizado, o oprimido precisa se submeter ao processo de aculturação apresentado por Pierre Bourdieu (2011). Diferente de seus colegas, que passam somente pelo processo de aquisição de novos capitais, o corpo periférico precisa fazer dois trajetos, primeiro se despir da bagagem que já carrega (aculturar-se) e, então, depois, esforçar-se para adquirir e adaptar-se aos saberes dos outros.

Não há que se desconsiderar toda a luta emancipatória que já se materializou no processo de acesso à educação do povo negro. As ações afirmativas são um exemplo importante dessas conquistas que se fazem possíveis através de uma resistência incisiva e sistemática. Este trabalho não se abstrai de nenhuma destas questões. Tenho absoluta consciência de que há movimentos de resistência preta em todos os espaços em que nossos corpos adentram, trata-se de estratégia de sobrevivência. Somos corpos em luta constante. Entretanto, é muito importante compreender que há "formas mais ocultas", como insiste Bourdieu (2014), na construção de um campo de saberes. Partindo desta percepção, coloco em xeque o argumento de que a mera presença de corpos negros nas cadeiras da academia já é condição emancipatória *de per si*. Não é verdade. Não se emancipa se o letramento permanece eurocentrado e se as leituras de mundo que são ofertadas se alinham com um discurso colonizador. Se o ensino é colonizador, o aluno será colonizado. Somente um ensino descolonizado poderá produzir corpos emancipados.

Figura 6 - Colagem autoria própria

"MULHER RIDÍCULA, COM CABELO RIDÍCULO, E ATITUDES RIDÍCULAS" [SIC]

É assim que uma ex-aluna, e agora jurista, de uma faculdade de direito em que lecionei, cuja turma se formou em 2017, se refere a mim. Essa é só uma parte de uma troca de mensagens que me foi encaminhada, a título de denúncia, por uma das pessoas deste grupo de WhatsApp que, tão negra quanto eu, se sentiu ofendida com as postagens racistas e sexistas do grupo de recém-juristas formados naquela década.

Nestas mensagens se pode detectar uma gama enorme de problemas e complexidades que assolam o ensino jurídico no Brasil e que, infelizmente, não se restringem a uma instituição de ensino e nem mesmo a escolas consideradas de elite. No caso deste alunado específico, componente deste grupo de rede social, o perfil é bastante simples: estudantes provenientes de classe média baixa, em sua grande maioria. Corpos tão oprimidos quanto o meu, mas que não se veem representados por mim porque são corpos lidos socialmente como privilegiados. São corpos pobres, mas são brancos.

Dois aspectos me chamam particular atenção na postagem, primeiro como se vale do artifício da chacota e do humor violento para tentar agredir, materializando um viés marcante de racismo recreativo (MOREIRA, 2019) ; e como a ausência de intimidade intelectual com determinados conceitos concede a eles a liberdade de preencher os mesmos com o que desejam, como ocorre quando se questiona "o que é afrofuturista?" e este conceito é preenchido por conteúdo que em nada se aproxima do real significado do termo. Esta postura evidencia um traço autoritário que acomete com frequência quem detém privilégio, que é o de dizer o que se quer, mesmo sem sentido algum, e se considerar superior por isso, mesmo que o que se diga não tenha pé e muito menos cabeça.

Ao destacar não se tratar de algo isolado e particular, falo com bastante propriedade pois experienciei incontáveis casos de racismo em minha trajetória docente. É uma pena poder constatar que este caso dos prints do grupo de whatsapp do

"Formados Direito 2017" não foi o primeiro e não será o último caso de racismo explícito que sofri e sofrerei.

Sempre estive entre as raras docentes negras das faculdades de direito em que lecionei e isto diz muito da escassez de oportunidades profissionais para a integração de intelectuais negr@s nos espaços de poder. E mesmo convivendo com outros docentes que defendiam em suas aulas temáticas humanistas, pregando igualdade, diversidade e garantia de direitos, já presenciei posturas fortemente excludentes e preconceituosas. Me recordo de, em 2017, estar na sala dos professores em uma das instituições em que lecionava à época, e um dos professores convidar, em alto e bom tom, todas as professoras da sala para tirarem uma foto. Até aí nada demais, entretanto, o docente fez questão de destacar que o convite era só para as loiras, pois assim, com a divulgação da foto, o público externo poderia se sentir motivado a ingressar na instituição de ensino, vendo um corpo docente tão bonito e exuberante. De todas as mulheres que estavam na sala no momento deste convite, eu fui a única que não apareceu na foto. A única.

Este fato muito me assombra por vários aspectos. Por serem todos ali, envolvidos e envolvidas no ocorrido, juristas que se autodenominavam justos, probos e bons, que subiriam minutos depois, na qualidade de docentes, para suas turmas com o compromisso de letrar seu alunado, um grupo significativo de futuros juristas. Mas me espanta sobretudo por haver uma clara exaltação da branquitude, como se fosse um bem jurídico a ser exibido, atrelando a este atributo qualidades e virtudes de ordem estética e intelectual. Essa intenção me faz refletir sobre ser a branquitude e, também o seu outro lado da moeda, a negritude, materializações do direito à propriedade. Me pergunto se podemos considerar branquitude e negritude, para além do constructo ideológico, como bens jurídicos passíveis de ostentação e hierarquização social.

Entretanto, não há prova mais cabal do que os prints das mensagens dos meus ex-alunos, inseridas logo a seguir, para demonstrar a gravidade do problema em que imerge o ensino jurídico no Brasil, que não dá conta de formar juristas que tenham noções mínimas de humanidade e alteridade, que não sabem respeitar a mestra que os formou para serem o que são e se valerem hoje deste conteúdo para alavancar carreiras e alimentar famílias. Juristas que simplesmente riem do diferente, fazem chacota com quem lhes letrou e que ofertou o conteúdo que hoje usam para se dizerem juristas.

Figura 7 – Print conversa grupo de wpp de ex-alunos de IES em que lecionei

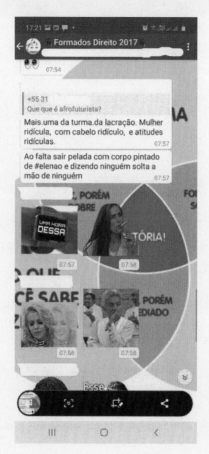

Figura 8 - Print conversa grupo de wpp de ex-alunos de IES em que lecionei

Cheryl Harris é quem defende, com bastante coerência, ser a branquitude uma forma de propriedade, que garante a manutenção jurídica e histórica dos privilégios acumulados pela supremacia branca. (HARRIS, 1993)

Todo o direito se estrutura no Brasil dentro de uma lógica liberal pautada na valorização da propriedade. O direito é exatamente a ferramenta construída para proteger e garantir a propriedade estabelecida no colonialismo, por isso pode-se dizer que o direito é um fenômeno moderno. Este ensino jurídico e todo o sistema de justiça que se apresenta delineado no país são constructos da modernidade e servem a seus ideais.

No âmbito do direito civil, uma evidenciação do direito de propriedade estará sempre incompleta se não partir da coisificação do corpo negro. Entretanto, raras são as abordagens acadêmicas que promovam este debate, fornecendo um olhar verdadeiramente crítico para a evolução da ideia de propriedade e sua conveniência normativa.

Keila Grinberg (2008) faz um trabalho bastante importante ao demonstrar como a consolidação do Código Civil de 1916 foi adiada pela demora na solução do problema escravagista. Essa abordagem explicita como o direito e suas leis servem aos interesses de uma elite que não só nunca abre mão de seus interesses, como articula estratégias complexas para fazer parecer que são desapegados.

Embora a história do direito civil brasileiro esteja ancorada nos portos juntamente com os navios negreiros e a comercialização de corpos negros como mercadorias, há um descompasso metodológico no ensino jurídico, que inaugura os estudos sobre o tema através do pensamento do alemão Savigny e sua teoria da posse e da propriedade. Não há nada mais eurocentrado do que isso, invisibiliza-se uma história nacional extremamente complexa e merecedora de profunda reflexão para se buscar na doutrina europeia uma base completamente distópica para a realidade deste país e que é validada como o conhecimento único, fundamental e inquestionável. Esse apagamento ou releitura conveniente da história do direito é um sintoma de como o direito de propriedade se desenha de forma fantasiosa em nosso país.

A professora Cheryl Harris inicia sua abordagem em sala de aula sobre direito de propriedade apresentando e analisando o documento de posse de sua avó por seu proprietário branco. Essa metodologia é tão impactante quanto é revolucionária à medida que promove uma incômoda e necessária reflexão sobre a teoria dos direitos reais e como esta é construída para servir a interesses específicos e marcados pelo privilégio. (HARRIS, 1993)

Não é por falta de documentação que a escolha por se trabalhar o direito de propriedade partindo da Alemanha se apresenta como viável. Há diversos registros de escravidão em todo o país que relatam casos de negociação, venda ou aluguel de escravizados. Material é o que não falta. O que será que falta?

> **PRECISA-SE**
>
> comprar uma escrava de meia idade sem vícios, e que saiba cozinhar. Informações á rua Direita n. 7.—Loja de ferragens. 4—4

Figura 9 – Anúncio do Correio Paulistano 1879

A imagem acima é um anúncio componente do acervo do jornal Correio Paulistano, veiculado entre os anos de 1857 e 1879. Este aqui representado é de 8 de fevereiro de 1879.

> **Fugiram**
>
> da fazenda da Boa Vista de Pirassununga no dia 20 do corrente os escravos seguintes:
> Simão 25 annos, preto, altura regular, sem barba e desdentado, tendo na mão direita só do's dedos indicador e pollegar, e um caroço nas costas do lado esquerdo.
> Gregorio 25 annos, preto fulla, sem barba, falta de dentes na frente, e pernas finas.
> Quem os entregar na referida fazenda a Manoel Francisco da Silveira será gratificado com cem mil réis de cada um.
> Pirassununga, 29 de Junho de 1886.
> 3—3   Manoel Francisco da Silveira.

Figura 10 – Anúncio Jornal

E EU NÃO SOU UMA JURISTA?   99

Mercadorias desaparecidas também eram requeridas com todo o uso do direito de propriedade que era resguardado aos seus senhores e validado juridicamente, inclusive.

Em uma aula, Sílvio Almeida[40] desenvolve um raciocínio com o qual concordo e sistematizo da seguinte forma: de todos os ramos do direito, é o direito civil o mais embebido de uma lógica sanguinária, mais até do que o direito penal, responsável pelo encarceramento em massa da população preta. O direito civil legitimou práticas altamente violentas pois ao autorizar o constructo do corpo negro como objeto, coisa, deu-se a possibilidade de que atrocidades fossem cometidas sem que isso fosse considerado punível porque se estava agindo contra coisas e não contra pessoas. A coisificação do ser é a mais violenta das práticas legitimadas pelo direito.

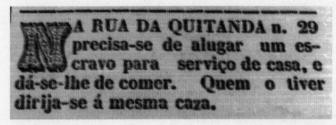

Figura 11 – Anúncio Jornal

É no direito civil que se percebe todo o requinte da lógica escravagista, que ainda persiste, embora renominada, como justificativa para as abordagens patrimonialistas que mesmo com o Código Civil de 2001 ainda seguem desigualando.

É importante explicar que quando se invoca a ideia de branquitude, não estou necessariamente me referindo a um grupo de pessoas. Refiro-me, com o uso deste termo, a uma ideologia, uma abstração pedagógica que busca dizer respeito ao agrupamento, físico ou comportamental, de corpos marcados, lidos socialmente como brancos e tudo o que isso significa e determina.

---

40 Curso Direito Civil e Escravidão, ministrado por Silvio Almeida e Júlio César Vellozo. Disponível em www.candeiacursos.eadbox.com . Acesso em 2020.

Trabalhar a noção de branquitude como uma forma de materialização do direito de propriedade, dentro de uma ótica civilista é bastante simbólico, porque demonstra como o direito é ferramenta de manutenção de privilégios para o grupo que estabeleceu toda a lógica patrimonialista no país, inclusive categorizando tudo, determinando objetos e sujeitos.

A objetificação do ser e sua sujeição deveriam inaugurar o plano de ensino de direito civil de todas as instituições de ensino jurídico do país, a fim de demonstrar o perigo que leituras eurocentradas do mundo podem promover.

Segundo Cheryl Harris, a branquitude funciona como uma espécie de bem jurídico, cuja posse confere acesso a outro *status* social. (HARRIS, 1993) Essa lógica patrimonialista da branquitude também vale para a negritude, vista do mesmo modo, como um bem jurídico, porém neste caso, subvalorizado. Tanto a branquitude quanto a negritude se apresentam como bens jurídicos que permitem ou negam acessos a espaços de poder.

A compreensão da branquitude e da negritude como propriedade, configurando-se estes como bens jurídicos que promovem ascensão econômica, política e social é muito importante para a percepção do quanto o direito civil é determinante de esquemas sociais racistas e fortemente opressores.

Entender como o direito civil está embebido de toda uma ideologia moderna e violenta implica em identificar no direito os indícios que confirmam o caráter opressor deste campo das ciências humanas. Isso não quer dizer que há que se demonizar o direito, mas sim que é necessária uma reformulação absoluta dos seus moldes de compreensão do mundo e dos seres que o integram.

Compreender que o direito e suas leis, bem como todo o sistema de justiça, são criações humanas, carregadas das características de seus criadores implica em se perceber a importância de uma teoria disruptiva e que ressignifique forma e conteúdo, de modo a promover libertação e não aprisionamento. Uma pedagogia engajada com um Letramento Jurídico Crítico precisa se debruçar sobre estes meandros menos evidenciados do direito e suas estreitas conexões com raça, classe, gênero e colonialidade.

PODER JUDICIÁRIO
FORO CENTRAL DA COMARCA DA REGIÃO
METROPOLITANA DE CURITIBA-PR
1ª Vara Criminal

Autos nº:
Autora: Justiça Pública
Réus:

Inexistem circunstancias atenuantes de pena.

Por outro lado, incide a agravante prevista no artigo 61, inciso II, alínea h, do Código Penal, pois o delito foi cometido contra vítima maior de 60 anos.

Portanto, elevo a pena intermediária em 1/6, resultando, nessa fase em 05 (cinco) anos e 06 (seis) meses de reclusão e 15 (quinze) dias-multa, no valor de 1/30 do salário mínimo vigente à época dos fatos.

c) Terceira fase: Causas de aumento e diminuição de pena:

Não se verifica a incidência de causa de diminuição de pena.

Em contrapartida, incide a causa de aumento do concurso de pessoas.

Deste modo, elevo a pena anteriormente fixada em 1/3, resultando a pena definitiva em **07 (sete) anos e 04 (quatro) meses de reclusão e 20 (vinte) dias-multa**, no valor de 1/30 do salário mínimo vigente à época dos fatos.

7.3) Furto qualificado pelo concurso de pessoas (fato VII):

a) Primeira Fase: fixação da pena-base

A **culpabilidade** do acusado no crime em questão se mostrou elevada, pois teve participação fundamental no cometimento do crime, uma vez que além de tentar dissuadir a vítima juntamente com os demais réus, com uma estória já ensaiada, também o empurrou a vítima pelas costas na tentativa de fazer com que não percebesse a subtração.

Quanto aos **antecedentes criminais** (mov. 669.1), o réu é primário.

Sobre sua **conduta social** nada se sabe. Seguramente integrante do grupo criminoso, em razão da sua raça, agia de forma extremamente discreta

Figura 12 – Página de sentença proferida por juíza de Curitiba em 2020

Essa construção da ideia de branquitude e negritude como bens jurídicos, embora pouco pensada, funciona bastante na tessitura do racismo estrutural. Como quando a negritude, carregada de desvalor, como um bem jurídico desprezível, aparece como elemento provocador de posturas jurídicas preconceituosas e que naturalizam o discurso supremacista branco que se coloca como o grupo que deve conduzir os demais ao bem e para o seu próprio bem.

Acima colacionei um trecho de sentença proferida neste ano de 2020. Em julho uma juíza branca curitibana construiu um argumento em sua decisão articulando raça e criminalidade e naturalizando a associação do ser negro ao ser criminoso, que erra e precisa ser corrigido, controlado.

Embora o caso tenha obtido enorme repercussão negativa nas redes sociais e meios de comunicação de massa, em setembro o Tribunal de Justiça do Paraná decidiu, por unanimidade, arquivar o processo disciplinar aberto contra a juíza. Os desembargadores consideraram que a polêmica se instaurou por conta de uma má interpretação da sentença proferida. Uma interpretação que compreendeu equivocadamente o seguinte trecho:

> Sobre sua conduta social, nada se sabe. Seguramente integrante do grupo criminoso, em razão da sua raça, agia de forma extremamente discreta os delitos e o seu comportamento juntamente com os demais, causaram o desassossego e a desesperança da população, pelo que deve ser valorada negativamente.

Quero pensar aqui para além da sentença racista em si, quero me ater sobre quem decidiu. Estamos diante de uma ex-aluna de uma academia de ensino jurídico, alguém que teve acesso ao "melhor saber", ao conhecimento destinado às elites, como venho trabalhando em meu exercício de pensar e repensar o direito. Trata-se de uma mulher branca que recebeu letramento jurídico nos moldes tradicionais. É claro que isso, por si só, não garantiria pensamentos e posturas racistas. Eu mesma recebi um letramento jurídico em moldes semelhantes. Não é só isso. Há mais. A decisão da magistrada reflete uma convicção enraizada e que considera natural que um corpo dissidente se envolva com criminalidades. É como se estivesse dizendo que seu trabalho é lidar com isso, com essa normalidade desviante a qual ela, como baluarte da justiça preparada para tal, se compromete a conter e a disciplinar. Soa como uma constatação de que o céu é azul, de uma obviedade infantil.

Me pergunto se caso essa jurista tivesse acesso a outras leituras de mundo, a outras chaves de pensamento para além das universalmente dispostas por supremacistas brancos e patriarcais, que optam por uma lógica eurocentrada ou nortecentrada, será que teríamos no sistema de justiça uma magistrada diferente, que pensasse de outro modo e que dissesse o direito com outras palavras. Será que essa jurista poderia ter sido tocada por outros saberes, saberes múltiplos, multiculturais e plurivocais? Será que teria condições de perceber que seu olhar foi treinado para ver o corpo negro de um determinado modo e que este olhar é o do opressor?

Mas essas reflexões não me bastam. Mesmo já tendo saído da academia, já tendo recebido seu letramento jurídico, ainda é possível mudar. O sistema de justiça precisa se preocupar em promover atualizações, provocações intelectuais em seus integrantes de modo a oportunizá-los outras formas de pensar mesmo já apartados da *alma mater* do saber. A academia precisa ir ao sistema de justiça e não somente esperar que os juristas venham até ela. Por isso defendo um deslocamento do ensino jurídico do centro para as margens.

DIÁRIO DE UMA PROFESSORA NEGRA NA FACULDADE DE DIREITO
EPISÓDIO 1

A aula será sobre o conceito de tributo. Estou animada porque preparei essa aula com base em uma experiência pedagógica que vivenciei como aluna no doutorado.

Divido a turma em quatro grupos. Trabalharemos com uma dinâmica aproximada do jogo RPG, será uma espécie de RPG adaptado ao ambiente e às necessidades pedagógicas. Cada equipe incorporará um papel/personagem social e fará parte de um núcleo. Cada núcleo deverá desenvolver ações que impulsionem o desenvolvimento daquele seu grupo social.

Organizei quatro núcleos. O primeiro é composto pelos Periféricos. O segundo pelos Elitistas. O terceiro pelo Oráculo e o quarto pelos Fiscalistas. Cada núcleo terá a meta de, em interações múltiplas com os demais, desenvolver-se econômica, cultural, política e espiritualmente. O alcance dessa meta será medido pelo índice de cooptação que cada núcleo conseguir atrair. O membro que for cooptado poderá gozar dos benefícios do outro grupo, mas receberá uma punição, que é a perda de sua voz através da mutilação da língua. Diante disso, será necessário fazer uma escolha cuidadosa.

O desenrolar da história pode levar a percalços de toda ordem. Os núcleos terão que estabelecer experiências de vida e morte, de alegria e tristeza, de prosperidade e pauperidade.

Após explicadas as regras, o jogo começa. A atividade se desenvolve pelo tempo de 50 minutos. A cada 10 minutos convido os grupos a me entregarem um percentual de sua riqueza acumulada. Ao término deste período nos sentamos em círculo e cada núcleo tem 5 minutos para analisar a experiência e apresentar seus resultados.

Ponderamos sobre todos os papéis desempenhados no jogo. As dificuldades que as relações promoveram e como foi o processo de cooptação de integrantes articulado pela equipe. Também analisamos minha participação no jogo, como um ente não identificado que interfere profundamente no progresso de cada núcleo. Analisamos como passaram a se organizar depois da consciência de minha presença no jogo e como se articularam para reportar uma parte de seus recursos a mim, como escolhiam, como deliberavam, qual era a margem de liberdade experienciada.

Em seguida invoco o conceito de tributo, ilustrado no quadro desde o início da atividade. Tentamos então reconstruir o conceito e evidenciar suas congruências e incongruências a partir da prática desenvolvida.

Finalizo o jogo explicando que, por tratar-se de um experimento da vida, não há vencedor ou perdedor. Ponderamos acerca da materialização da figura do tributo no jogo, tentando identificá-lo. A representação que faria o papel do tributo nessa atividade, evocando desconfortos e criando obrigações, seria a minha intervenção em intervalos curtos e incômodos? Seria alguma oneração criada entre os núcleos? Como poderiam trabalhar uma relação de maior controle e estabelecer vantagens frente ou sobre esta oneração?

A manhã é extremamente produtiva. As alunas e alunos abraçam a tarefa de forma bastante receptiva. Encerramos a aula com uma energia revigorante. O conceito de tributo segue no jogo, que não tem um final pré-definido. Os estudantes, bem como eu, retornam para suas casas reverberando internamente as complexidades de uma construção conceitual que se pretende fixa e duradoura.

Saio satisfeita da sala, mas ciente de que esta experimentação poderia ter dado errado devido ao elevado grau de complexidade da estrutura do jogo criado. Mas, ciente da possibilidade de dar algo errado, estava preparada para lidar com o fracasso do processo, para interromper se não desse certo, para detectar vulnerabilidades na atividade e intervir em tempo. Deu tudo certo e mesmo se não desse, não me permitiria considerar ruim se a atividade tivesse falhado, em termos logísticos, porque poderíamos aproveitar a experiência para remodelar a dinâmica pedagógica entre nós e tentar melhorar.

Volto pra casa refletindo sobre a aula, o sinal fecha, sigo pensando que essa experiência poderia ser profundamente mais enriquecedora se eu pudesse reservar três ou quatro aulas para a atividade. Desenvolveríamos uma jornada de construção do conceito de tributo, de sua dinâmica, de suas espécies e implicações jurídicas, sociais, econômicas e culturais. Divago: talvez a coordenação me autorize, num futuro, a flexibilizar a ementa para esse fim. O sinal abre.

MARIA ANGÉLICA APRESENTA A HISTÓRIA DE WANESSA SUSAN DE OLIVEIRA RODARTE, UMA ADVOGADA E MESTRANDA EM DIREITO DO TRABALHO PELO PROGRAMA DE PÓS-GRADUAÇÃO DA FACULDADE DE DIREITO E CIÊNCIAS DO ESTADO DA UFMG.

Assim como inúmeros brasileiros sou fruto de um casamento inter-racial. Mãe branca, vinda de uma família humilde, mas estruturada. E pai preto, adotado à brasileira por uma família branca, com origens mais tradicionais, de uma pequena cidade do interior de Minas Gerais. Apesar da adoção, o nome trazido na certidão de nascimento de meu pai é o de sua mãe biológica: mulher preta e empregada doméstica da família que o adotara. Figura essa que nem ele e nem eu, nunca tivemos contato.

Dessa forma, fui crescendo sem qualquer referência de negritude em minha vida. Meu pai, apesar do inquestionável fenótipo negro, nunca se reconheceu com um. Os meus cabelos cacheados, logo cedo, deram lugar aos constantes relaxamentos e alisamentos realizados nos salões de beleza. Tenho constantes lembranças de já na pré-escola guerrear contra o volume dos cachos e abdicar das brincadeiras de criança para passar tardes na cadeira da cabelereira. O bullying em relação ao cabelo foi algo que me acompanhou até o ensino médio.

Adjetivos como morena, morena cor de jambo, moreninha e tantos outros utilizados para mascarar os efeitos do racismo e embranquecer eram aplicados a mim. A minha própria família não me reconhecia como uma menina negra. Cheguei a escutar que meus traços de expressão facial eram mais finos, logo não era negra.

Porém a realidade fora do seio familiar era outra. Com um irmão mais novo branco, cheguei a ser confundida, ainda criança, com a figura de uma babá. Recordo-me até hoje de minha mãe justificando que havia "puxado" meu pai que era, para ela, "moreno". Da mesma forma, minha mãe sofreu questionamentos se eu e meu irmão éramos filhos do mesmo pai e na escola sempre se espantavam quando eu afirmava quem era minha mãe. Afinal, fenotipicamente não temos semelhanças.

No entanto, é bom que se diga, que até esse momento eu não tinha conhecimento das imbricações do racismo. As coisas para mim eram assim, sem qualquer outra justificativa, e eu as reproduzia como se corretas fossem. Não tinha ciência da minha própria negritude e da minha própria essência.

Contudo, o que eu mais desejava, vivendo em uma cidade de raízes coloniais tradicionais fortes, com vários preconceitos permeados, era passar em um vestibular e ter possibilidades de crescimento profissional. O que todos ao meu redor julgavam como o ideal de vida a ser seguido.

Assim, me dediquei com afinco nos processos seletivos em que participei e no ano de 2011 tive o grato resultado de ter sido aprovada em 5 faculdades federais. Eu me lembro exatamente do momento em que preenchi o formulário de inscrição no vestibular da UFMG e por completa ausência de consciência racial me identifiquei como parda.

Para mim e todos ao meu redor era um grande feito. Passar em uma faculdade federal já era ótimo, agora passar em 5 faculdades e poder escolher o curso e a universidade era um verdadeiro sonho. Porém isso não me eximiu de escutar que com o auxílio das cotas, o ingresso na universidade foi facilitado, em claro intuito de desmerecer e diminuir minha conquista.

Ao optar pra UFMG uma vida nova se abriu pra mim. Os primeiros meses foram de muitas descobertas, novas amizades e principalmente de um reconhecimento do meu eu. Contudo, à medida que o curso foi avançando fui entendendo o quanto aquele espaço não havia sido feito para mim.

Eu estudava a noite e estagiava durante o dia. Havia feito amizades com um grupo de meninas brancas e classe média da minha sala, que residiam em locais mais privilegiados da Capital. Eu, por sua vez, dependia da bolsa de estágio para custear minhas despesas em Belo Horizonte e caminhava da Faculdade de Direito até a Praça Sete todos os dias após às 22h30m, para pegar o ônibus que me deixaria em um bairro mais periférico da cidade.

Minhas "amigas" tinham um dom especial para obter respostas em prova. Nunca eram pegas. Eu já possuía imensa dificuldade nesse quesito. No 4º período tivemos uma prova e uma das meninas copiou a marcação que eu havia feito na questão de múltipla escolha. Nós duas erramos a questão. Ao receber o resultado fui confrontada sobre o erro e chamada de mau caráter, como se minha função no grupo fosse essa: a de simplesmente fornecer as respostas certas. Ali entendi que jamais seria uma delas.

O curso avançava e cada vez mais eu perdia o brilho dos olhos. As aulas eram maçantes e eu pensava seriamente em desistir, porque já estava extremamente cansada da rotina de chegar em casa à meia noite e às 6h da manhã já estar de pé, para pegar o ônibus lotado que me levaria ao estágio. O meu rendimento escolar não ia nada bem.

Assim, eu descobri a importância da FUMP para a minha permanência na Faculdade. Com o auxílio-moradia consegui me mudar para o centro da cidade, em uma república estudantil. E, sem dúvida, foi a fase que eu mais intensifiquei meus estudos. Consegui optar por um estágio com menor carga horária em um órgão público e, a convite de um amigo, me permiti cursar uma matéria eletiva no curso de psicologia da UFMG. A partir de tal curso, tive a certeza do que gostaria de estudar e de como poderia utilizar o direito, para melhorar a vida das pessoas que trabalham. Nesse momento, começou a minha aproximação com o direito do trabalho.

Com mais tempo disponível, me dediquei a grupos de estudos, monitorias e me aproximei do movimento estudantil, importantes pilares para o reconhecimento da minha negritude e meu amadurecimento como mulher.

Aproximava-se aquele que talvez seria o meu maior desafio: o tão temido exame de ordem. Havia um receio grandioso por uma parte da minha família de que eu não obtivesse a aprovação no exame, já que algumas pessoas próximas tentaram por várias vezes e não obtiveram êxito. Novamente me dediquei com afinco e mantive em segredo que realizaria o exame. O resultado da segunda etapa saiu em uma sexta-feira pós carnaval, em que estava no estágio e entrei em completo estado de choque quando na tela indicava que eu havia obtido a nota máxima em um dos exames que mais reprovam no país.

Não é preciso dizer que muitos duvidaram. Achavam que eu estava inventando e me perguntavam como havia conseguido. No exame não há política de cotas, logo alguns não podiam utilizar essa afirmação para desmerecer mais uma conquista minha.

Antes mesmo de colar o grau como bacharel em Direito, o escritório que eu estagiava já havia me ofertado a posição como advogada. No entanto, era recorrente alguns clientes me tratarem como a secretária do escritório e jamais a advogada.

Quando decidi ingressar no mestrado, as questões raciais vieram novamente ao meu encontro. A inscrição solicitava que o candidato escrevesse uma carta de autodeclaração. Me questionava o que incluir nessa carta e como incluir aquilo que para mim era notório e estava expresso em minha pele. Não lembro ao certo o que escrevi, mas indiquei como meio de prova a foto 3x4 solicitada para o registro da inscrição.

Ao ingressar como a primeira cotista da minha área de estudos foi bem impactante perceber que novamente estava em um ambiente hostil e que toda aquela estrutura da academia era pensada e direcionada para um indivíduo homem, branco e privilegiado – existências diametralmente opostas às minhas.

Eu me sentia uma completa impostora nas aulas. Me escondia atrás das pilastras das salas de aula, com medo de ser questionada sobre algum ponto e mesmo sabendo a resposta preferia me calar porque achava que não podia competir com os argumentos de autoridade que ali eram levantados ou as supostas falas eloquentes de alguns colegas.

Tive que conviver com outros estudantes que antes de ingressarem no processo seletivo criticavam duramente a extensão das cotas raciais para a pós-graduação e que ao descobrirem um projeto de extensão com o objetivo de fomentar a inserção de alunas e alunos negros em regime de pós-graduação na UFMG optaram por integrar o projeto simplesmente por uma questão de expansão do currículo Lattes e aproximação com os orientadores das áreas de estudo.

Me questionava e me repreendia por não conseguir ter tantas leituras diversificadas e por não ter condições de ir nos vários congressos, palestras e outros encontros acadêmicos que ocorriam. Sem bolsa de estudos, dividia a carga da pós-graduação com as responsabilidades da advocacia.

O sentimento de não pertencimento era tão intenso que tudo que eu escrevia ou produzia eu duvidava da qualidade. Eu achava que nunca estava bom, que não era o bastante, que eu devia ter me dedicado mais. A própria estrutura faz com que você desconfie de você mesmo. Que você não acredite em você e que se cobre a cada momento, se punindo por um momento de lazer entre as várias leituras que lhe são destinadas.

A descrença no produto do seu trabalho, a competição entre os estudantes, afinal é um campo de trabalho e o medo das críticas, me fizeram sucumbir em um grave transtorno de ansiedade. Bastava mencionar a palavra mestrado, que eu sentia como se tivesse uma corda amarrada no meu pescoço me sufocando. Aos poucos, com medicamento e a poder de muita psicoterapia é que venho ficando em paz com o objeto da minha dissertação.

Figura 13 - Wanessa Susan de Oliveira Rodarte é advogada, graduação em Direito pela UFMG e mestranda em Direito do Trabalho pelo Programa de Pós-graduação da Faculdade de Direito e Ciências do Estado da UFMG.

2. O ENSINO JURÍDICO E O PERTENCIMENTO – O DIREITO NO CENTRO DA ENCRUZILHADA

Oxóssi ganha de Orunmilá a cidade de Queto

Um certo dia, Orunmilá precisava de um pássaro raro para fazer um feitiço de Oxum.

Ogum e Oxóssi saíram em busca da ave pela mata adentro, nada encontrando por dias seguidos.

Uma manhã, porém, restando-lhes apenas um dia para o feitiço, percebeu que só lhe restava uma única flecha.

Mirou com precisão e a atingiu.

Quando voltou para a aldeia, Orunmilá estava encantado e agradecido com o feito do filho, sua determinação e coragem.

Ofereceu-lhe a cidade de Queto para governar até sua morte, fazendo dele o orixá da caça e das florestas. (PRANDI, 2001)

A representatividade do caçador, daquele que se vale das ferramentas e possibilidades que tem à mão para lograr êxito em sua jornada é bastante normalizada entre corpos oprimidos, sendo vista com naturalidade por quem sempre precisou lutar muitas vezes mais, se dedicar muito mais, ter mais humildade, mais cautela, mais tolerância, mais paciência. A vitória do oprimido é tão dificultada que quando se dá vem carregada de um alívio que suplanta a alegria.

O corpo oprimido é cobrado a atirar flechas certeiras para capturar o alvo que está sempre a um passo de lhe escapar. Entretanto, precisa aprender a esperar mais, a se disciplinar diante das exigências sociais muito mais rigorosas do que o são para aqueles que nem mesmo precisam empunhar seus arcos pois a caça já lhes é servida à mesa e com talheres de prata. E ainda assim são esses, cuja caça lhes é apresentada já pronta e retalhada, que são aclamados como grandes caçadores.

Perdi a conta de quantos arcos empunhei em vão até conseguir alcançar meus objetivos. Uma floresta inteira precisou ser vertida em flechas para que este trabalho que te ocupa a vista pudesse nascer.

E ainda será preciso muita coragem para poder prosseguir.

Em um recorte de jornal contendo os aprovados no vestibular de 1972, apresentado com orgulho por um meu contemporâneo, pude constatar que a maioria dos nomes apresentados ali pertenciam aos avós ou pais de muitos de meus colegas de classe. Meus colegas de classe são os herdeiros de uma elite bacharelista que se apossou do campo jurídico e tenta, a todo custo, estirpar dele o elemento da disputa. Entretanto, como o próprio Bourdieu ensina, o campo é este lugar de disputa e também de luta e de resistência.

Ora, considerando a quantidade de negros que ingressaram nesta instituição no primeiro século de sua história, provavelmente pouco ou nenhum interesse houve em se mobilizar estruturas e repensar projetos para abrigar e formar adequadamente tão poucos sujeitos. Estes sim precisaram se adaptar ao modelo para não serem expurgados antes do tempo, o que evidencia um projeto de resistência do corpo oprimido no espaço hegemônico.

Partindo desta posição de subalternidade, partilhando com os opressores os espaços hegemônicos do campo jurídico, percebo evidenciar-se que em seus primeiros séculos de implementação, as faculdades de direito não se preocuparam de modo algum em preparar o ambiente para o acolhimento e formação do aluno que não é o naturalizado para estar ali. Embora tenha sido envolvida no processo de inclusão racial, até o presente momento não realizou nenhum movimento realmente inclusivo, de preparação e integração da mulher negra e do homem negro sem que tal se desse através da disputa e da resistência.

Ao me ver enredada neste debate, algo que me chama bastante atenção é como o intelectual negro está sempre atrasado, pois quando alcança o espaço do poder materializado na academia, encontra seus colegas herdeiros de uma elite colonial e estes já chegam plenos de um capital cultural robusto e validado. O oprimido está sempre em atraso, sempre devendo conteúdo e experiências validadas pela academia. Essa é uma das faces da "maldição do capital simbólico negativo" defenestrado por Pierre Bourdieu (2011) na cara de todos nós. Enquanto o oprimido, ao perceber a importância de uma língua estrangeira para se fazer pertencente à academia, inicia ou reforça seus parcos estudos da língua inglesa, o idioma já está aprendido por seus colegas, em cursos de alta qualidade e em experiências de imersão por meio de viagens múltiplas, desde a tenra infância. Enquanto o oprimido se empenha para apurar um inglês cuja excelência demanda tempo, imersão e vivência, o seu colega de classe, já possuidor desta aptidão estará buscando estudos em alemão ou mandarim, sempre empenhado em distanciar-se de seus concorrentes aprimorando-se como se houvesse chances reais de serem superados, o que chega a ser risível. Sempre resguardando-se aqui o lugar das raras exceções que só confirmam a regra.

 Esse atraso não se dá somente no que tange ao acesso cognitivo a outros idiomas. Há também um atraso no acesso à própria linguagem científica. Não é fácil se adaptar à compreensão da língua validada no discurso acadêmico. Me recordo de, logo no primeiro período da graduação, receber, junto com meus colegas, da professora da disciplina Introdução ao estudo do direito, a tarefa de ler um texto de Michel Miaille. Foi um compromisso bastante complexo, precisei ler e reler o texto diversas vezes, uma leitura lenta e cheia de lacunas para minha compleição cognitiva. No dia da aula, que acontecia no campus da UFMG, entrei no ônibus que nos conduziria ao local da aula e me sentei à frente de duas colegas de classe. Fui ouvindo seus comentários e digressões sobre o texto, achando graça de suas impressões tão diversas das minhas. Elas pareciam ter lido um outro texto, absolutamente distinto daquele que havia me tomado dias de concentração. Porém, para meu espanto, ouvi da professora brilhante exatamente os mesmos comentários que antes me fizeram rir sem entender. Naquele instante percebi que era eu quem não havia entendido o texto e não minhas colegas. Elas estavam em total alinhamento e sincronia com o que a academia esperava delas, de nós. Eu estava desalinhada, assincrônica. Eu estava muito atrás, estava incrivelmente atrasada, mesmo tendo sido aprovada no mesmo vestibular que todos os demais. Este descompasso, embora eu tenha me esforçado horrores, me acompanhou por toda a graduação.

Este meu descompasso me remete ao que Stuart Hall, um importante interlocutor de bell hooks, entende por intelectual diaspórico e como ele descreve o estranhamento desta experiência. Quando fala de suas vivências na Jamaica e na Inglaterra ele diz, "Conheço intimamente os dois lugares, mas não pertenço a nenhum deles... longe o suficiente para experimentar o sentimento de exílio e perda, perto o suficiente para entender o enigma de uma 'chegada' sempre adiada". (HALL, 2003, p.415) Partindo de uma construção similar, também me considero envolta em um desconforto, sou uma jurista diaspórica e estar neste lugar foi o único jeito que encontrei para fazer uma emissão adequada da minha voz. Ser uma jurista diaspórica significa, portanto, ter acesso a uma educação jurídica formadora de uma elite e mantenedora de um *status quo*, num espaço alheio ao de origem e deslocar-se novamente em direção à margem sem carregar na bagagem acadêmica experiências determinantes para a emancipação das pessoas deste lugar periférico. Ser uma jurista diaspórica implica em disputar constantemente o saber científico e o fazer apropriado pelo sistema de justiça.

A disputa é necessária pois, não há como incluir quando não há um robusto corpo de medidas que acolham o negro universitário, passando por um corpo docente especializado e que se reporte de um lugar de fala semelhante aos dos alunos recém-integrados. Disciplinas que permitam uma formação crítica, ativa e transformadora sobre demandas que envolvam negr@s, departamentos voltados para uma Teoria Racial Crítica Engajada, dentre outras temáticas atravessadas pelas opressões. O letramento acadêmico exige atualização para permitir que se desloquem as epistemologias do norte global para o sul. Este deslocamento faz-se necessário e urgente.

Do mesmo modo como temos hoje os herdeiros de uma elite colonizadora ocupando o sistema de justiça desde seu letramento nos bancos da faculdade, é fundamental que se reformule a pedagogia do ensino jurídico para que se possa garantir um legado transformado aos corpos que são lidos como "os outros". E para que isso ocorra, é necessário um novo *modus operandi* dos saberes. Não há, hoje, um plano de ação estruturado metodologicamente para permitir que o corpo negro possa aproveitar deste espaço acadêmico e se emancipar, transformando-se. Embora as relações entre opressores e oprimidos sejam fortemente marcadas pela hierarquização do poder, ambos estão enredados em uma dinâmica social que submete a todos. Só um deslocamento que rompa com as estruturas vigentes permitirá uma emancipação de todos, considerando-se que esta implica em um deslocamento coletivo.

E organizar um projeto crítico e emancipatório é fundamental e urgente. Não só porque o ensino jurídico precisa se transformar, mas o sistema de justiça como um todo agoniza e clama por mudanças. A judicialização da vida precisa ser reposicionada, o encarceramento em massa[41] da população negra precisa ser revisto. A violência, genocídio da juventude negra[42] e necropolítica (MBEMBE, 2018) precisam ser interrompidos, a precarização do trabalho do oprimido precisa ser revertida, o direito precisa ser repensado, reposicionado e redimensionado.

Para mim, um sistema de justiça hegemônico é este modelo tradicional que se apresenta diante de nós desde a implementação dos cursos de direito no Brasil em 1827. Trata-se de um sistema pautado na lógica de conhecimento e dominação do colonizador. Partindo de um ensino jurídico eurocentrado que doutrina para a compreensão de um saber lido como

---

[41] Para uma melhor compreensão do tema no Brasil, recomendo a leitura do trabalho de Juliana Borges, intitulado *O que é: encarceramento em massa*. Borges, 2018.

[42] Para acessar dados que informam sobre o tema recomendo a análise do Atlas da Violência, produzido pelo IPEA, disponível em https://www.ipea.gov.br/atlasviolencia/download/24/atlas-da-violencia-2020 .

universal, mas que não contempla as necessidades dos povos do sul global, do colonizado. Partindo de um ensino jurídico hegemônico é muito fácil se constatar que todo o sistema de justiça que parte daí também se estrutura em moldes hegemônicos. Ou seja, um sistema voltado para atender e preservar os anseios do dominador. Não devemos nos assustar, portanto, de vermos um sistema de justiça com alto índice de encarceramento da população negra, com discursos que se valem de raça para condenar e prender, posturas que não resolvem violências de gênero e que contribuem para a precarização do trabalho de grupos já fortemente oprimidos.

É partindo deste ponto que compreenderemos como o racismo estrutura nossa sociedade. Sílvio Almeida explica que:

> O racismo é uma decorrência da própria estrutura social, ou seja, do modo 'normal' com que se constituem as relações políticas, econômicas, jurídicas e até familiares, não sendo uma patologia social e nem um desarranjo institucional. (ALMEIDA, 2018, p.38)

E o mesmo autor que, ao palestrar, reforça sua ideia alegando que "o racismo é o sangue que escorre nos espaços vazios"[43]. Dentre estes espaços está a academia. Nestes moldes, o racismo é reproduzido pelas instituições, pois o fato de estruturar nossa sociedade permite que ele se engendre institucionalmente e passe a controlar as relações que se desenvolvem dentro delas.

No caso específico do sistema de justiça, o racismo é estrutural porque é um dos pilares de construção do próprio ensino jurídico, que chega durante o Império para instrumentalizar o colonizador de modo a permitir que este realize melhor sua tarefa de colonizar. O racismo faz parte da estrutura do direito, naturalizando-se e amalgamando-se institucionalmente em anos

---

[43] Palestra proferida em 17 de agosto de 2019 no Colóquio *Deslocar: juristas negros e negras em movimento*, do qual Adilson Moreira, Nana Oliveira e eu também fomos palestrantes, promovido pelo Aláfia: Grupo de extensão e pesquisa em Direito, Estado e Ralações Raciais da Faculdade de Direito da UFMG.

de constante interação e reprodução, numa dinâmica que surge com o colonialismo e segue usando roupagens ora mais rudimentares, noutras vezes mais sofisticadas . Partindo daí, esse racismo se espraia por todo o sistema de justiça, determinando o *modus operandi* das instituições jurídicas. Lutar contra isso é de fundamental importância, seja transformando a pedagogia do ensino jurídico, seja ampliando a presença de corpos negros no judiciário, como advogados, promotores, juízes, defensores, desembargadores. Entretanto, representatividade não deve ser o propósito primordial. Mais que representatividade, é preciso se estabelecer relações de pertencimento (hooks, 2009).

É importante compreender que uma das origens[44] de todo o sistema de justiça está na academia, no ensino jurídico. Este ensino jurídico no Brasil preserva e exalta esquemas estruturais que reproduzem a lógica colonial, com dinâmicas de concentração de poder e privilégios nas mãos de uma elite que se vale desta formação para reforçar desigualdades sociais. Neste contexto, compreendendo-se que tratar de educação é abordar política, constata-se que o currículo e o letramento que o sucede apresentam-se como ferramentas de reprodução cultural repletas de ideias, valores e normas que mantém as relações de reprodução social de acordo com as intenções de seus formuladores, os herdeiros de uma tradição bacharelista e eurocentrada de formação jurídica.

É muito importante evidenciar que este direito que é posto como universal serve só aos interesses do grupo hegemônico, que também engessou a ideia de representatividade da justiça num lugar eurocentrado. Há uma necessidade de se desvelar

---

[44] Implico aqui uma gênese do sistema de justiça no ensino jurídico, mas não como única e exclusiva origem, e sim como uma delas, pois defendo que o direito está na vida e a vida está no direito, sem pudores higienistas. Me explico melhor, o direito tem origem em múltiplas fontes, e é isso que me esforço para demonstrar ao longo de todo o trabalho. Entretanto, percebo um reducionismo da relevância do ensino jurídico neste processo formador do sistema de justiça. É com o intuito de contribuir para a evidenciação dessa relevância que meu estudo se edifica.

fatores que se evidenciam, sem, contudo, deixar ver as formas como estes realmente se constituem. Essas formas convenientemente não evidenciadas estão a serviço de uma colonialidade do poder à qual este estudo pretende se contrapor.

A academia, este campo de formação do saber jurídico, acaba ratificando a lógica de dominação social, reproduzindo as desigualdades que conformam a sociedade em moldes coloniais. No caso do ensino jurídico, o impacto desta formação reprodutora de desigualdades e conservadora da estrutura de classes é muito intensificado porque o alunado que se forma irá operacionalizar o sistema de justiça, responsável por controlar a sociedade e determinar, inclusive, quem vive e quem morre, quem pode estar livre e quem deve permanecer encarcerado.

Alguns mecanismos sociais opressores tem um funcionamento bem sutil e invisibilizam componentes perversos, como raça, sexualidade, etariedade, classe e gênero, que são muito atuantes nas dinâmicas do letramento jurídico brasileiro, que foi organizado, desde sua implantação no país, a fim de instrumentalizar uma elite intelectual para cumprir as demandas burocráticas que as preservariam no poder. Os estudos sobre bacharelismo comprovam esta digressão.

Considerando a necessidade da construção de um sistema de justiça que supra os anseios do sul global, a transformação do ensino jurídico através de uma pedagogia engajada ou contra-hegemônica se mostra alternativa fundamental para que os juristas de hoje e também os de amanhã estejam conscientes de sua potência para a emancipação de outros corpos originários de grupos oprimidos. Uma educação jurídica contra-hegemônica implica em formar juristas para serem agenciadores de uma sociedade descolonizada, centrada nas demandas dos grupos oprimidos, de todos os que estão no lugar periférico, que somos todos nós. Um sistema de justiça que contemple nossas necessidades precisa voltar-se para o sul, desapegando-se do pensamento hegemônico, eurocentrado, patriarcal, racista e colonialista que predomina há séculos.

Em seu livro Ciência Jurídica e seus dois maridos, Warat promove profundas reflexões sobre a ciência do direito e o ensino jurídico, num diálogo inspirado na produção literária de Jorge Amado, Dona Flor e seus dois maridos. Warat explica que, na ciência jurídica clássica (marcada pelo tradicionalismo colonial, trazendo para a perspectiva que adoto nesta pesquisa), as máscaras são disciplinadoras, silenciadoras e nos treinam para obedecer (sintonizando o debate com este estudo: treinam para se obedecer ao *status quo*). (WARAT, 1985, p.36)

Warat nos diz categoricamente que:

> A ciência jurídica clássica unicamente serve para descrever os mecanismos que reprimem o eu. Por tabela ela reforça os mecanismos simbólicos da militarização do cotidiano. Em última instância, o que aprendemos da cultura jurídica instituída é a prestar contas. WARAT, 1985, p.37

Warat nos incita a repensar a ciência do direito de modo a provocar a confecção ou o aparecimento de outros rostos ou máscaras alternativos para juristas. Máscaras que respeitem e incentivem a criatividade e que libertem o eu dominado pelo direito das elites, que autorizem intuições subversivas, apagando a perspectiva monocultural do ensino jurídico. Assim, como defende o jurista argentino, "poderíamos pensar o direito como um espaço para garantir o plural". (WARAT, 1985, p.37)

Fecho este tópico com mais um ensinamento de bell hooks, que diz que precisamos estar constantemente engajados em novas maneiras de pensar e de ser. Precisamos estar atentos de forma crítica.(hooks, 2019B) A professora estadunidense defende que "ao compreender que a libertação é um processo contínuo, devemos buscar todas as oportunidades para descolonizar nossa mente e a mente de nossos estudantes."(hooks, 2019B, p.59)

Esta minha pesquisa tem o propósito de descolonizar nossas mentes e permitir que pensemos em novas formas para que todas e todos os juristas, formados e em formação, possam contribuir para um sistema de justiça contra hegemônico.

Figura 14 - Colagem autoria própria

> "Temo escrever, pois mal sei
> se as palavras que estou usando
> são minha salvação ou minha desonra"
> (KILOMBA, 2019, p. 66)

Esta passagem do livro de Grada Kilomba (2019), uma outra mulher negra e acadêmica como eu, representa muito o sentimento que me toma no momento da escrita deste texto. Decidir escrever sobre o espaço que me acolheu na graduação, e me acolhe de novo no doutorado. O espaço onde ainda desejo permanecer para aprender mais e ensinar além. Entretanto, este é, por muitas vezes, um lugar que nos chama[45], nos convida a entrar, mas não se interessa por nos conhecer, verdadeiramente. Este espaço que meu texto abordará, às vezes como amor, outras com complacência, é o lugar do saber que me forma como jurista, mas que, por conta de suas imbrincadas relações incestuosas com a branquitude, me impõe um rigor crítico de análise que pode parecer, para quem não se apega à função emancipadora do estudo, ser uma postura desrespeitosa ou deslegitimadora.

Me recordo de ser muito próxima do único professor que li como negro em minha graduação. Busquei e nutri essa proximidade saudável por admiração e necessidade. Uma profunda necessidade de me fazer compreendida por alguém que pisava no mesmo solo que eu e que, supunha eu, tinha os pés tão calejados da longa e tortuosa caminhada como os meus próprios pés.

Já formada, me esforcei muito para ingressar no programa de pós-graduação da faculdade, não queria sair daquele lugar. Queria continuar minha formação ali, naquele lugar cujo acesso exigiu tanto de mim. Era muito interessada em direito tributário e minhas incursões intelectuais eram nesta seara. Embora ciente de ser aquele um espaço restrito a uma elite

45 QRCode 5 - Música Pra que me chamas? Xenia França.

branca, fraterna entre si e que só autorizava aos seus que ali adentrassem, lá fui eu munida de todo o meu conhecimento, que não era pouco, e entusiasmo acadêmico. As tentativas foram várias e infrutíferas. A cada processo seletivo perdido, minha desilusão aumentava. Me lembro de um dia me sentar, desanimada, para reclamar desta dinâmica fechada e exclusivista que não me permitia acesso ao programa. Me sentia frustrada por constatar que em todas as minhas empreitadas era sempre superada por colegas de classe que eram sabidamente tão competentes quanto eu, mas se diferenciavam de mim por serem brancos e por terem tido acesso a espaços de trabalho e estágios que eu não tive o privilégio de acessar.

Ouvindo atentamente minhas reclamações, o professor negro que eu adorava me redarguiu "se tem tanto a reclamar daqui, porque insiste em entrar no programa?". Aquela pergunta me assustou e até hoje me gera espanto. Como aquele homem poderia ignorar as dinâmicas e estratégias de dominação impingidas pela branquitude para se manter no poder naquela academia? Ele era um homem negro, obviamente ciente das dificuldades enfrentadas por seu povo para acessar aquele espaço e ainda assim, me criticava por não aceitar calada os arcaicos processos de opressão e exclusão instados pelo opressor. Essa postura me remete muito à música Negro Drama[46], do Racionais MCs, que percorre este caminho do corpo negro e seu drama por se inserir em outro lugar, o lugar do opressor.

Me lembro de ter sentido muita vergonha por ser tão ingrata e cínica com aquela instituição que tanto adorava. Por mais que a fala do professor negro me incomodasse profundamente, não consegui perceber nitidamente que o incômodo se dava por eu não concordar com o que me era dito. Achei e carreguei comigo que o erro era meu, que o defeito

---

46   QRCode 6 - Música Negro Drama, Racionais MCs. Nada Como um Dia Após o Outro Dia, Vol. 1 & 2.

estava em mim, por não conseguir aceitar as dinâmicas naturais de poder e privilégio que regiam o lugar em que eu queria permanecer. Me culpei por ser hipócrita ao ponto de criticar as estruturas de privilégio e dominação que colocavam o saber no topo de uma montanha inalcançável para mim, e ainda assim querer tanto chegar ao cume. Eu reclamava do lugar que adorava, desejava, mas que não me incluía.

Hoje, tantos anos depois daquele diálogo, me questiono se a errada realmente era eu. Será que não é possível criticarmos estruturas que amamos? Será que não posso profanar o templo do saber que me acolheu sem que isso me sentencie à morte ou ao exílio? E até que ponto questionar estruturas eurocêntricas implica em profanação[47]? Também me pergunto se não estaríamos certos os dois, tanto o professor negro marcado por suas vivências opressoras, quanto eu, aluna negra, marcada pelas minhas vivências tão opressoras quanto as dele, senão mais, por ser eu uma mulher.

Escrevo esta passagem, durante a reclusão compulsória imposta pela quarentena de contenção e combate ao Covid-19. Me volto para o passado, preocupada com o porvir, mas ciente da necessidade potente de uma escrita que enlace os tempos, presente, passado e futuro. Meu ori é de Oxóssi, aquele que matou um pássaro hoje, com a flecha que atirou ontem. Eu também atiro minhas flechas.

---

[47] O uso deste termo estabelece um diálogo com as reflexões conceituais de Giorgio Agamben que propõe o conceito em oposição ao de sacralização. "Se consagrar (sacrare) era o termo que designava a saída das coisas da esfera do direito humano, profanar, por sua vez, significaria restituí-las ao livre uso dos homens" (AGAMBEN, 2007, p. 65). Parto, portanto, da constatação de que o direito está culturalmente alocado no lugar do sagrado, inacessível a tod@s. Este pensamento que defendo, especificamente sobre o direito, também aparece nas digressões de Pierre Bourdieu sobre o Poder Simbólico, quando remete à força do direito (BOURDIEU, 1989, p. 225-235). Mesmo havendo diferenças significativas entre as teorias de Agamben e Bourdieu, ambos destacam os desdobramentos da sacralidade do direito.

Tenho, neste momento, plena convicção de que questionar posturas coloniais e epistemologias do norte global é o maior voto de amor e devoção ao espaço acadêmico que escolhi para pertencer e permanecer. Questionar estruturas arcaicas e opressoras é preocupar-se com o futuro deste campo em disputa, é desejar vê-lo permanecer fértil, portentoso, porém transformado para ser mais do que já conseguiu ser. Mais diverso, mais múltiplo e mais potente.

Figura 15 – Desembargadores do TJSP

A história do corpo negro é antiga, muito anterior ao marco temporal estabelecido pela Europa. Entretanto, é fortemente marcada e dividida em dois momentos e estes se conformam em decorrência de um único fenômeno: a Diáspora Africana. Luiz Antonio Simas e Luiz Rufino abordam o tema sob a perspectiva defendida neste estudo:

> A diáspora africana transladou uma infinidade de seres humanos para o chamado Novo Mundo. Durante séculos o colonialismo investiu em uma das maiores migrações forçadas da história. Nas travessias, experiências de morte física e simbólica, os corpos negros transladados reinventaram-se, recriando práticas e modos de vida nas bandas de cá do Atlântico. A diáspora africana aponta para muitos caminhos. Nessa trama de muitas possibilidades para pensarmos as dispersões e travessias das populações negras, ressaltamos os aspectos que evidenciam o poder das sabedorias atravessadas e a inventividade dos seres

afetados pela retirada compulsória de seus lugares de origem. É nesse sentido que para nós a diáspora africana configura-se como uma encruzilhada. (SIMAS; RUFINO, 2018. P.41)

O processo afrodiaspórico, coincidente com o surgimento da modernidade, ocorreu entre o final do século XV e o século XIX e significou uma imigração forçada de homens, mulheres e crianças (GONÇALVES,2015) para outras regiões do mundo. Mas, para além disso, significou o sustentáculo das novas bases do capitalismo que se apropriou, desde então, de corpos, histórias e potencialidades. Importa destacar que os efeitos e reflexos de uma escravização centenária seguiram se espraiando e contribuindo para a formação de um modelo social que tem em seu eixo o racismo estrutural (ALMEIDA, 2018).

Os impactos de todo este processo de imigração forçada de negr@s foram estudados por diversos cientistas, dentre eles destaca-se Frantz Fanon[48] que, em meados do século XX voltou seu olhar para os reflexos da herança deixada pela Diáspora Africana sobre a formação da identidade do corpo negro. Este pensador tem importância central para os estudos pós-coloniais e afro-americanos que se seguiram. (FAUSTINO,2015)

Frantz Fanon desenvolve seu estudo observando a complexidade da condição do corpo negro imigrante e o curioso fenômeno de branqueamento pelo qual este é conduzido em seu itinerário de opressão. A construção do pensamento de Fanon é importante nesta pesquisa que propõe um olhar para o corpo negro colonizado e oprimido que busca sua inserção em um espaço dominado pelo opressor.

Angela Davis[49] reflete sobre a condição deste oprimido e lança luz sobre questões problemáticas envolvendo a iden-

---

[48] A leitura preliminar da obra *Peau Noire, masques blancs* se mostrou essencial para a compreensão do objeto desta pesquisa, justificando-se a escolha pela língua francesa para a prova instrumental de língua estrangeira.

[49] Neste trecho do trabalho, menciono pensadoras e pensadores, teorias e digressões que não têm origem nas mesmas bases de pensamento. Embora possa parecer falta de rigor científico, não é o caso. Estou

tidade negra. Suas reflexões (DAVIS, 2016) se amoldam às ponderações realizadas nesta pesquisa, embora esta pretenda contribuir trazendo a discussão para um outro campo, o do letramento jurídico. Bourdieu utiliza o conceito de *campo* para designar nichos de atividade humana nos quais se desenrolam lutas pela detenção do poder simbólico, que produz e confirma significados. Os indivíduos, por sua vez, se posicionam nos campos de acordo com o capital cultural acumulado (BOURDIEU, PASSERON, 2014).

Seguindo uma construção de pensamento apresentada por Luiz Antonio Simas e Luiz Rufino (SIMAS; RUFINO, 2018), entendo que o movimento Atlântico conforma uma encruzilhada. E é do centro desta que desenvolvo este trabalho. Sobre a recém-nascida ideia de modernidade, fruto novo neste entrecruzar de forças e violências. Então, toda a construção geográfica aqui trabalhada considera o olhar do centro do cruzamento Atlântico que, portanto, não se triangulariza, mas sim se entrecruza.

O processo de colonização, com suas violências impositivas, usurpações, sequestros, dinâmicas de controle sociopolítico, econômico e jurídico, racismos, misoginias, sexismos, homofobias e todas as mais variadas formas de colonialidade do poder, nascem com a modernidade, que se vale dos mesmos para se nutrir e fortalecer.

A modernidade tem seu berço, portanto, na encruzilhada atlântica.

Sobreposta a esta encruzilhada originária, várias outras vão se formando e em seu centro, além da própria modernidade, encontra-se o direito. O direito é o centro da encruzilhada. Com isso, o ensino jurídico que advém da cultura eurocen-

---

ciente das especificidades e distinções entre as ideias apresentadas bem como as diferenças históricas que determinaram esses modos de pensar. Mesmo assim sinto uma grande necessidade de promover essa mistura, quase como quando se produz um ebó, misturando ingredientes que de início podem parecer imiscíveis, mas quando reunidos formam uma oferenda ou convocação que se justifica por si.

trada e desembarca no Império disputando espaço com navios negreiros, é um fenômeno dessa modernidade e, portanto, já nasce em solo colonial repleto de todos os marcadores violentos que conformam sua própria *alma mater*.

Este ensino jurídico modelado em moldes modernos é de onde emana o letramento jurídico responsável por formar, conformar e deformar os chamados operadores do direito, expressão bastante simbólica já que remete ao modelo fabril de produção, como se o "operador" fosse um corpo esvaziado de sentidos, ocupado somente dos fazeres; fazeres moldados pelo saber convenientemente ofertado por uma perspectiva nortecentrada.

Portanto, é o bacharelismo um sintoma do direito moderno, que emerge de toda uma lógica escravagista, genocida, patriarcal e colonialista. Para além, o que se produz deste contexto segue marcado pelo mesmo modo originário. É daí que se delineia todo o sistema de justiça brasileiro, repleto de sexismos, racismos, genderismos e classismos.

Neste trabalho, parto do olhar epistêmico colonizado e avanço para um outro olhar, descolonizado e insurgente. Neste contexto, considero importante ressignificar velhos termos e substituir outros. Numa perspectiva afro-diaspórica, que parte de leituras engajadas de mundo e que, portanto, não se bastam pelos usos terminológicos tradicionais, percebo a limitação da ideia de *"campo"*[50] como termo identificador deste lugar de disputa. O que se apresenta aqui é um *"terreiro"*, termo mais amplo e adequado para se referir ao lugar epistêmico da multiplicidade, do encontro de saberes. **Terreiro é o lugar transdisciplinar e multicultural que acolhe a plurivocacidade que este texto se esforça por destacar.** Tem-se, portanto, um *terreiro jurídico* sob

---

50 Apresento este conceito bourdieusiano alguns parágrafos acima e o reitero aqui. Bourdieu utiliza o conceito de campo para designar nichos de atividade humana nos quais se desenrolam lutas pela detenção do poder simbólico, que produz e confirma significados. Os indivíduos, por sua vez, se posicionam nos campos de acordo com o capital cultural acumulado (BOURDIEU, PASSERON, 1970).

análise neste estudo. Um terreiro epistêmico, que, por si, já significa o sul global. Falar aqui em terreiro epistêmico é o mesmo dizer "epistemologias do sul global".

A transformação de um campo em um terreiro implica em uma redefinição das regras do jogo, eliminando ou amenizando uma lógica competitiva e configurando uma outra, colaborativa. Da mesma forma como são as necessidades sociais as determinantes para o surgimento de um campo, uma transformação dessas necessidades também poderia produzir algo novo, o terreiro, partindo de uma outra lógica relacional, engajada e emancipatória. Neste terreiro jurídico, surgido da demanda por um Letramento Jurídico Crítico, se materializa, através de novas metodologias e epistemologias construídas a partir de um sul global, um outro jeito de pensar e produzir saberes.

Quijano, Mignolo, Dussel e Wallerstein firmam seus estudos no desenvolvimento de um pensamento decolonial, que se vale, por vezes, de digressões promovidas por Fanon e Cesaire (CURIEL, 2019, p.232). Entretanto, para além das construções epistêmicas androcêntricas, outras vozes como as de Ochy Curiel, Glória Anzaldúa, Chela Sandoval, Cherrie Moraga, Norma Alarcón, Patricia Hill Collins, bell hooks, Angela Davis[51] (CURIEL, 2019), também têm debatido a questão do corpo negro oprimido e problematizado os impactos da herança colonial sobre a busca por uma identidade negra. Mulheres negras que discutem os impactos culturais das narrativas imperialistas sobre o oprimido, investigam os alicerces do racismo nas Américas e denunciam o fato de que o sistema de castas raciais, de prevalência explícita até o fim da

---

[51] Tenho ciência de que estas autoras não integram a mesma e única corrente e o mesmo ocorre quando ladeamos tais pensadoras e os pensadores arrolados neste mesmo parágrafo. É importante, por um rigor metodológico, explicar que não há uma convergência teórica entre todas as personalidades dispostas aqui. O ponto de convergência entre elas, neste trabalho, sou eu e minhas pesquisas que atravessam pensamento decolonial, pensamento feminista negro e teoria racial crítica e feminismos outros.

segunda escravidão, não foi superado, mas sim redesenhado, implicando, com isso, no surgimento de uma nova segregação racial (ALEXANDER, 2010).

Há novas experiências de pensar e fazer que dialogam muito com a construção desta pesquisa e que reivindicam o protagonismo das nominadas "conhecedoras situadas" (CURIEL, 2019), que tragam de suas vivências os saberes que a academia insiste em refutar e deslegitimar. Toda a dinâmica deste trabalho se constrói dentro de um fazer epistemológico entrecruzado e disruptivo. Rompem-se aqui com fronteiras, limitações espaciais e temporais e diversos outros instrumentos de controle emergentes da encruzilhada atlântica originária da modernidade.

Catherine Walsh propõe uma pedagogia decolonial a partir do entrelace dos pensamentos de Paulo Freire e Frantz Fanon, mobilizando um pensar e um agir pedagógicos fundamentados na humanização e descolonização; isto é, no re-existir e re-viver como processos de re-criação. (WALSH, 2009, p. 38)

Toda a construção de dominação social, política, econômica e jurídica que se evidencia hoje é assombrada pelo miasma de um racismo estrutural (ALMEIDA, 2018) e de um disfarçado controle identitário (COLLINS, 2019 e HAIDER, 2019) que impele o oprimido a se manter enredado nas tramas ideológicas forjadas pelo opressor.

Assim, se por um lado o processo de colonização impactou fortemente a construção do capital cultural do corpo negro, por outro, as inúmeras complexidades que amalgamam a temática empurram para uma busca por identidade ou por identidades. Ochy Curiel esclarece que a afirmação de identidade é também estratégia política, tanto no sentido de a autoafirmação ser ferramenta de visibilidade e de apontamentos de desigualdades, quanto de geração de pertencimento. (CURIEL, 2019)

Fato é que, já passado mais de um século da abolição da escravatura no Brasil a discussão acerca da presença social do corpo negro, sua inclusão econômica, política e cultural ainda são temas que não saíram de moda. Muito pelo contrário. A discussão que engendra o corpo negro à reavaliação de sua posição na sociedade brasileira parece estar somente começando.

Ao tratar da educação oferecida no país, Luiz Antonio Simas reflete que "a experiência da escolarização no Brasil é fundamentada pelo colonialismo europeu-ocidental e pelas políticas de expansão e conversão da fé cristã. A marafunda atada por esse empreendimento corroborou com a perseguição, a criminalização e o extermínio de uma infinidade de outros saberes." (SIMAS, 2018) Este fenômeno também é visível na formação dos bacharéis e de toda a cultura bacharelista que deu corpo e robustez ao ensino jurídico brasileiro.

O cruel e desumano processo de colonização ao qual foi submetida a população negra, trazida à força da África (GONÇALVES, 2015), deixou sequelas que se arrastam validando e revalidando posturas ainda legitimadas na atualidade. Ana Maria Gonçalves narra o processo de escravização, partindo desde a captura nas aldeias africanas, passando pelo transporte de meses em condições subumanas em navios decrépitos, a chegada ao Brasil e a disposição como mercadoria para venda aos senhores de engenhos, o trabalho em condições precárias, a exploração sexual e psicológica, a retirada de sua identidade religiosa e cultural e demonstra que estes são fatores que marcaram profundamente a evolução deste povo. (GONÇALVES, 2015)

A condução da ideologia da colonização incutiu no corpo negro a condição de oprimido. Desconstruiu sua identidade e o colocou em um dilema de incessante busca pelo conhecimento de si mesmo e também pela aceitação do outro, o opressor. Os impactos no capital cultural do corpo negro decorrentes do processo de colonização foram avassaladores e ainda se mostram sintomáticos nos dias atuais. É preciso se refletir sobre a presença do corpo negro no espaço da academia e da intelectualidade, cuja voz se apresenta quase que inaudível. O jogo de dominação e a reprodução de valores que acabam por conduzir a formação acadêmica, invertem a função transformadora da escola, que acaba por reproduzir e reforçar as desigualdades sociais. (BOURDIEU, PASSERON, 2014)

O corpo negro quando inserido neste contexto tende, para se adequar, a ignorar sua identidade (ABDALA JUNIOR, 2002) e se apropria de uma condição de brancura que não é a sua, passando por um processo de mimetização do outro dominador e que predomina no espaço acadêmico. Neste mimetismo, o corpo negro se vê encurralado, pois pertence àquele lugar, mas aquele é um não-lugar, já que as metodologias são todas voltadas para um pensamento eurocêntrico. E como isto acontece? O que ocorre que promove n@ discente negr@ uma espécie de cegueira identitária e o impede de construir sua subjetividade e de conduzir-se a passos firmes para o caminho da produção e reprodução de um conteúdo que prepare outros oprimidos para atuarem como juristas negr@s que pensam como negr@s, num processo de racialização do pensar e dos saberes? (MOREIRA, 2019)

Em outra via, no cenário jurídico, a presença do corpo negro se mostra dominante quando se trata de protagonismo criminoso, a política do encarceramento conduz, predominantemente, corpos negros para o sistema prisional, conformando um regime de encarceramento em massa (ALEXANDER, 2010). Entretanto, do outro lado da questão, a presença do corpo negro compondo as estruturas do Poder Judiciário, atuando na construção e reconstrução da mecânica judicial e promovendo letramento jurídico para outros oprimidos é incipiente. E daí surge um problema que merece ser abordado, pois, como se construir um sistema de justiça justo para oprimidos se estes não se apresentam como construtores do pensamento e letramento jurídico? E mais, como garantir que este corpo negro terá um capital cultural que respeite sua identidade e que realmente transforme a realidade jurídica brasileira?

Neste diapasão, a análise da formação do corpo oprimido pelas faculdades de direito e as estratégias de dominação que recaem sobre sua subalternidade, se mostram importantíssimas e se alinham aos estudos pós-colonais[52] e ao chamado giro decolonial[53], buscando uma avaliação dos impactos do pensamento colonial na formação jurídica brasileira e jogando luz para a necessidade de novas metodologias que comportem o corpo negro, sem máscaras[54] brancas e sem falsas armadilhas identitárias no contexto jus-epistemológico.

A busca por espaço para fazer ecoar a sua voz tem marcado o caminho do movimento negro nos últimos séculos. Ser negro carrega em si uma dor do não-ser, do não-estar, do não-pertencer. A diáspora negra representa um ponto final em uma história de identificação do negro com o seu semelhante e um marco inicial de luta por reconhecimento e reidentificação. A busca por uma identidade negra, por uma voz negra, por uma perspectiva negra, empurra o corpo negro por um estreito e tortuoso caminho por afirmação. Assata Shakur fala desta afirmação em seu poema[55] que retrata a

---

[52] Ballestrin esclarece que as ciências sociais da América Latina têm passado por um movimento epistemológico de renovação através de uma radicalização do argumento pós-colonial, chegando inclusive a romper com este, no sentido de que se fez necessário a fundamentação de uma corrente autônoma, com conceitos próprios e geograficamente representativa: o movimento decolonial. (BALLESTRIN, 2013)

[53] Cujos expoentes são Quijano, Dussel e Wallerstein e, numa perspectiva feminista, destaco Ochy Curiel, Glória Anzaldúa, dente outras. Discutindo uma pedagogia decolonial, destaco Catherine Walsh.

[54] Embora o uso desta expressão ganhe notoriedade e relevância para o debate racial a partir dos estudos psicanalíticos de Frantz Fanon, em Pele negra, máscaras brancas, referencio o uso desta expressão e sua força argumentativa neste trabalho no diálogo com Luis Alberto Warat, que emprega o termo para desenvolver um debate já dentro da educação jurídica. O jurista e professor universitário ensina que a simbologia da máscara consiste em esconder/revelar a personalidade de quem a usa. (WARAT, 1985,p.160)

[55] QRCode 7 - Poema – Afirmação (Assata Shakur) – Voz Maria Angélica dos Santos

esperança do corpo negro que gravita entre a opressão e o libertar-se. O processo de silenciamento do negro materializa-se fortemente na figura, retratada por Grada Kilomba (KILOMBA, 2019), da máscara que vedava a fala e constrangia o espírito. Todo o processo de colonização do ser perpassa pelo silenciamento. Então, quando se busca o espaço da fala negra, se luta contra o movimento colonizador, ainda presente, latente e atuante. A defesa por um letramento jurídico crítico é a defesa da identidade negra mutilada, da multiculturalidade e da síncope (SIMAS; RUFINO, 2018).

Hoje não é difícil encontrarmos frases como a que diz: *"a casa-grande pira quando a senzala aprende a ler"*, entendendo-se aqui o processo de letramento e de formação intelectual como um ato de resistência à colonização do corpo negro. Quando a voz negra busca seu espaço e almeja apresentar sua própria perspectiva, as forças da ideologia colonizadora se mobilizam para refrear este movimento, reencaminhando o negro para o lugar do silenciamento, que é o que foi determinado para este corpo. Rebelar-se contra o sufocamento da voz negra, implica em transgredir, em forçar as amarras até que se rompam. Essas amarras são muito parecidas com aquelas fisicamente utilizadas durante o período colonial, mas que, hoje, se modernizaram e se tornaram mais requintadas.

Hoje, quando uma voz negra fala, rapidamente verifica-se um persistente movimento de desvalorização, de desmerecimento quanto ao que é dito. Ressignificando-se a ideia da máscara, que passa a ser representada pela desconsideração do valor que a fala negra carrega. É preciso romper com os muros que enclausuram o corpo negro e o impedem de ir além, de transcender, de se definir humanamente. Na academia o processo de descrédito da voz negra permanece ceifando intenções descolonizadoras. Quando um negro fala, seu saber, sua perspectiva é logo enjaulada no lugar do *non sense*, do não adequado, do pequeno e sem valor. O saber científico ignora, propositalmente, a esfera da prática construtiva, da provocação para o rompimento de padrões arcaicos que trabalham sob uma ótica eurocêntrica e racista.

O silenciamento da voz negra transporta este corpo para o lugar do menor, do menos importante, do vazio intelectual. Cornel West aborda o dilema dos intelectuais negros que insistem em se fazer ouvir, mas que não encontram interlocutores que valorizem sua fala. Muitas das vezes, opta-se por percorrer caminhos paralelos que promovam o maior alcance desta voz, sobretudo através da chamada subcultura letrada, que, por meio das músicas, dos grafites, da arte de um modo geral, tenta apresentar sua perspectiva descolonial. (WEST, 1999)

O corpo negro clama por afirmar-se, mas encontra barreiras por vezes intransponíveis. Daí a importância de se observar atentamente cada palavra do poema de Assata Shakur, que representam um desabafo do sem lugar, do corpo que pretende expandir-se, mas, por ser negro, só encontra muros e obstáculos. E é aí que o direito, centralizado na encruzilhada, se apresenta como ponto de convergência de possibilidades de transformação intelectual e também de recolocação social. Quando uma mulher negra adentra o espaço de uma faculdade de direito para se sentar nos bancos escolares e adquirir letramento jurídico, essa mulher está movimentando estruturas tão rígidas que chegam a ser quase inarredáveis, posto que forjadas em um padrão secular.

Mas quando adentra este espaço acadêmico essa mulher passa a se submeter a uma formação que ratifica estratégias pedagógicas machistas, racistas, eurocentradas. Isso se evidencia em vários momentos, como quando são considerados como marcos originários da ciência do direito aqueles apresentados pelos gregos, pelos europeus. Muito antes, entretanto, as bases do pensamento jurídico já vinham sendo erguidas em África. Ou quando essa mulher é bombardeada por autores europeus considerados platôs do saber, mas que defendem posições altamente misóginas e racistas. Ou quando se apresente um constitucionalismo que ignora a Revolução do Haiti e a Constituição Haitiana de 1805 como marco fundamental para a consolidação de direitos humanos. Ou quando essa mulher é convidada a conhecer a Declaração Universal dos Direitos Humanos de 1948 e em nenhum momento é aventada a problemática das colônias africanas, que por estarem sob o jugo europeu não gozavam de diversos direitos previstos naquele documento exaltado como universal (Universal para quem? Se é considerado universal, e os negros africanos ficam de fora, estão estes sendo considerados humanos? A desumanização dos negros no período de colonização dos povos africanos pelos europeus colocaria em xeque os preceitos defendidos por estes grandes cientistas do direito que reduzem suas abordagens ao que é chamado por ele de universal?[56])

Impende destrinchar o tema, haja vista que é curioso pensar que se universal é o que é europeu, então o pensamento do chamado norte global é altamente provinciano e reducionista, dado que a Europa é uma parcela muito pequena do planeta terra. Para além da Europa, se acrescentarmos aí o grupo norte-americano que considera EUA como "a América", e ignoram os povos latino-americanos como parte do continente, ainda manter-se-á uma visão altamente reducionista do que deve ser tido por universal.

Quando se reporta ao uso do termo eurocentrado, é importante compreender todo o pensamento do chamado norte-global, que se irradia para além da própria Europa, mas que ainda preserva o péssimo hábito de considerar aqueles e seus ancestrais como o centro do mundo, a razão de ser e existir da humanidade. Por vezes, uso expressões como eurocentrismo ou norte-global e estas estão apresentadas como sinônimas. Do mesmo modo como também se aproximam expressões como africana (grafado desta forma seguindo o plural do latin e que remete ao pensamento africano originário de África e também ao pensamento produzido pelos corpos diaspóricos) e decolonial.

---

[56] Para um aprofundamento neste debate recomendo a leitura de RIBEIRO, Deivide Júlio.; REPOLÊS, Maria Fernanda Salcedo. O Haiti como Memória Subterrânea da Revolução e do Constitucionalismo Modernos. Revista Direito e Práxis, Ahead of print, Rio de Janeiro, 2021. Disponível em: https://www.e-publicacoes.uerj.br/index.php/revistaceaju/article/view/56540/38582 .Acesso em:15/08/21. DOI: 10.1590/2179-8966/2021/56540.

Embora o pensamento africana e o decolonial possuam bases formadoras distintas, confluem à medida que advém de grupos descendentes dos processos de migração forçada e/ou de colonização. Aqui, embora diferentes, tanto o pensamento africana quanto o decolonial, formam o pilar do chamado sul global, que é o norteamento de toda a episteme aqui defendida.

Exu, o decano dos orixás, aquele que tem o poder sobre as encruzilhadas, abre nossos caminhos para diversas possibilidades. Localizada no centro da encruzilhada, a formação jurídica, permite que o sistema de justiça empreenda estratégias que emancipem ou oprimam corpos diversos.

O direito está no centro da encruzilhada, atravessando por ele todas as outras estratégias de opressão, sejam elas econômicas, políticas, sexuais, raciais, gênderas, etárias, e assim por diante. Mas como funciona essa dinâmica ambívia? O que temos são encruzilhadas sobrepostas que se acumulam e determinam os espaços de circulação de corpos localizados em posições diversas. Não só de corpos, mas de tudo o mais, como saber, riqueza, influência e privilégios.

Luiz Antonio Simas e Luiz Rufino explicam que a encruzilhada, como potência de mundo, representa o que eles chamam de cultura da síncope e é representada por uma alteração inesperada do ritmo, algo que rompe com a constância e quebra a sequência do previsível. (SIMAS; RUFINO, 2018) Estar no centro da encruzilhada significa ocupar este lugar de atravessamentos inesperados. As culturas de síncope, portanto, são aquelas que subvertem a lógica posta e sobreposta. Embora o direito esteja neste lugar, sofre diversos e constantes processos de higienização, como se houvesse uma intenção de retirá-lo deste lugar imprevisível e inconstante. O próprio arquétipo da justiça vendada nos remete a este interesse de retirar do direito a sua capacidade de ver, de estar atento. Alijar o direito dos dilemas do mundo, desconsiderando sua posição central na encruzilhada é estratégia colonial que precisa ser compreendida para, então, ser superada. Os autores alegam que reconhecer e aceitar as culturas de síncope, como são essas fortemente atravessadas por múltiplas questões, exige saída de uma zona de conforto epistemológico e percepção do outro, dos compartilhamentos. Tudo o que o pensamento eurocentrado repudia.

Descrevendo essa compreensão de síncope das encruzilhadas, compreendida aqui como fenômeno que acomete o terreiro jurídico, Luiz Antonio Simas e Luiz Rufino entendem que:

> Certamente essa atenção para a síncope reverbera na maneira como encaramos o fenômeno educativo. É importante que problematizemos a educação reconhecendo os equívocos praticados, para então buscarmos uma saída original, potente e incômoda. Estamos convencidos de que nós, educadores, temos uma tarefa urgente: precisamos nos deseducar do cânone limitador para que tenhamos condições de ampliar os horizontes do mundo, nossos e das nossas alunas e alunos. (SIMAS; RUFINO, 2018. p. 19)

Ao se posicionar o ensino jurídico no centro da encruzilhada, pretende-se promover uma transformação necessária nos moldes curriculares, pedagógicos, burocráticos e emancipatórios do qual o direito é protagonista e com isso deslocar tudo, mover todas as bases estruturantes de nossa sociedade e refazer os trabalhos de construção de uma nova configuração social, econômica, política e jurídica. Concordo com Luiz Antônio Simas e Luiz Rufino quando defendem que a pedagogia das encruzilhadas é projeto político/epistemológico/educativo cuja finalidade é desobsediar os carregos do racismo/colonialismo através da transgressão do cânone ocidental (SIMAS; RUFINO, 2018). É exatamente disso que este estudo trata.

DIÁRIO DE UMA PROFESSORA NEGRA NA FACULDADE DE DIREITO
EPISÓDIO 2

Hoje trabalharei com meus alunos sobre Feminização do Tributo. Desenvolvi o conteúdo partindo de uma leitura prévia de dois materiais. Um texto é a recente decisão do Supremo Tribunal Federal que afasta a incidência de contribuição previdenciária sobre o salário-maternidade, catalogada como Recurso Extraordinário n. 576967. O outro é a obra Quarto de Despejo da escritora negra Dra. Carolina Maria de Jesus.

Os estudantes precisaram ler os dois materiais e produzir um terceiro texto de uma página articulando as duas produções. Este combinado foi feito com três semanas de antecedência.

Chego em classe e o ambiente está relativamente tenso. Há alguns alunos e alunas que não deram conta de realizar a tarefa e já me esperam ansiosos para conversar logo na porta da sala. Nos encaminhamos para a mesa, peço que tragam suas cadeiras para perto de mim. Aviso aos demais que tratarei dessa demanda antes de começarmos as apresentações. Todos aceitam aguardar por uns minutos.

Combinamos que os alunos em atraso poderão cumprir a tarefa na próxima aula, mas solicito que elaborem uma justificativa sincera elucidando os motivos individuais que suscitaram o atraso.

Seguimos para a atividade. Com as mesas em círculo, num modelo aproximado de uma roda de capoeira, iniciamos os debates. Cada um é convidado a expressar suas impressões sobre as leituras feitas e a ler seu terceiro texto produzido. Todas e todos são instados a comentar, quem se sente mais à vontade, expressa suas impressões.

Após todas as leituras realizadas, deliberamos com relação ao que deve ser feito com aquelas produções. Decidimos confeccionar um mural. Colocaremos todos os textos elaborados num mural instalado na entrada da faculdade a fim de que todos possam refletir em cima de nossas reflexões.

Encerro a aula e caminho rumo aos elevadores, preocupada sobre como convencerei a instituição a autorizar a construção do mural. Sigo para a sala da coordenação do curso. Após inúmeras tentativas infrutíferas de convencimento, saio com um retumbante não. Mas recebo a autorização de fazer o mural nas paredes do próprio andar da sala de aula. E assim fazemos. Os alunos ficam contentes.

MARIA ANGÉLICA ENTREVISTA JANE LUCIANA DA SILVA, UMA INTÉRPRETE DE LIBRAS, ESTUDANTE DE DIREITO E AFROEMPREENDEDORA

Maria Angélica: Jane, eu tenho estudado o ensino jurídico e como sua estrutura impacta nossos corpos periféricos e interfere no modo como seremos juristas. Parto de uma compreensão de que o direito ensinado na academia é o direito do colonizador, do opressor. É um direito que nos ensina o que foi planejado para ser ensinado à elite. Mas não somos elite. Não viemos e nem pertencemos a este lugar dos bacharéis, mas passamos a acessar este saber. E agora ele é concedido a nós. Mas não mudou para permitir que o usemos para nos emancipar e aos demais grupos periféricos. Nós é que aprendemos a mudar para trabalhar para um sistema de justiça que se impõe contra nosso grupo de origem. Este é meu olhar hoje sobre este momento que vivemos. Como é o seu olhar?

Jane: Bom, acredito que avançamos muito se compararmos com nossos ancestrais, poucos tiveram ou puderam acessar a academia como fazemos hoje, entretanto, é doloroso perceber que todo esse avanço não me leva ao mesmo patamar de pessoas brancas, ainda estamos em desvantagem, pelo menos 300 anos atrasados. Não tive pais com ensino superior pra me inspirar, não conhecia pessoas com ensino superior além das pessoas que trabalhavam na minha escola e claro que tudo isso reflete em como construímos nossos sonhos e autoestima, será que sou capaz de ser mais do que me foi apresentado? Vale a pena sonhar com isso? E se der errado? Melhor gastar tempo com outras coisas, curso superior não é pra gente como eu, afinal eu não conhecia ninguém que se parecesse comigo que tivesse feito graduação. Talvez duas gerações depois da nossa possa ver com naturalidade o acesso de negros no ensino superior, mas aí os demais, já estarão no doutorado ou pós-doc. Tenho em mim, uma sensação de atraso, não importa o quanto conquiste, ainda estou atrasada

Maria Angélica: Quero dizer que não venho do mesmo lugar de onde vieram aqueles para os quais este ensino que recebi foi moldado. Eu venho da margem, da periferia. Venho da pobreza, da família construída fora dos padrões tradicionais. Éramos só eu e minha mãe. Tivemos que lutar muito para que eu entrasse na academia. Então, este não era meu caminho natural, como se dá com as elites, com os bacharéis. Eu praticamente me pus neste lugar sozinha. Não houve um apoio herdado de uma tradição intelectual, nem um caminho aberto por ancestrais... Como foi pra você?

Jane: Quando éramos mais novos, logo após a morte da minha mãe, os vizinhos nos disseram que eu estaria grávida antes dos 15 e seria "mulher de bandido" e meus irmãos seriam traficantes. Então, acho esse seria o caminho natural pra 4 órfãos que nasceram e passaram parte da vida na favela. Então, quando penso nessa jornada até a academia, não só minha, mas dos meus irmãos também, não houve nenhum familiar que nos direcionasse ou dissesse qual caminho seguir e como seguir. Quase como se ao invés de sermos produtos do meio, fôssemos produtos de nós mesmos.

Maria Angélica: Chegar à academia tendo partido deste lugar, da margem, provocou em mim uma certa repulsa pela própria margem. Aquele lugar distante e sem esperança. Parecia que sair da margem e me deslocar até o centro, que era onde estava o saber jurídico, exigiu de mim um esforço imensurável. Eu cheguei cansada à academia. Porque meu caminho foi longo e realmente exaustivo. Quando cheguei, não queria olhar pra trás, queria ver só à frente. Hoje penso que isso não foi bom. Permitiu que meu ser fosse facilmente cooptado para servir à uma elite, de onde eu não tinha vindo e para onde eu não iria, mas perto da qual eu havia chegado. Você, que também é uma mulher negra, é estudante de direito como eu fui, como percebe sua jornada para acessar a academia e desfrutar deste "melhor saber" que até pouco tempo era ofertado somente às elites?

Jane: Não consigo nem imaginar como foi difícil pra você, porque não era uma luta sobre intelectualidade, era sobre o que restou de você da jornada até a academia, imagino que foi preciso se reconstruir, difícil. No meu caso, eu tive a sorte de fazer um curso anterior ao Direito, e já tinha começado a estudar ou pelo menos ter contato com alguns discursos sobre racismo estrutural e identidade negra, portanto cheguei com mais maturidade na academia, comecei tarde, comecei o curso de Direito com 26.

Maria Angélica: Você sente que este saber jurídico ainda se molda para educar uma elite? Você se sente integrada, contemplada por este saber? Se sente pertencente a este espaço?

Jane: A academia tem uma *persona*, que seria o público que ela dialoga, e essa *persona* não é preta. Lembro até hoje, no primeiro dia de aula, uma professora chamou um aluno na frente da turma, pra dizer como um aluno de direito não deveria se vestir, ele estava de regata e bermuda, um aluno negro. Eu só conseguia pensar como ele tá recebendo isso? Qual a história dele? Será que isso afetaria o emocional dele de alguma forma? Se me sinto contemplada? Não e nem acredito que seremos contemplados tão cedo.

Maria Angélica: Interessante você dizer isso, de se sentir atrasada! Eu digo o mesmo em minha pesquisa. Suponho que este sentimento persiga corpos periféricos. Tenho a impressão de sempre estar correndo atrás, nunca correndo ao lado ou na frente. Sempre perseguindo algo que outros já alcançaram. Mas também sinto que este sentimento dialoga muito com uma ansiedade do meu ser, que deriva das muitas faltas que minha história carrega. Muitas ausências. Não sei se algum dia sentirei que não estou atrasada, que não falta algo. Mas por outro lado, este sentimento me move muito. Me impulsiona e me alavanca. De certo modo, consigo fazer de algo ruim um motivo para me levantar toda manhã. No seu caso, já tendo uma outra graduação, sendo professora da educação infantil, trabalhando com outros corpos tão periféricos quanto os nossos, consegue perceber este mesmo traço de personalidade em seus alunos e alunas? Percebe uma ansiedade por ser/ter mais? Enxerga neles um desejo por um futuro, por algo que não está muito visível na linha do horizonte?

Jane: Quando eu olho meus alunos, o sentimento que mais percebo neles é insatisfação. Estão sempre insatisfeitos, não gostam da escola, das roupas que usam, da casa que moram, da família que têm, da cor pele, do cabelo, de si mesmo. O tempo todo eles querem ser alguém diferentes de quem são, uma hora querem ser a Poliana da novela, outra a Bruna filha da professora tal, é triste e engraçado a visão que eles têm de mim, sempre me perguntam: você ganha bem, né?! Jane, você é rica? Por que não mora no "serrão"(apelido do Aglomerado da Serra)? A única funcionária negra que trabalha em sala de aula sou eu. Acho que eles pararam de ter sonhos de crianças ou nunca permitiram que eles tivessem!

Maria Angélica: Como você imagina um ensino jurídico que te contemple? Como você compreende a pedagogia do direito? Consegue perceber caminhos possíveis para uma outra formação? Uma educação que contemple corpos periféricos?

Jane: A única formação que contemplará corpos periféricos é aquela que vem dos nossos corpos. Quando corpos negros transitarem com naturalidade pela academia, quando professores brancos entenderem seu caminho de privilégio e pararem de se usar como exemplo de superação, quando não formos chamados apenas para falar sobre racismo, quando nosso intelecto não for tido como exceção, talvez nesse momento, o ensino jurídico me contemple, até lá eu sigo como uma exceção à regra que eles mesmos criaram... Como alcançar isso tudo? Pra nós, como sempre: lutando! Pra eles: conscientizando-se do lugar privilegiado que ocupam

Figura 16 - Jane Luciana da Silva é intérprete de libras, leciona para a educação infantil, é graduada em missiologia, é estudante de direito e afroempreendedora proprietária da marca de cosméticos naturais Nós Cosméticos.

3. DIREITO E VERGONHA

Obaluaê tem as feridas transformadas em pipoca por Iansã

Chegando de viagem à aldeia onde nascera,
Obaluaê viu que estava acontecendo
uma festa com a presença de todos os orixás.
Obaluaê *não podia entrar na festa,*
devido à sua medonha aparência.
Então ficou espreitando pelas frestas do terreiro.
Ogum, ao perceber a angústia do orixá,
cobriu-o com uma roupa de palha que ocultava sua cabeça
e convidou-o a entrar e aproveitar a alegria dos festejos.
Apesar de envergonhado, Obaluaê entrou,
mas ninguém se aproximava dele.
Iansã tudo acompanhava com o rabo do olho.
Ela compreendia a triste situação de Omulu
e dele se compadecia.
Iansã esperou que ele estivesse bem no centro do barracão.
O xirê estava animado.
Os orixás dançavam alegremente com suas equedes.
Iansã chegou então bem perto dele
e soprou suas roupas de mariô,
levantando as palhas que cobriam sua pestilência.
Nesse momento de encanto e ventania,
as feridas de Obaluaê pularam para o alto,
transformadas numa chuva de pipocas,
que se espalharam brancas pelo barracão.
Obaluaê, o deus das doenças, transformou-se num jovem,
num jovem belo e encantador.
Obaluaê e Iansã Igbalé tornaram-se grandes amigos
e reinaram juntos sobre o mundo dos espíritos,
partilhando o poder único de abrir e interromper
as demandas dos mortos sobre os homens.

(PRANDI, 2001)

O capítulo que sucede esta lenda fala sobre a força da vergonha e de como ela pode deter o progresso de nossas existências. Esta lenda aborda a temática da vergonha, mas também apresenta os efeitos da libertação, demonstrando que há estratégias de superação que podem nos fazer sair da dor. No direito a vergonha também fere e as feridas que ela causa precisam ser transformadas, como ocorre com as feridas de Obaluaê. A estratégia da vergonha também pode servir para aprisionar, invisibilizar e dominar. Certamente, ciente disso, é que o direito se aproxima com tanto afinco desta ferramenta de disciplina social. Desde o ensino jurídico com sua enaltação de uma inteligência proselitista e ridicularização do que destoa do padrão, passando pelos corredores dos tribunais e salas de audiências com suas piadinhas mordazes para quem desconhece os rituais forenses, atravessando as humilhantes revistas íntimas nos presídios-palco do encarceramento em massa da população negra, chegando aos tribunais superiores com seus deuses lamuriando por não serem devidamente reconhecidos como tais no tratamento pronominativo. Superar a vergonha e curar as feridas é processo complexo e difícil de se conduzir sozinho. Como Iansã faz com o amigo, livrando-o das mazelas que o mantinham às sombras, este texto que se segue quer pegar ferida por ferida e aniquilar, transformando em algo diferente, distante da dor. Transformando em potência.

Me recordo de ter vivido uma experiência de vergonha muito intensa em que eu estive no lugar de algoz, ainda que inconscientemente. Em uma instituição em que lecionei a cultura de cola entre os alunos era muito forte, ao ponto de sermos instruídos a termos bastante rigor, acima do normal, na aplicação da prova. Cumprindo este compromisso institucional, ao perceber um comportamento suspeito entre duas alunas adotei a atitude de mudá-las de lugar, mesmo sendo recomendada pela instituição de ensino superior a tomar a prova e dar nota zero. Minha reação, a meu ver, foi a mais ponderada por demover o intento da consulta inapropriada sem retirar das alunas a oportunidade de seguir fazendo a prova. Entretanto, uma delas abandonou a classe pouco depois, muito nervosa com o ocorrido. Essa aluna não terminou a disciplina naquele semestre. Mas nos reencontramos em outras turmas nos semestres seguintes. Ela tinha muita dificuldade em permanecer bem na minha presença.

Então, certa vez ela veio até mim e narrou a vergonha que sentiu naquele dia da minha repreenda em prova. Me contou que tinha vivenciado uma experiência semelhante no passado e que minha atitude a fez rememorar um momento doloroso anterior ao que protagonizamos. Essa aluna me confidenciou que fazia terapia e que sua terapeuta a aconselhou a ter aquela conversa comigo, numa tentativa de que, juntas, pudéssemos superar o bloqueio que havia se instalado. Eu me senti também muito envergonhada por ter causado aquele transtorno emocional. Compreendi a minha responsabilidade naquele processo de resgate e cura e juntas construímos uma estratégia de superação do trauma através de uma aproximação amigável. Decidimos caminhar juntas e assim fomos até a conclusão bem-sucedida do semestre por nós duas.

Entendo que, no caso acima, tudo só foi possível porque houve uma convergência profunda de vontades. Tanto a estudante quanto a professora se empenharam numa transformação pedagógica e emocional. Essa experiência mudou meu olhar para aquela aluna e para todos os demais alunos com os quais trabalhei depois disso.

Como professora, não me eximo da reflexão e da constatação de que posso errar, falhar no exercício da minha profissão. Não há como se esquivar de errar com pessoas, ainda mais trabalhando com uma turma nova a cada semestre. Mas há como vigiar para errar menos, há que estar atenta ao outro, para ver e sentir o outro. Desenvolver uma pedagogia amorosa, compassiva, também é algo importante no direito.

Logo que concluí minha graduação participei do processo seletivo do programa de pós-graduação que integro hoje na qualidade de doutoranda. À época, meu projeto de pesquisa era referenciado pela teoria de justiça de John Rawls. Não tendo sido aprovada dentro das vagas ofertadas, ingressei no programa para cursar uma disciplina isolada. Na ocasião me tornei aluna de uma respeitada tributarista, uma das poucas mulheres destacadas na área à época. Mesmo estando num ambiente bastante intimista pois as turmas eram relativamente pequenas, consigo reviver a enorme vergonha que senti quando essa professora se direcionou a mim após a apresentação do meu projeto e disse que eu não tinha condições intelectuais de estudar Rawls. Que eu não deveria me dedicar àquela empreitada porque se ela, que era quem ela era, não havia dado conta de se embrenhar pelos caminhos da filosofia, quem era eu para achar que conseguiria.

Essa situação me ocorreu há 18 anos atrás, mas me recordo nitidamente de ter sentido vontade de abrir um buraco no chão e sumir. Os olhares dos colegas, a força da voz da professora, sua postura imponente, os risinhos nos cantos das bocas dos demais alunos, tudo tornou essa uma experiência extremamente traumática para mim.

Recordo que na saída da aula, comentei da minha vergonha com uma colega, uma mulher branca, que presenciou o ocorrido e me surpreendi com a resposta dela que considerou tudo absolutamente normal, comum. Essa postura dessa colega comprova como práticas que humilham e constrangem são consideradas cotidianas, algo com o que se adaptar. Tive bastante dificuldade para seguir na disciplina até o final do semestre, mas para minha surpresa pude ler meses depois o trabalho de um colega, um homem branco, que havia testemunhado minha exposição e que escreveu seu artigo de conclusão da disciplina exatamente sobre a tese que apresentei e sobre a qual fui veementemente aconselhada a não desenvolver.

Histórias de humilhação, constrangimento e vergonha estão amalgamadas nas paredes da Vetusta Casa de Afonso Pena, mas não estão restritas a ela. Todas as instituições de ensino jurídico em que trabalhei guardam suas histórias de vergonha, sejam vivenciadas por alunos, por professores ou outros funcionários. A cultura do direito das elites estabelece hierarquias que não se dissolvem com a formatura do aluno. Exemplo disso podemos perceber nestes tempos de audiências virtuais em que desembargadores humilham advogados zombando de suas moradias simples ou vestimentas tidas por inadequadas para os padrões mais elevados[57]. Que se recusam a adiar audiências mesmo com advogados hospitalizados[58], obrigando-os a se expor num grau absurdamente desnecessário. Vítimas que são expostas, humilhadas e ridicularizadas como se fossem as responsáveis pelas agressões sofridas[59]. A cultura do direito das elites também é a cultura da humilhação e da vergonha.

A vergonha foi incorporada aos cursos de direito de tal forma que passou a ser estrutural. Muitos consideram normal irem para uma aula ou audiência preparados para passarem vergonha. Mais cedo ou mais tarde alguém será exposto e vivenciará a onda de emoções de quem advém de um constrangimento público.

---

[57] https://examedaoab.jusbrasil.com.br/noticias/490611271/desembargador-de-goias-ameaca-deixar-audiencia-por-causa-de-roupa-de-advogada

[58] https://migalhas.uol.com.br/quentes/336282/advogado-participa-de-audiencia-da-cama-do-hospital-apos-juiz-negar-adiamento

[59] QRCode 8 - Trecho Caso Mari Ferrer

Em classes de graduação ou pós sempre há algum professor que, ao perceber que a estudante não domina determinado tema, autor ou teoria, se utiliza disso para humilhar publicamente. É importante que se diga que não menciono aqui, pura e simplesmente, o ato de ensinar, que pressupõe o desconhecimento do outro sobre o que se ensina e uma vontade de colocá-lo a par de. Falo aqui do ato de envergonhar pelo uso do conhecimento como argumento de autoridade e evidenciação de uma elite que se pretende inarredável do lugar de manipulação do saber, porque saber é poder.

Em salas de audiências, em defesas nos tribunais superiores, incontáveis são os casos de juízes envergonhando advogados; advogados humilhando partes (réus ou vítimas); ministros interrompendo sustentações para cobrar tratamento pronominal condizente com sua posição de destaque. O uso da vergonha como ferramenta educadora ultrapassa as salas de aula e atravessa todo o sistema de justiça, estendendo sua "mão exemplar" para corrigir e regular a tudo e a todos.

No oitavo capítulo de *Teaching Community* (hooks, 2003B, p. 93), bell hooks escreve o tópico intitulado Indo Além da Vergonha, no qual fala sobre a vergonha que nós negros sentimos quando somos diminuídos publicamente, quando nosso esforço é ridicularizado na academia fazendo com que nos sintamos indignos, defeituosos, inadequados.

Ela diz que uma das formas que o racismo usa para colonizar mentes é através da imposição de uma vergonha sistemática (hooks, 2003, p. 94). No âmbito jurídico, considero muito adequado este ensinamento da pensadora estadunidense. O direito, desde a academia, insiste em diminuir corpos e mentes dissidentes, é hábil em fazer sentir menos inteligente, mal vestido, pouco culto, qualquer um que chegue desarmado para humilhações sutis ou escancaradas. A autora complementa seu pensamento percebendo como a mídia nos coloca neste lugar da vergonha desde a infância. Então as crianças aprendem a ter baixa autoestima muito antes de serem inseridas num contexto de sala de aula. (hooks, 2003, p. 95)

Colocando-me como protagonista de uma educação jurídica pautada no direito das elites, penso como as escolas de direito não têm se preparado para ensinar corpos dissidentes, que não são os herdeiros de uma tradição, que não partem do lugar do *status quo*. Refletir sobre isso é de fundamental importância, pois uma pedagogia engajada exigirá toda uma reconstrução do saber jurídico, encarando os dilemas do direito, os temas que são tabus, de uma outra maneira. Sendo assim, ensinar sobre estupro em direito penal não deve servir de oportunidade para humilhar vítimas. Tratar de escravidão em direito civil não pode autorizar que se use este debate como instrumento de humilhação de estudantes negros. Discutir pobreza e desigualdades não pode servir para ridicularizar corpos periféricos. Suscitar discussões sobre privilégio não dá azo para constranger ao ponto de envergonhar. A sala de aula, como sempre defende bell hooks, deve ser um espaço seguro e isso implica ser um lugar onde impera o amor.

Falar de amor e ensino jurídico não é algo comum, mas destaco a importância da abordagem. bell hooks define "amor" como uma combinação de cuidado, com conhecimento, responsabilidade, respeito e confiança. (hooks, 2001) Esses fatores funcionam de forma interdependente. Já passou da hora de introduzirmos o amor na educação jurídica. O amor também precisa integrar o sistema de justiça em sua integralidade. Nas universidades predomina uma cultura da vergonha, que provoca medos, apagamentos, silenciamentos, que se vale da humilhação para expulsar da academia estudantes que poderiam se tornar juristas competentes e compassivos, mas que não suportam o modo rude como o direito é manipulado e se afastam dele. Os que resistem e persistem aprendem a adotar uma postura mimética, tornando-se reprodutores dos desconfortos que sofreram pois aprenderam que este é o único jeito possível de se lidar com o direito. É Parker Palmer quem traz um dos trechos que bell hooks mais destaca em seus escritos "A origem do conhecimento é o amor" (hooks, 2003, p. 132). Esta frase não se restringe a um ou outro tipo de conhecimento. O direito não se afasta desta máxima. Todo professor precisa aprender isso e desaprender a cultura da vergonha para desenvolver uma pedagogia engajada e permitir um letramento jurídico crítico e transformador.

Não me surpreende que estudantes educados sob a cultura da vergonha sigam se tornando operadores do direito que reproduzem essa lógica e contaminam todo o sistema de justiça com esta mecânica. Chega-se ao cúmulo de se considerar que os que não suportam as constantes humilhações com galhardia são fracos ou incompatíveis com o direito. Desconsiderando-se a humanidade fundamental à própria existência do direito. Ensina-se que direito lida com pessoas, com vidas, mas deve ser pouco afetado por essa humanidade que o circunda. O direito é como um banhista, cercado de água por todos os lados, mas que se recusa a compreender que está a se molhar. Um banhista que insiste em considerar-se seco, mesmo mergulhado. Segue molhado mas fantasia uma secura asséptica.

Em seus estudos, bell hooks me leva a questionar se estudantes negros são mais vulneráveis à vergonha. Estendo esta dúvida para todos os estudantes que se deslocam da periferia para estudarem, no centro, o direito das elites. Será que alunos periféricos são mais vulneráveis ao ensino jurídico que humilha e envergonha? E sendo mais vulneráveis, o que lhes restaria como estratégia de sobrevivência, resistência e combate? Seriam cooptados e passariam a atuar como algozes de seus iguais? Desistiriam da experiência acadêmica constrangedora? Se matariam? Entrariam em depressão?

O problema é bastante grave, porém, infelizmente, a Universidade Federal de Minas Gerais não tem registro de nenhuma pesquisa desenvolvida sobre saúde mental dos estudantes de direito da Vetusta Casa de Afonso Pena. O que se sabe são relatos pessoais repassados à boca miúda de uns para os outros, tudo muito escondido, camuflado, empurrado para debaixo do tapete. Este descrédito do debate pode ser lido como um sintoma da força opressora que a vergonha consegue exercer sobre a tradição jurídica.

Ouço relatos abafados de estudantes que julgam serem os únicos a passar por isso, compreendendo-se problemáticos, possuidores de dificuldades de se enquadrar aos altos padrões sustentados pelo direito. Estes alunos e alunas, quando se percebem em um ambiente acolhedor e seguro evidenciam um alívio em constatarem que suas crises de medo do escracho, de pânico de emitir opinião em classe, de pavor de terem os olhares e atenções voltados para eles, é sentimento compartilhado com mais pessoas do que imaginam. Essa constatação, entretanto, só é possível em salas de aula seguras, como ensina bell hooks. Digo isso porque para que estudantes de direito explicitem seus medos, angústias e dificuldades, precisarão estar cientes de que a vulnerabilidade exposta não será só de um ou de uns poucos. Todos precisam estar dispostos a expor fragilidades, tanto docentes quanto discentes. Não funcionará se for de outra forma, pois a tradição do direito das elites opõe-se à apresentação de vulnerabilidades, de pontos frágeis do jurista formado ou em formação.

O direito das elites informa uma necessidade de perfeição e excelência que vem importada de uma eurocentralidade que não nos diz respeito. Dentro desta dinâmica asséptica e imaculada, o ensino jurídico inculca em nós uma naturalização da excelência, da impossibilidade da falha, do erro, da fragilidade, exigindo uma blindagem do ser, das emoções, dos sentimentos, que não permita fissuras. Quando os sentimentos afloram no estudante de direito ou no jurista formado é comum ouvir-se comentários de que aquele sujeito não é apto para o direito, não é forte o suficiente para aguentar o tranco. Como se o direito precisasse ser doloroso e cruel para ser aprendido, ensinado ou praticado.

Insultos, microagressões (MOREIRA, 2019), humilhações são ocorrências que não se restringem aos corpos negros ou de outros grupos oprimidos. Essa é uma estratégia pedagógica do ensino jurídico. Entretanto, sobre corpos oprimidos, o impacto é sobremodo mais destacado e se dá exigindo menos escrúpulos do agente produtor do que quando direcionados a estudantes privilegiados. A exigência de menor pudor para ofender quem já é marcado por diversos outros marcadores de opressão torna a implementação da vergonha como estratégia jurídico-educacional muito mais facilitada e, portanto, corriqueira.

Incluído neste pacote, há também uma arrogância comportamental em juristas. Algo que paira no ar pelos corredores das instituições. Provável sintoma de uma cultura bacharelista. Essa arrogância pode ser detectada desde a academia, quando docentes se impõem como senhores e detentores do saber, ao qual farão a honra de apresentar alguns poucos fragmentos esplendorosos.

Ao ponderar sobre a arrogância no ato de ensinar, Paulo Freire toca com precisão nos pontos mais sensíveis que o debate impõe:

> A arrogância farisaica, malvada, com que julga os outros e a indulgência macia com que se julga ou com que julga os seus. A arrogância que nega a generosidade nega também a humildade, que não é virtude dos que ofendem nem tampouco dos que se regozijam com sua humilhação. O clima de respeito que nasce de relações justas, sérias, humildes, generosas, em que a autoridade docente e as liberdades dos alunos se assumem eticamente, autentica o caráter formador do espaço pedagógico (FREIRE, 2020A p.90)

O direito é fortemente marcado pela arrogância, que se alinha completamente com a construção do discurso higienista e que isola o direito no lugar do melhor saber e do saber dos melhores. A narrativa do direito das elites precisa se valer de subterfúgios de humilhação para seguir inquestionável. Tanto a vergonha, quanto a arrogância, servem bem a este propósito.

Especificamente sobre oprimidos pelo marcador racial, quando bell hooks se ocupa do tema dos "negros inteligentes" (hooks, 2003, p. 97) ela fala que estes sempre foram uma presença normal para ela, mas que nas escolas brancas a objetificação do "negro inteligente" gerou medo e dúvidas, fazendo com que surgisse uma sobrecarga de expectativas que a levou a ter uma queda brusca de desempenho. Esta constatação me relembra muito os anos de graduação. Num minuto eu era a "negra inteligente" do ensino médio e um tempo depois eu estava numa faculdade em que meu conhecimento era subvalorizado. O vestibular que realizei à época permitia uma espécie de nivelamento entre todos. Eu pude me destacar tanto quanto meus colegas que estudaram desde sempre nas melhores escolas de Belo Horizonte. Mas um segundo depois de aprovados, nossas diferenças se fizeram absurdamente palpáveis. Recordo-me de ter feito estágio no departamento jurídico da Caixa Econômica Federal que, à época, tinha um dos estágios com melhor remuneração. Após passar um tempo satisfatório ali, considerei adequado mudar e buscar um estágio no Ministério Público, já que tinha muito interesse em prestar concurso após a formatura. Lembro de ter ponderado com minha mãe sobre esta possibilidade e ter ouvido dela que era burrice abandonar um estágio remunerado para fazer um estágio voluntário. Dentro da lógica periférica de pensamento dela, não fazia sentido algum se voluntariar para um trabalho exaustivo quando já se estava sendo paga para trabalhar. Ela não compreendia a dinâmica do direito, em que os melhores estágios, aqueles que mais ensinam e permitem a tessitura de uma forte rede de contatos estão, prioritariamente, em órgãos que não me pagariam um centavo para estar lá. Pelo contrário, eu teria meus gastos aumentados, com deslocamento e alimentação, sem contar com qualquer auxílio para poder experienciar aquela perspectiva do direito. Não quero dizer com isso que nenhum dos meus colegas que fizeram estágios remunerados como eu deixaram de ter, por conta disso, carreiras de sucesso ou conseguiram alcançar o sonhado sucesso. O que trago à reflexão é como a estrutura do ensino jurídico, partindo inclusive para a oferta de estágios remunerados ou voluntários, serve a uma tradição bacharelista, já que presume que herdeiros não precisam trabalhar de forma remunerada para sobreviver durante a graduação. Esses herdeiros podem se dar ao luxo de fazer estágios voluntários, despender dinheiro com deslocamento – predominantemente realizado de carro e não de ônibus – e pouco gastariam com alimentação, já que poderiam sair da faculdade e almoçar em suas próprias casas, próximas tanto da escola quanto dos órgãos em que estagiavam. Neste ponto, estar na periferia carrega consigo dificuldades outras que precisam ser fortemente consideradas.

Ser da margem e ter que se deslocar ao centro para estudar, geograficamente falando, implica em acordar pelo menos duas horas antes dos demais colegas, caso se estude pela manhã. Estudando à noite, significa chegar em casa duas horas depois de todos os companheiros de classe, se deslocar por regiões perigosas e ter o corpo exposto aos perigos da rua. Eu estudei a maior parte do curso pela manhã. Precisei fazer uma ou outra matéria à noite, mas minha presença na academia foi majoritariamente matutina. Para estar em classe pontualmente às 7:30h da manhã, acordava às 4:30h para tentar disputar um bom lugar na fila do ônibus de 5:30h e ter a chance de ir sentada até a Praça da Estação, ponto final do meu ônibus no centro de Belo Horizonte. O deslocamento de Santa Luzia à Belo Horizonte, da margem ao centro geograficamente falando, demorava de modo bastante variado. Se houvesse algum acidente, chuva ou engarrafamento por qualquer motivo que fosse, tudo parava e o atraso era certeiro. Quando chegava atrasada à Praça da Estação, tentava acelerar o passo e ir mais rápido pelo caminho que contornava o Parque Municipal até chegar no prédio da faculdade. Era um trajeto de cerca de 20 a 30 minutos de caminhada. Me lembro de sentir um sono mortificante em várias manhãs de aula e não conseguir conter um cochilo ou outro, que eram vistos por meus colegas como tudo menos cansaço. Eu sentia vergonha de estar cansada, sempre esgotada.

Certa vez fiz uma matéria com um excelente professor, empenhado, desses recém-contratados, cheio de ideias novas e visionário. O docente organizava suas aulas na leitura e discussão de decisões judiciais. Era algo bastante empolgante e inovador, entretanto, como era muito fora de todas as vivências que já tinha experienciado, essa disciplina se apresentou imensamente difícil para mim. Tive que estudar muito para tentar compreender os debates em classe. Na última prova do semestre meu ônibus quebrou na região da Pampulha, muito distante para eu conseguir seguir caminho a pé até o centro da cidade onde se localizava a faculdade de direito. Tivemos que esperar um outro ônibus. Cheguei em classe com a prova em andamento. Bati na porta, a prova era em duplas e o professor riu de mim, alegando que eu havia me atrasado de propósito para ter a chance de me beneficiar de algum comentário de algum colega que tivesse terminado a prova mais cedo. Ele ria e dizia que eu tinha "me dado mal", que meu plano não tinha dado certo. Que eu tinha tentado "me dar bem" mas que minha estratégia tinha falhado, já que a prova era em duplas e que eu poderia passar na disciplina se não tivesse me atrasado. Me recordo de ter sentido muita vergonha na ocasião. A postura daquele homem, que era um bom professor, reforço, provocou fissuras em minha autoestima que levei anos para superar.

Há uma questão de baixa autoestima fortemente ligada à cultura da vergonha que domina o direito das elites. bell hooks menciona o fenômeno da baixa autoestima na educação tanto acometendo alunos quanto professores. Ela explica que muitas vezes os professores também são conduzidos a se valer do manto da autoridade e do lugar do privilégio como estratégia para tentar dissimular suas fissuras emocionais. (hooks, 2003, p. 98) Que as hierarquias acadêmicas consideram pessoas inteligentes como escolhidas e muitos professores sentem que é seu papel julgar os alunos e separar o "joio do trigo". Este processo envolve, muitas vezes, rituais vergonhosos. Alguns destes momentos podem evocar memórias de infância fortemente marcada por um racismo estrutural ou por outros tipos de opressão. Penso que algo do tipo ocorreu com minha aluna cuja história mencionei no início deste capítulo. Mas me pergunto se eu tivesse tido a coragem de buscar no meu professor a mesma acolhida que pude ofertar a minha aluna, o que exigiu de mim um reconhecimento pessoal do erro, penso que a reação dele seria diferente, acredito profundamente que ele não teria se disposto a caminhar junto comigo.

À época, o ocorrido com o professor no último dia de prova foi tão profundo que decidi ir até a empresa de ônibus e solicitar um documento que informasse e confirmasse a veracidade de minha história. Carrego essa declaração desde então, mas não mostrei ao professor. Não tive coragem de me aproximar daquele docente nunca mais. Nos anos seguintes o encontrei em vários momentos e sempre me sentia profundamente envergonhada por imaginar o que ele pensava de mim e de meu caráter. O referido documento segue apresentado abaixo.

CE 062/98

À
FACULDADE DE DIREITO DA UFMG

AT.: DIRETORIA

DECLARAÇÃO

Comunicamos a V.Sa. que no dia 09/07/98, a Srta Maria Angélica dos Santos perdeu a prova que foi aplicada ás 07:30 h., devido a interrupção da viagem de nosso coletivo, número de ordem A 328, ás 07:10 h., linha 2206 C, na Av. Antônio Carlos, depois da Lagoa da Pampulha. A viagem foi interrompida por problemas mecânicos, tendo a mesma ficado impossibilitada de chegar no referido horário.

Por ser verdade, assinamos a presente.

Santa Luzia, 13 de junho de 1998.

EXPRESSO LUZIENSE LTDA

Figura 17 – Declaração empresa de ônibus

Não se pode ignorar, ainda, o que bell hooks enfatiza como algo bastante preocupante. Altos níveis de vergonha podem ativar a raiva (hooks, 2003, p. 101). Nos casos que narrei e em que me expus, nenhum deles desembocou em uma prática raivosa. Não houve qualquer ataque de ira por parte de minha aluna ressentida, ou de minha parte para com a professora renomada ou para com o professor recém-contratado. Também não encontrei casos de reações agressivas por parte de nenhum daqueles cujas histórias de humilhações foram narradas aqui. Por um lado, isso é bom já que se presume que a solução se deu por vias pacíficas. Mas também se pode pensar que, na verdade, não houve uma verdadeira solução para todos estes problemas. A maioria deles foi apagada das memórias, empurrada para debaixo dos tapetes, como sujeiras a serem ocultadas. Mas a vergonha, essa não se apaga e nem cabe debaixo de tapete algum. Ela é enorme. Direito e vergonha são irmãos siameses que precisam ser separados, doa a quem doer.

Uma educação como prática da liberdade conduz para além da vergonha, a um lugar de reconhecimento que é humanizador. (hooks, 2003, p. 103) A transcendência da vergonha como estratégia pedagógica no ensino jurídico implicará em uma concatenação de transformações que extrapolará as instituições de ensino e poderá impor mudanças no sistema de justiça que segue usando essa ferramenta disciplinar como um lembrete de quem domina a estrutura e a quem ela serve. Um exemplo emblemático do uso da vergonha como estratégia disciplinar nos corredores forenses foi protagonizado por Valéria Santos, advogada algemada e arrastada pelo fórum após pedir vistas de um documento do processo em que atuava.

Figura 18 – Advogada algemada e arrastada em Fórum

Em entrevista concedida ao The Intercept[60] é possível acompanhar a narrativa de Valéria e como ela, uma mulher negra, rememora a educação jurídica que recebeu e como a dinâmica da vergonha esteve presente desde o início do curso. Sem entrar no mérito do caso que ocasionou a repreenda, quero me ater à imagem da advogada sentada no chão, algemada e arrastada pelos corredores do fórum. Me pergunto o que será preciso fazer para ser tratada dessa forma pelo sistema de justiça. Essa cena não diz respeito somente a uma mulher negra caída no chão da justiça. Esse corpo estendido no chão representa todos os oprimidos.

O uso frequente da vergonha como estratégia educativa informa estudantes de uma necessidade de internalizar suas emoções e criar uma couraça de enfrentamento de um direito que tende a ser rude desde a academia seguindo neste escopo até os tribunais superiores. Não é incomum ouvir histórias de juristas que se sentem profundamente legitimados pela profissão para se reportar aos demais com desrespeito ou certo ar de superioridade, algo muito próprio das elites de um país colonizado. Nesta esteira, o direito das elites não destoa

---

60 https://theintercept.com/2019/11/20/se-eu-me-debatesse-eles-poderiam-me-dar-um-tiro-a-historia-da-advogada-presa-durante-audiencia/

de uma lógica de dominação que inculca nos discentes a falsa impressão de superioridade. A mesma metodologia também é aplicada sobre os docentes, que já foram alunos um dia. Segue sendo endossada pelos órgãos que compõem a estrutura do poder judiciário e se estende por todo o sistema de justiça. Há um ditado frequente no ambiente forense que diz "O juiz pensa que é Deus, e o desembargador tem certeza."

Uma juíza no nordeste do país, há alguns anos, proferiu uma decisão bastante provocativa para nossas reflexões. Na oportunidade, a magistrada titular da Vara do Trabalho de Santa Rita, na Paraíba, ensinou ao sentenciar que "A liberdade de decisão e a consciência interior situam o juiz dentro do mundo, em um lugar especial que o converte em um ser absoluto e incomparavelmente superior a qualquer outro ser material". Muito dessa superioridade advém da compreensão de que há uma singularidade no ensino jurídico que o distingue de outros ramos do saber. Essa constatação já pôde ser vista nas considerações de Tia Francisca ao aconselhar Pontes de Miranda a desistir de seguir seu sonho de cursar matemática e se enveredar pela seara do direito, campo do saber capaz de garantir seus luxos e sua vida diferenciada. A íntegra da decisão da magistrada está disposta a seguir.

Única Vara do Trabalho de Santa Rita-PB
ATA DE INSTRUÇÃO E JULGAMENTO
PROCESSO N° 01718. 2007.027.13.00-6
Aos 21 dias do mês de SETEMBRO do ano dois mil e sete, às 09:39 horas, estando aberta a sessão da Única Vara do Trabalho de Santa Rita, na sua respectiva sede, na Rua Vírginio Veloso Borges, S/N, Alto da Cosibra, Santa Rita/PB, com a presença da Sra. Juíza do Trabalho Titular, ADRIANA SETTE DA ROCHA RAPOSO, foram apregoados os litigantes:
Reclamante: LUIZ FRANCISCO DA SILVA
Reclamado: USINA SÃO JOÃO
Instalada a audiência e relatado o processo, a Juíza Titular proferiu a seguinte sentença:
Vistos etc.
LUIZ FRANCISCO DA SILVA, qualificado nos autos, propõe ação trabalhista em face de USINA SÃO JOÃO, igualmente qualificado nos autos, afirmando ter trabalhado para o reclamado, postulando os títulos elencados às fls.
04/12. Junta procuração e documentos. Notificado o reclamado, veio a juízo e não conciliou. Fixado valor ao feito. Defesa às fls.
23/27
contestando o postulado. Junta documentos.
Houve os depoimentos do reclamante e da reclamada.
Dispensada a produção de provas pelo Juiz. Encerrada a instrução. Os litigantes aduziram razões finais remissivas e não conciliaram. Eis o relato. DECIDE-SE:

FUNDAMENTAÇÃO
1. DA LIBERDADE DE ENTENDIMENTO DO JUIZ
No vigente diploma processual civil, temos normas que atribui ao juiz amplo papel na condução e decisão, dispondo poder o julgador dirigir "o processo com liberdade para determinar as provas a serem produzidas", "dar especial valor às regras de experiência comum ou técnica" (art. 852-D) e adotar "em cada caso a decisão que reputar mais justa e equânime, atendendo aos fins sociais da lei e as exigências do bem comum" (art. 852-I, §1°). Talvez o ponto mais delicado do tema esteja na avaliação da prova, o que envolve os princípios da unidade e persuasão racional e sua relação com o princípio protetivo. O princípio da unidade diz que, embora produzida através de diversos meios, a prova deve ser analisada como um todo e o princípio da persuasão racional relaciona-se com a liberdade de convicção do Juiz, mas obriga-o a fundamentar a sua decisão.

A liberdade de decisão e a consciência interior situam o juiz dentro do mundo, em um lugar especial que o converte em um ser absoluto e incomparavelmente superior a qualquer outro ser material. A autonomia de que goza, quanto à formação de seu pensamento e de suas decisões, lhe confere, ademais, uma dignidade especialíssima. Ele é alguém em frente aos demais e em frente à natureza; é, portanto, um sujeito capaz, por si mesmo, de perceber, julgar e resolver acerca de si em relação com tudo o que o rodeia. Pode chegar à autoformação de sua própria vida e, de modo apreciável, pode influir, por sua conduta, nos acontecimentos que lhe são exteriores. Nenhuma coerção de fora pode alcançar sua interioridade com bastante força para violar esse reduto íntimo e inviolável que reside dentro dele.

Destarte, com a liberdade e a proporcional responsabilidade que é conferida ao Magistrado pelo Direito posto, passa esse Juízo a fundamentar o seu julgado.

2. DA PRESCRIÇÃO

Em seu depoimento pessoal confessou o suplicante que pediu para sair do reclamado em 1982 e que depois não mais trabalhou porque ficou sem condições de labutar. A presente ação foi proposta em 22/08/2007. O art. 7o, inciso XXIX da nossa Carta Política prescreve: Art. 7° – XXIX – ação, quanto aos créditos resultantes das relações de trabalho, com prazo prescricional de cinco anos para os trabalhadores urbanos e rurais, até o limite de dois anos após a extinção do contrato de trabalho; (Redação dada pela Emenda Constitucional nº 28, de 25/05/2000) Por conseguinte, face à confissão do suplicante, depoimento pessoal, temos como verdade que a relação entre os litigantes foi rompida em 1982.

Em conseqüência, considerando o lapso temporal superior a dois anos, entre o dito rompimento do contrato entre os litigantes e a propositura da presente ação, acolhemos a prescrição bienal aduzida pela defesa, para julgar improcedentes os pleitos de salário mensal, repouso semanal remunerado, domingos e feriados, registro/baixa da CTPS, aviso prévio, horas extras, diferenças salariais, salário família, salário in natura, saldo de salários, 13º salário, indenização acidentária, FGTS + 40%, FGTS e art 10, penalidades, descanso semanal remunerado sobre horas extras, PIS, INSS, imposto de renda, indenizações referidas às fls. 10 e multa do Art. 467 da CLT

3. DA JUSTIÇA GRATUITA

No que pese o entendimento deste Juízo no tocante à Justiça Gratuita, publicado na Revista do Tribunal – Ano I, no. 03 – Biênio 94/95 – TRT –13a. Região, fls. 43/45, face ao pronunciamento unânime do Egrégio Tribunal deste Regional, referente à matéria idêntica nos autos do Processo Nº AI-107/97, publicado no Diário da Justiça deste Estado em 27/11/97, adota-se o princípio da celeridade processual, para deferir a Justiça Gratuita postulada e consequentemente dispensar o demandante das custas processuais.

DISPOSITIVO

Ante o exposto, resolve a Juíza Titular da Única Vara do Trabalho de Santa Rita-PB julgar IMPROCEDENTES os termos dos pedidos formulados por LUIZ FRANCISCO DA SILVA em face de USINA SÃO JOÃO.

Se a tabela acima não for publicada na internet, encontra-se disponível nos autos do respectivo processo.

Ciente os litigantes. Súmula 197 do TST. Encerrou-se a audiência. E, para constar, foi lavrada a presente ata que, na forma da lei, vai devidamente assinada:

Adriana Sette da Rocha Raposo
Juíza Titular

Joarez Luiz Manfrin
Diretor de Secretaria

Figura 19 – Inteiro teor de decisão que exalta magistratura

As implicações dessa ficção de superioridade do jurista são incontornáveis para a compreensão do que é o direito das elites. Toda a mecânica de dominação imposta pela colonialidade do ser, do saber e do poder, ganha dinamicidade a partir do acoplamento da noção praticamente divina, imaterial, do ser que julga. O ensino jurídico pode ser visto, por esta perspectiva, como o formador do ser superior e capacitado para decidir e auxiliar a todos na condução de suas vidas mundanas. Dessa divinização do jurista também advém a constatação de que sua ação não abre espaço para falhas. Quem está inserido no direito não erra. É ser absoluto, como ensina a magistrada em sua decisão, e, portanto, dotado de perfeição e plenitude. Essa perfeição marca o direito das elites. Mas, observando por um outro ângulo, é exatamente esta marca que fere e faz sangrar.

Sob o argumento da perfeição jurídica, o ensino do direito forma para preservar essa superioridade fictícia. Por flertar com a perfeição, a educação jurídica envia a seu corpo docente e discente uma mensagem, por vezes explícita e por outras vezes subliminar, de que não é possível errar, ser frágil, ter medo, sentir insegurança, deixar perceber que sente vergonha, envergonhar-se. A vergonha é uma estratégia tão bem-sucedida no sistema de justiça que se articula para não ser percebida, e quando é notada provoca tanto pavor de expor fragilidades que não podem aparecer que nunca é apresentada como marcador de opressão. Mas a vergonha segue o direito como uma sombra; ou será que é o contrário?!

Os rituais de vergonha, como bell hooks os nomina (hooks, 2003, p. 101) foram incorporados à liturgia jurídica de modo a compor sua estrutura. Numa pedagogia engajada para a emancipação, haverá uma necessidade de reflexão sobre os ritos que conformam o direito, desde o ensino até os tribunais superiores. Dentro desta reavaliação da educação jurídica, o uso da vergonha como estratégia educacional precisa ser desencorajada. Mas, para isso, o espaço acadêmico, bem como todo o espaço forense e penitenciário, enfim todo o sistema de justiça em sua integralidade precisa ter suas fissuras expostas e suas vulnerabilidades apresentadas, não para sua depauperação mas para que se permita a construção de um direito que vá além das elites, um direito deslocado do centro para as margens.

O PESO DO DIREITO OU JURISTAS NÃO CHORAM

Me recordo de sentir muita tristeza durante boa parte de minha graduação e em alguns momentos do meu mestrado, principalmente no período de escrita final do trabalho.

Quando comecei a fazer estágio, entrei num processo de estafa, vivia esgotada. Me sentia incompetente, frustrada com as limitações intelectuais que eu imaginava ter, tensa com o futuro que me aguardava após a formatura, ansiosa com os conteúdos frios e complexos que me eram apresentados.

Demorei muito para me sentir conectada com o direito. Foi só quando tive a disciplina direito financeiro e tributário que meus sentimentos começaram a mudar quanto ao curso. Isso ocorreu no sétimo período. Atribuo esta mudança à paixão que o professor nutria pela matéria. Embora não se valesse de um amplo repertório pedagógico, suas aulas eram bastante interessantes. Era perceptível sua afinidade com aquele ramo do direito.

Mas, mesmo descobrindo minha conexão com o direito a partir do direito tributário, ainda segui até o final do curso sentindo um peso que não sabia identificar e portanto, não sabia como lidar. Era um peso que se manifestava através de uma angústia, uma ansiedade, uma sensação constante de incompetência.

Não creio que promover essas sensações dentro da academia seja um privilégio do direito, mas foco meu olhar no ambiente jurídico e é nele que concentro minhas reflexões. O ensino jurídico é atravessado por características muito próprias que o modelam para ser como é. Quando Sérgio Adorno descreve as características que conformam o jurista, está ao mesmo tempo apresentando características do ensino jurídico. Então, quando ele explica que juristas possuem atração pelo saber ornamental, cultuam a erudição linguística e cultivam um intelectualismo (ADORNO, 1988. p. 17), o que está dizendo é que estes são marcadores específicos e diferenciais da educação jurídica.

Para além da identificação destes sinais que demonstram como é o ensino jurídico, importa que pensemos como a articulação destes marcadores reverbera sobre os corpos de discentes e docentes. Porque não adianta pensarmos que os únicos afetados pelo direito são as partes processuais ou que os únicos afetados pelo ensino jurídico são os alunos e alunas. Todos são afetados na academia, funcionários responsáveis por atividades mais gerais, professoras e professores, gestores e gestoras, coordenadores e coordenadoras. O direito afeta a todas e todos que se aproximam dele. Perceber isso evidencia a complexidade do debate que esta pesquisa se dispõe a promover.

Neste sentido, mais do que problematizar o que o ensino jurídico é, precisamos complexificar o que o ensino jurídico faz. Compreender as nuances que envolvem a educação jurídica e o *modus operandi* de sua condução pedagógica implica em dar passos significativos em direção à sua reformulação estrutural.

Neste capítulo quero pensar em como o ensino jurídico lida com o peso que os marcadores apontados por Sérgio Adorno promovem sobre a formação de juristas que são originários da periferia e que já acumulam outros marcadores de opressão como etariedade, sexualidade, gênero, raça e classe.

Vou trabalhar aqui com a ideia de peso, como uma carga, um fardo a ser administrado. Quero propor a ponderação acerca de como o direito se torna pesado quando articula seus marcadores de identificação (atração ao saber ornamental, culto à erudição linguística, apreço pelo intelectualismo) com outros marcadores de opressão. Nestes termos, penso em uma reflexão que imagine fardos sendo sobrepostos. Primeiro os fardos que já identificam o ensino jurídico e depois, a eles sendo acumulados outros fardos como os marcadores de opressão que acondicionam corpos nas margens do poder. O direito, nesta alusão, pesa sobre todos os corpos, mas pesa mais à medida que os corpos já são submetidos a outras pressões sociais. Então, um corpo negro quando acessa a educação jurídica já chega sobrecarregado por uma série de opressões. Uma jovem negra chega à academia fortemente pressionada e carregando fardos muito peculiares. Ela precisa lidar com questões de raça, de gênero, de classe, padrões de beleza que não a contemplam, estereótipos educacionais de comportamento, linguagem e vestimenta que já existiam no sistema educacional como um todo e na vida dela desde a infância. Mas quando ela acessa o direito, o peso aumenta absurdamente, pois aos marcadores/fardos que ela já carregava, serão sobrepostos aqueles específicos e característicos do ensino jurídico. A formação de uma jurista começará. Que sobrevivam @s fortes!

Aliás a expressão "direito é para os fortes" não é incomum nos corredores da academia. É uma brincadeira para se referir ao esforço que será necessário se fazer para superar a pedagogia tradicionalista empregada no ensino do direito.

O direito tem a dor como um dos seus materiais de trabalho preferidos. A tristeza, o sofrimento, a angústia, são ferramentas frequentemente manipuláveis no ambiente jurídico. Os juristas lidam com a dor, se aproximam dela, a detectam, cheiram, tocam... mas fazem isso somente com a dor do outro. Muitas vitórias nos tribunais são alcançadas através da exposição da dor dos clientes, das vítimas, dos que buscam a voz da justiça, a voz que diz o direito.

Mas e como os juristas lidam com a dor que advém do peso do direito sobre si mesmos?

Essa pergunta é de difícil resposta, pois não há dados a serem analisados e que facilitem considerações. Embora a universidade tenha um controle sobre a evasão de estudantes dos cursos de graduação e pós-graduação, não há estudos que cataloguem os casos de sofrimento no direito e que deflagraram o abandono do curso. Não há pesquisa alguma na Universidade Federal de Minas Gerais sobre saúde mental de integrantes da Faculdade de Direito e Ciências do Estado. A ausência de dados também serve para demonstrar a gravidade do problema, pois a dor de juristas traria uma vulnerabilidade para o debate que o direito não tem interesse em expor. Mas não é só. Há também um desinteresse em se discutir a dor de todos que lidam com o direito; em se pensar como as características marcantes do ensino jurídico e do sistema de justiça interferem emocionalmente nos ditos operadores do direito.

Embora não tenhamos pesquisas voltadas especificamente para o assunto, neste trabalho há depoimentos que nos indicam pistas importantes para pensarmos a questão da dor no direito. A análise das entrevistas e escrevivências (EVARISTO, 2020) apresentadas permite uma percepção das dificuldades e angústias que reverberam sobre corpos negros que estão ou estiveram na academia. Quando acoplamos as escrevivências (EVARISTO, 2020) às complexidades que conformam o ensino jurídico, tão dominado pelo patriarcado, pelo bacharelismo, pelo sexismo, pelo racismo e tantos outros marcadores de opressão, o que se evidencia é uma confluência de aflições que não diminuem com o avançar do curso de formação jurídica.

Entretanto há um elemento interessante na dinâmica pedagógica do direito que é um ensino indireto de como se usar a dor do outro para articular vitórias processuais. Este desenvolvimento intuitivo e prático que vai se estruturando nas disciplinas do ensino jurídico vão também, de alguma forma, inculcando no alunado e também nos professores, que o direito se interessa somente pela dor do outro, dos clientes, das vítimas, mas nunca pela dor que advém do peso que ele mesmo provoca.

Essa prática de incitar a piedade alheia através da exposição da dor do outro é prática comum e adequada em tribunais do júri. Juristas sabem detectar a dor e explorar suas múltiplas facetas sim. Mas quando o fazem isso se dá de modo objetivo, asséptico e distanciado.

Em demandas de direito de família também é possível verificar o uso da tristeza e do sofrimento como estratégia processual. Mas veja bem, não estou condenando estes usos processuais da dor, embora não deixem de me causar certo incômodo. O que estou interessada em destacar é que juristas compreendem a dor, pois fazem uso dela como argumento jurídico com certa frequência. Sendo assim, dizer que juristas desconhecem a tristeza, a angústia e o sofrimento não seria uma verdade. Conhecem sim. Mas é aí que o debate ganha maior sofisticação, pois há uma objetificação da dor do outro para fins processuais. Em contrapartida, a dor íntima, a tristeza que recai sobre o operador do direito em decorrência do exercício da atividade jurídica, essa segue ignorada.

Já ouvi diversos relatos de colegas juristas que se diziam desiludidos com o sistema de justiça, que não conseguiam colocar no mundo os ideais de justiça aprendidos na família. Que se sentiam cansad@s de remar contra a maré, dando a entender que pareciam lutar muito para movimentar as engrenagens enferrujadas do sistema de justiça, mas que o faziam em vão, sem resultados satisfatórios.

O peso do direito causa dor para quem o carrega. Não se trata de uma constatação especulativa. A todo momento os depoimentos que apresento demonstram a necessidade de se retomar a história de vida para se explicar a relação que cada um e cada uma estabeleceu com o direito e como foram suas vivências na academia. Essa necessidade de rememorar informa muito da complexidade da educação jurídica, sobretudo após a implementação de políticas de ações afirmativas nas universidades. O aumento considerável de corpos negros na academia demanda também novos esforços para se repensar o ensino jurídico a partir de novos parâmetros educacionais. Isso interessa à pedagogia engajada que o Letramento Jurídico Crítico que defendo anuncia.

Não é verdade dizer que a tristeza e a dor que o peso do direito impõe só se manifestam sobre corpos negros, femininos, transexuais ou com deficiência, por exemplo. Entretanto, também não se pode desconsiderar que estes corpos já chegam à universidade fortemente oprimidos por outros marcadores que não são equivalentes e nem mesmo comparáveis aos que recaem sobre os corpos dos herdeiros da academia.

Especificamente sobre corpos negros, pensar o peso do direito implica em um despertar de interesse em trabalhar a auto-recuperação e em elaborar estratégias de resistência individuais e coletivas para se aprender a lidar com a dor, o sofrimento e a angústia que o ensino jurídico canaliza.

Quando bell hooks articula a conexão entre auto-recuperação e política de resistência, em *Sisters of the Yam* (hooks, 2015E), sua intenção mais imediata é refletir sobre o compromisso com a libertação negra e a luta feminista. Entretanto, reflexões que a pensadora estadunidense promove nos oferecem vasto repertório para repensarmos nossos espaços institucionais de fixação.

Evidenciar a dor que o peso do direito proporciona é importante para a auto-recuperação. Então, evidenciar a dor não significa simplesmente evidenciar vulnerabilidades. Só a partir dessa evidenciação é que se construirão estratégias eficientes de superação dessa mesma dor. Neste sentido, o lugar da dor também pode ser o espaço da resistência e da transformação. É fundamental um estudo cada mais sistemático sobre educação jurídica para podermos ressignificar o direito e todo o sistema de justiça, redefinindo o peso que este deposita sobre quem se aproxima dele.

Figura 20 - Colagem autoria própria

DIÁRIO DE UMA PROFESSORA NEGRA NA FACULDADE DE DIREITO
EPISÓDIO 3

Na aula de hoje o compromisso foi firmado há duas semanas. Cada aluna e aluno assumiu o compromisso de articular três elementos: uma decisão judicial em matéria constitucional, uma música brasileira e uma obra artesanal (pintura, grafite, colagem, tapeçaria, escultura, dentre outras). Cada estudante teve 5 minutos para apresentar suas escolhas e interconecta-las criticamente.

A aula se desenvolve com bastante vigor. As escolhas apresentadas são muito ricas e há um engajamento eficiente.

Neste dia, após a aula, recebo um convite para me reunir com a coordenação do curso no início do turno da noite. Na reunião tomo conhecimento de reclamações acerca de minhas aulas. Fui criticada por ter produzido pouco conteúdo no quadro, ou seja, por ter gastado pouco tempo copiando matéria, algo como um resumo dos manuais, no quadro.

Me justifico explicando o uso de outras metodologias, da necessidade de aguçarmos outras potencialidades em nossos alunos e alunas. Conto de meus progressos. A coordenação me pede para ser mais comedida.

Terminada a reunião, me direciono para a próxima classe. Replicarei nesta turma a mesma atividade desenvolvida pela manhã.

MARIA ANGÉLICA ENTREVISTA ROQUE LUIS DA SILVA XAVIER, UM ADVOGADO.

Maria Angélica: Quando na graduação sentia uma dificuldade de me conectar com o direito. O modo como os conteúdos eram ensinados, o distanciamento que aquele conhecimento empreendia como se aquelas matérias precisassem ser sabidas mas não sentidas. Eu sentia muita dificuldade em perceber pontos de contato da minha vida real com aquilo que me ofertavam como saber. Hoje quando reflito sobre essas impressões que vivenciei lá atrás me pergunto se o problema estava mesmo em mim ou se havia um procedimento pedagógico que contribuía para que fosse desse modo. Eu sentia que o direito me chegava pesado, despregado de sensibilidade, uma gama enorme de informações e conteúdos frios. Isso afetou muito minha formação porque passei a entender que este era o direito. Este peso com o qual o direito me chegou precisou ser administrado por mim com muito cuidado para que eu não exaurisse e desistisse de estar na academia. Como foi a sua experiência com este peso do direito?

Roque Xavier: Ingressar no curso de direito é um grande passo; para quem vem de família simples e com nível educacional raso, o passo se torna maior. No entanto, entender o que o direito pode agregar em sua vida exige muitas outras informações que estão além do ensino jurídico ministrado nas salas de aula. Estudar para mim nunca foi um fardo. Pelo contrário: uma dádiva! O estudo das ciências jurídicas foi um novo começo, uma luz, um caminho pelo qual apenas sentia que eu poderia mudar a minha realidade, mas não sabia como e nem o porquê. Apenas fui. Não tentei uma universidade federal, pois acreditava que meus pais não poderiam me manter, e também não sabia do mundo de oportunidades que existiam (ex: alojamento, bolsa alimentação etc.). Ingressei numa particular porque trabalhava e ajudava em casa. Trabalhava no comércio, caixa durante a manhã e entregador no período da tarde. Caixas de frios e congelados nas costas, entregas nas lanchonetes, restaurantes e supermercados, muitas vezes sujo pelo derramar de sangue animal dos produtos. Aliás, entregas essas sempre em estabelecimentos de pessoas brancas. Sempre, sempre, sempre, salvo raríssimas exceções. Parava às 18 horas; a aula começa às 18:40. De bike do trabalho até a casa, era tempo de tomar banho, engolir algo e ir a pé até a universidade que ficava num alto de morro. Perdi as contas de quantas vezes cheguei atrasado, corpo suado e ainda travando uma briga intensa com o sono. Consegui juntar dinheiro para comprar uma moto usada. Optei por utilizar a grana para adquirir uma geladeira nova para a casa de meus pais, pois a antiga estava muito ruim. Meu patrão me ajudou num consórcio de moto e ao longo do segundo ano de curso consegui tirar o veículo. Nossa, quanto adianto em minha vida. O intervalo na universidade era curto, menos de 20 minutos, e por inúmeras vezes preferia ir para a biblioteca estudar, sozinho ali com grandes obras de autores consagrados do direito. Estudava também após chegar em casa. Lembrava que tinha colegas de outras cidades, que largavam suas famílias, cônjuge, filhos, para estar ali. Algo de bom esse "direito" tinha, e eu me permiti descobrir, apanhando muito, perdendo um sem número de oportunidades, simplesmente por não ter o devido conhecimento das informações, por não ter a orientação do que buscar, como buscar ou o porquê buscar. Colegas de turma passaram em bons concursos durante o curso, dos quais eu nunca havia ouvido falar. Soa ignorante, porém é a realidade de milhares, quiçá de milhões, acredito eu modestamente. Realmente a conexão com o direito não foi tão singela, porém nada que me assustasse, que me fizesse desistir. Certa vez um colega de classe, oriundo de família de ótimo padrão financeiro, que estudou nas melhores escolas, logicamente branco, leu uma redação que eu havia feito e, incrédulo, me perguntou desconfiado se era realmente minha. Eu não estava naquele ambiente para fazer amizade, apesar dessa ser consequência natural. Intuito era de mudar a realidade e deixar um caminho aberto para outros mais. Entendi que o direito é fluido para quem tem acesso, e gélido para os sem histórico. É preciso procurar, ousar, insistir, estudar, se informar, persistir e não desistir, pois vitórias vêm de acordo com suas labutas diárias. Pesos e medidas das mais diversas. Me tornei mais forte com as batalhas vividas na graduação, porém espero que muitas delas não precisem ser vivenciadas por outros(as) muitos(as) sonhadores negros(as) que buscam dignamente mudar suas respectivas realidades por intermédio do direito.

Maria Angélica: Você sentiu que ser um homem negro numa academia dominada por outros corpos, não negros, interferiu na sua conexão com o direito?

Roque Xavier: Infelizmente nos acostumamos a ingressar em espaços pelos quais, antecipadamente, prevemos que seremos os únicos, quando muita das vezes o único. A representatividade, melhor, a não representatividade é um forte fator de pormenorização. Não tive nenhum professor(a) negro(a) durante toda graduação. Realidades diferentes. Quanto aos colegas, havia outros três numa sala de 50. Se você não se vê representado, seus horizontes tornam-se finitos, "muito" finitos, ainda mais quando se vem de família em que a educação superior é exceção. Tive a oportunidade de estudar em escola particular da antiga primeira à quarta série do ensino fundamental, onde éramos somente eu e mais uma menina negra, cujo nome era Marília. De certo modo tive uma experiência prematura que me deixou "vacinado" quanto a situações educacionais futuras. Interferiu na conexão com o direito, certamente, uma vez que, em regra, olhos negros entendem, mesmo que precariamente, os flashes das lutas de outros olhos "negros" e, com isso, auxiliam na caminhada.

Maria Angélica: Como lidou com isso depois que se graduou?

Roque Xavier: Após a graduação precisamos passar pelo crivo da sociedade primeiro. Não fui visto como advogado logo de cara, mas sim como segurança, evangélico etc. Advogado negro? Complicado viu... Não havia representatividade junto aos órgãos jurisdicionais (Magistratura, MP, Defensoria), nem mesmo nas secretarias. Soa como ousadia ingressar numa selva em que você tem conhecimento jurídico adquirido para início de trabalho, mas é visto com certa desconfiança por não ser um "igual". Minha estratégia era estar o máximo possível bem-vestido, com a indumentária bonita e apresentável, para que pudesse formar na teia social a figura de minha pessoa como advogado.

O ensino jurídico foi um ás em minha vida. Só sabia que queria fazer direito, mas não sabia a razão. Na graduação tive a oportunidade de ser o primeiro estagiário do Dr. Sérgio Augusto Riani, Defensor Público que atualmente encontra-se lotado em Belo Horizonte. Apesar de branco, casado com uma mulher branca, sempre me teve como um amigo, me apresentou para a comunidade jurídica, para o Chefe do Executivo Municipal e até mesmo em compromissos dentro da Defensoria Pública na capital mineira. Foi o meu mestre dentro da seara jurídica, e este querido amigo, do qual carinhosamente nos chamamos de irmãos, foi uma divina providência que ajudou a moldar o meu caráter e me blindar de pensamentos minimalistas, pois no alto de seu cargo, sempre fui tratado como um igual, e esta foi uma das mais preciosas lições de isonomia que tive, propriamente dita.

Maria Angélica: Eu me senti muito só na academia. Não havia muito espaço para reclamações, escutas e trocas que me permitissem enxergar vulnerabilidades em meus colegas ou em meus professores. Você experimentou algo parecido?

Roque Xavier: Como negro realmente há o sentimento solitário. Acredito que comparativo plausível seja a de poucas mulheres num ambiente majoritariamente masculino. São instigações, reflexões e constrangimentos próximos, respeitadas as diferenças, logicamente. Nascemos com corpos negros, mas há em nossas vidas o nascimento intelectual como negro. Num país em que a história é varrida para debaixo dos mais lindos tapetes, a normalização de que "tudo é e assim que vai ser" é altamente tóxica. Certa noite um professor, juiz aposentado que residia em Belo Horizonte, mas dava aula na cidade de Ubá, deixou expresso para toda turma que "no Brasil não existe racismo". Lembro que fiquei muito incomodado com essa assertiva, constrangido, mas não tive palavras para questionar, pois eu "ainda não havia nascido" como negro, digo intelectualmente.

Calei-me, porque não tinha conteúdo. Me senti mal, e até hoje essa lembrança não é bacana. O desconhecimento da história é um cabresto para o negro(a). Vulnerabilidade exposta, como corpos nus e negros, dentro do pseudo palácio jurídico da vida real, dominado por corpos brancos, de realidades distintas, donos dos tapetes, cujas sujeiras encontram-se espalhadas por debaixo deles. Sim, os meus demais colegas negros também não haviam nascido novamente.

Maria Angélica: E como foi sua experiência na pós-graduação?

Roque Xavier: Professora, eu completei 50% da pós. À época estava numa fase de transição grandiosa e deveras penosa. Racionalmente eu não era nem para ter entrado, porém a vida nos conduz para caminhos que nos fazem crer, sem dúvidas, que Deus existe e é maravilhoso. Conheci professores espetaculares, fiz amizades sinceras, tive uma mudança de vida profissional com o que aprendi e sou muito grato ao IBET. Irei voltar para terminar, se possível no ano que vem mesmo, por questão de honra, zelo e gratidão, pois já agregou demais da conta pra mim.

No meio da pandemia, dessa loucura toda, minhas coisas, se assim eu posso dizer, começaram a sair. Meu trabalho tem sido recompensado, após muito e muito estudo e aposta em algo que eu realmente acreditava.

Hoje eu posso dizer sinceramente que me encontrei no direito. Atuo com direito administrativo, com foco no servidor público da educação de nosso Estado. Procuro atender cada servidor como se fosse minha própria mãe, pois minha mãe também foi professora estadual, e não há parâmetro melhor para levar um bem para aquele que nos auxilia no crescimento como cidadão.

Figura 21 - Roque Luis da Silva Xavier, advogado.

ENCARTE II[61]

Black Parade
Beyoncé (2020)

"I'm goin' back to the South
I'm goin' back, back, back, back
Where my roots ain't watered down
Growin', growin' like a Baobab tree
Of life on fertile ground, ancestors put me on game"[62]

---

[61] Este livro está dividido em três encartes. Esta divisão tem o objetivo pedagógico de facilitar o manejo do material para estudos e reflexões. Cada encarte detém uma certa autonomia e os três podem ser lidos fora de uma ordem pré-estabelecida.

[62] "Estou voltando para o Sul..." este movimento que inaugura este discurso é o mesmo movimento que me disponho a fazer neste trabalho. Sim, eu volto meus olhares, minha força e minha potência para o sul e te convido para vir comigo, porque onde me cabe também tem espaço para você. QRCode 9 - Música Black Parade – na voz de Beyoncé

Quando bell hooks apresenta os ensinamentos basilares para um pensamento crítico e uma pedagogia engajada, é necessário que se situe sua análise sobre o cenário educacional norte-americano. Entretanto, suas digressões abrangem a educação num contexto muito mais amplo e suas abordagens podem claramente servir à realidade do sul, aos povos de latino-américa. Os pressupostos apresentados pela professora, feminista e antirracista que trabalha o amor atrelado ao ato de ensinar, consideram o terreiro educacional partindo de um modo de pensar muito inspirado na pedagogia da libertação desenvolvida por Paulo Freire. Segundo bell hooks, não é nova a compreensão de que a educação é usada como ferramenta de opressão e manutenção de *status quo* em sociedades colonizadas. Ela demonstra que movimentos da década de 1970 já insistiam em chamar a atenção para a miríade de formas pelas quais a educação estava estruturada para reforçar a supremacia branca. Este fenômeno, explica a pensadora, alcança a educação como um todo e em suas mais diversas áreas, bem como nos mais diversos momentos do processo educacional. Com isso, muitos estudantes já chegam às Universidades moldados para pensar de uma forma específica, que é a aquela que estabelece ideologias de dominação e de subordinação entre grupos.

Este estudo se concentra especificamente na seara jurídica, pretendendo contribuir para a comprovação de que toda a estruturação do ensino jurídico no Brasil se dedica a formar uma elite e uma mentalidade de elite, preconizando um discurso que inculca nos corpos opressores ideologias de dominação e nos corpos oprimidos de subordinação.

Quando a academia oferece um letramento jurídico prepara aquele corpo para tomar parte em um grupo social que atua no terreiro jurídico, espaço constantemente atravessado por outros terreiros como o político, o econômico e o histórico. Sendo assim, uma sociedade dominada pelo supremacismo branco desenvolverá um sistema educacional baseado na supremacia branca. Uma sociedade dominada por um pensamento hegemônico estrutura um ensino jurídico dominado por esta hegemonia. Não há como escapar dessa lógica operacional.

Todo o pensamento desenvolvido pela professora e filósofa afro-estadunidense deriva de uma perspectiva que envolve uma localização central de estudantes e professores dentro do contexto educacional, materializando o que ela chama de engajamento e que encharca o ensino de referências culturais e leituras de mundo que se relacionem social e psicologicamente com outras perspectivas culturais, mas que partem do lugar central. bell hooks explica que a pedagogia engajada enfatiza a participação mútua, porque é o movimento de ideias, trocadas entre todas as pessoas, que constrói um relacionamento de trabalho relevante entre todas e todos na sala de aula. (hooks, 2020, p. 49)

Esse engajamento, determina o sucesso do aprendizado que se torna eficiente ao centralizar o grupo social especificado no contexto do conhecimento. É este o elemento historicamente utilizado para determinar o sucesso do letramento jurídico conformado no Brasil a partir de 1827, apresentado a partir da teoria do bacharelismo, e que se dedica a ratificar uma centralidade da supremacia branca na condução do sistema de justiça brasileiro. No contrafluxo, percebe-se que é também pelo mesmo motivo que este modelo formador não emancipa corpos oprimidos. A emancipação exige centralidade engajada, entretanto esta não é oferecida para corpos oprimidos, constantemente relegados às margens.

Porém, o maior problema detectado por bell hooks é pior do que a centralidade da educação na branquitude, mas sim a eurocentralidade, que determina uma lógica de pensar e de ser pautada por relações de poder e dominação que se estabeleceram na plantation. No caso do ensino jurídico do Brasil, como pudemos observar na primeira parte deste estudo, há mais que uma eurocentralidade. O centro não é só a lógica de dominação imposta pela Europa, embora esta também se mostre presente, mas há uma exaltação de todo o norte global. O centro é o norte, composto inclusive pela Europa, mas indo além e tornando marginal todo o resto. As leituras de mundo ofertadas pelo ensino jurídico atual estão centradas e comprometidas em naturalizar um grupo social que não é o oprimido. O oprimido, marcado por sua condição marginal/periférica, é o corpo estranho nas relações, é o intruso no espaço de construção de estratégias de controle social que é o terreiro jurídico.

Dentro desta lógica de marginalidade e intrusividade, estudantes de grupos oprimidos são levados a ver a si e ao seu grupo como excluídos. Não há um empenho em se formar uma comunidade de aprendizagem. A educação eurocentrada dos cursos de formação jurídica oferece para o estudante uma leitura de mundo que o localiza, que estabelece uma posição, coloca sempre o estudante herdeiro do bacharelismo em um lugar de opressor e o estudante proveniente do grupo subordinado no lugar do oprimido, do corpo que se submete. No terreiro jurídico, este alunado diferente, que não advém de uma herança histórica de ocupação de espaços de poder, é apresentado a leituras de mundo que partem de um norte global e que leem seu grupo de origem como selvagens, violentos, descontrolados, desintelectualizados, evacuados de sensibilidade e inteligência, dentre tantos outros atributos atrelados ao negativo. Este letramento jurídico acaba conduzindo o jurista em formação a se aliar ao opressor numa dinâmica de colaboração contra o que lhe foi apresentado como o objeto de controle sobre o qual o direito deve se articular. O direito passa a contar com operadores, expressão que já vem repleta de alienação, que vêem no sistema de justiça a solução para os problemas de violência, insurgência, desigualdades e injustiças, cuja origem lhe foi apresentada como atrelada às características negativas que marcam exatamente seu povo, seu grupo social.

Uma educação centrada na supremacia branca raras vezes ou nunca oferecerá leituras de mundo que coloquem o oprimido na condição de colaborador ativo e transformador das estruturas de dominação. Mas bell hooks defende que uma pessoa educada por uma pedagogia engajada, dialógica, multicultural e contra-hegemônica, compreenderá a contribuição dos diversos grupos sociais e não assumirá uma lógica de condução de suas relações partindo de noções racistas. Considero que este modo de pensar cabe também às relações atravessadas por gênero, classe, sexualidade, etariedade e capacidade. Portanto, um letramento jurídico engajado, ou seja, que coloca o contexto cultural, histórico, social e étnico do corpo afrodiaspórico, no eixo do ensino permitirá novas possibilidades de se pensar e praticar o direito, partindo de outros lugares e promovendo outras respostas para dilemas que são muito mais complexos, por estarem racializados, do que os cânones nortecentrados puderam cogitar.

A centricidade do ensino jurídico nos herdeiros de um império escravagista desloca o negro e o confina numa condição de não-pessoa, categoria defendida inclusive legalmente por séculos neste país. O jurista negro, num letramento jurídico nortecentrado, é um intruso, nunca está no centro e nunca pode se evidenciar. O mesmo se dá com as mulheres, com as pessoas trans, com as pessoas com deficiência, com os indígenas. Me interessa afirmar que toda e todo jurista oprimido está neste lugar intrusivo quando o ensino jurídico é conduzido por um pensamento hegemônico. Este corpo recebe uma identificação simbólica que silenciosamente o determina como um não pertencente, como um periférico. Tudo isso entendido como reflexo de uma ausência de uma pedagogia engajada.

Em Pedagogia do Oprimido, Paulo Freire explica que:

> "A educação como prática da dominação, que vem sendo objeto desta crítica, mantendo a ingenuidade dos educandos, o que pretende, em seu marco ideológico (nem sempre percebido por muitos dos que a realizam), é indoutriná-los no sentido de sua acomodação ao mundo da opressão." (FREIRE, 2017B, p.92)

O estudante que é submetido a um letramento jurídico hegemônico, como é o caso do letramento jurídico brasileiro, passa a preferir alinhar-se a esta dinâmica de pensamento, apresentada como universal e reduzida a toda a experiência humana, e isso é muito complexo, pois reforça toda uma mentalidade dominadora para os herdeiros do poder, que já vem sendo educados para oprimir muito antes de chegarem à Universidade, e deforma ainda mais uma mentalidade subordinada, que também já vem sendo deformada para se pensar marginal, irresponsável e inconveniente desde a infância. Esse estudante originário de grupos oprimidos acessando um espaço de saber que lhe permitirá trilhar um novo caminho e até mesmo deslocar-se de classe social, melhorando sua vida e toda uma geração de descendentes é facilmente convencido de que está do lado errado. Com isso, passa a preferir o que é do norte global do que aquilo produzido e desenvolvido por seu povo, lido socialmente como incapaz, selvagem, inadequado. Isto explica por que muitos juristas negros não se constrangem em defender a prevalência de direitos de brancos sobre negros, pois foram formados para compreender que o negro está errado, é o culpado, o algoz, o vilão da história. Um exemplo interessante desse olhar que parte do jurista branco para o corpo oprimido pode ser observado no documentário Juízo[63], que evidencia uma postura peculiar do corpo opressor, quando este decide se apresentar como o educador, aquele que detém a razão e instrui para melhorar o outro, aquele que aconselha e orienta para um caminho bom, delineando bem o perfil do jurista branco salvador. Enquanto o branco é a vítima, erra por indução, se equivoca; o negro erra por convicção, por má índole, o negro é o vilão de todas as histórias que são escolhidas para aparecer. Os relatos policiais que apresentam jovens negros como traficantes e jovens

63 QRCode 10 - Documentário Juízo.

brancos como usuários é um sintoma deste ensino que exalta a figura do opressor e suas características positivas.

Ainda na faculdade de direito, me recordo de defender ferrenhamente o encarceramento e até mesmo posturas mais violentas contra práticas criminosas a mim apresentadas como derivadas de uma selvageria inerente a um tipo específico de corpos, os que se pareciam com o meu. Entretanto, eu não me sentia aproximada àquele grupo social repugnante, eu não pertencia aos horríveis, como me eram apresentados; eu havia me deslocado para outro lugar. Esta experiência de assimilação marca meu letramento jurídico e referenda o processo de aculturação, explicado por Bourdieu (2014), pelo qual o corpo dissidente precisa passar para se integrar ao terreiro sob disputa e ao qual passa a ser incluído, embora sempre na condição de um intruso. É preciso desaprender a ser como se é para acessar o espaço do opressor, mas acessá-lo sempre numa condição intrusiva.

Todo este processo de aculturação acaba por promover no aluno oprimido uma necessidade pessoal e conveniente de negar sua negritude e de passar a preferir aquilo que se origina do lugar central, do lugar hegemônico. Esse movimento de mudança de lado não deixa de repercutir silenciosamente nas profundezas do ser oprimido que passa a carregar, silenciosamente, o fardo da traição e do afastamento de suas origens. Há um dilema, de um lado o alívio do distanciamento daquele lugar que é representado como inferior e de outro lado o remorso de saber-se traindo seu grupo de origem. O processo de aculturação, portanto, cobra um preço muito alto. Até permite que o corpo oprimido ocupe outros lugares, porém não o fará como um ser integral, seguirá fraturado, lacunoso, danificado, um pedaço.

No âmbito jurídico, este pedaço que quer ser um arremedo de um ser integral é o que chamo aqui de jurista oprimido. Este corpo se contrapõe ao jurista emancipado, aquele que pensa como um negro, uma mulher, um trans, um idoso, uma criança, um outro qualquer que esteja deslocado da centralidade do poder.

Este cenário pode ser fortemente impactado pela implementação de novas metodologias, deslocadas para epistemologias do sul e engajadas: uma outra pedagogia no ensino jurídico, aplicada através do Letramento Jurídico Crítico pode oferecer a transformação real e urgente para que o aspecto de "sepulcro caiado", que ronda o sistema de justiça brasileiro, possa ser efetivamente dissipado e superado.

Uma abordagem engajada é também multicultural, não hierárquica e que respeita a variedade de perspectivas que atravessam os fenômenos do mundo. bell hooks explica que o multiculturalismo obriga os educadores a reconhecer as fronteiras que moldaram o modo como o conhecimento é partilhado na sala de aula (hooks, 2013, p. 63). Neste sentido, os multiculturalistas defendem que uma educação justa deve considerar as contribuições de todos os seres humanos para o desenvolvimento do mundo e o fluxo de conhecimento. Isso importa à medida em que o ensino jurídico apresentado atualmente, mesmo após as diversas reformas pelas quais passou, ainda preserva a mesma lógica pedagógica de formação de uma elite. Isso se evidencia a partir das leituras de mundo que são apresentadas, partindo de uma nortecentralidade ou ocidentalidade. Há uma informação pedagógica simbolicamente perpetrada de que o conhecimento, o que faz sentido, o que ensina e educa, está localizado no lugar de origem do colonizador e não aqui. Também há uma atmosfera de percepção de que o médium educador, aquele que trará este melhor saber para nossas terras colonizadas é o herdeiro desta elite, o legítimo guardião da chama do conhecimento que ilumina mentes menos privilegiadas.

1. POR UMA JUSTIÇA ENGAJADA

IEMANJÁ[64]

Odô Iyâ Yemanjá Ataramagbá, ajejê lodô, ajejê nilê!

Iemanjá era a filha de Olokum, a deusa do mar. Em Ifé, ela tornou-se a esposa de Olofin-Odudua, com o qual teve dez filhos. Estas crianças receberam nomes simbólicos e todos tomaram-se orixás. Um deles foi chamado Oxumaré, o Arco-Íris, "aquele-que-se-desloca-com-a-chuva-e-revela-seus-segredos". De tanto amamentar seus filhos, os seios de Iemanjá tornaram-se imensos.

Cansada da sua estadia em Ifé, Iemanjá fugiu na direção do "entardecer-da-terra", como os iorubas designam o Oeste, chegando a Abeokutá. Ao norte de Abeokutá, vivia Okere, rei de Xaki. Iemanjá continuava muito bonita. Okere desejou-a e propôs-lhe casamento. Iemanjá aceitou mas, impondo uma condição, disse-lhe: "Jamais você ridicularizará da imensidão dos meu seios." Okere, gentil e polido, tratava Iemanjá com consideração e respeito.

---

[64] Iemanjá é a figura mais exaltada neste trabalho. Embora sua evocação não se faça a cada instante de modo explícito, é ela a materialização desta epistemologia insurgente que se debruça sobre uma infinidade de possibilidades epistêmicas. Ela é a responsável pela fecundidade dessa escrita e de todas as outras formas de comunicação que se evidenciam em cada trecho. É ela o arquétipo de justiça que se apresenta diante dos novos saberes acadêmicos que pedem passagem e invadem a lógica nortecentrada do ensino jurídico e do sistema judiciário brasileiro. É ela que vem desmontar as engrenagens coloniais e apresentar o futuro que já é o agora possível e palpável a quem tem olhos de ver.

Mas, um dia, ele bebeu vinho de palma em excesso. Voltou para casa bêbado e titubeante. Ele não sabia mais o que fazia. Ele não sabia mais o que dizia. Tropeçando em Iemanjá, esta chamou-o de bêbado e imprestável. Okere, vexado, gritou: "Você, com seus seios compridos e balançantes! Você, com seus seios grandes e trêmulos!" Iemanjá, ofendida, fugiu em disparada.

Certa vez, antes do seu primeiro casamento, Iemanjá recebera de sua mãe, Olokum, uma garrafa contendo uma poção mágica pois, dissera-lhe esta: "Nunca se sabe o que pode acontecer amanhã. Em caso de necessidade, quebre a garrafa, jogando-a no chão." Em sua fuga, Iemanjá tropeçou e caiu. A garrafa quebrou-se e dela nasceu um rio.

As águas tumultuadas deste rio levaram Iemanjá em direção ao oceano, residência de sua mãe Olokum. Okere, contrariado, queria impedir a fuga de sua mulher. Querendo barrar-lhe o caminho, ele transformou-se numa colina, chamada, ainda hoje, Okere, e colocou-se no seu caminho. Iemanjá quis passar pela direita, Okere deslocou-se para a direita. Iemanjá quis passar pela esquerda, Okere deslocou-se para a esquerda. Iemanjá, vendo assim bloqueado seu caminho para a casa materna, chamou Xangô, o mais poderoso dos seus filhos.

Kawo Kabiyesi Sango, Kawo Kabiyesi Obá Kossôl " Saudemos o Rei Xangô, saudemos o Rei de Kossô!"

Xangô veio com dignidade e seguro do seu poder. Ele pediu uma oferenda de um carneiro e quatro galos, um prato de "amalá", preparado com farinha de inhame, e um prato de "gbeguiri", feito com feijão e cebola.

E declarou que, no dia seguinte, Iemanjá encontraria por onde passar. Nesse dia, Xangô desfez todos os nós que prendiam as amarras da chuva. Começaram a aparecer nuvens dos lados da manhã e da tarde do dia. Começaram a aparecer nuvens da direita e da esquerda do dia. Quando todas elas estavam reunidas, chegou Xangô com seu raio. Ouviu-se então: Kakara rá rá rá ... Ele havia lançado seu raio sobre a colina Okere. Ela abriu-se em duas e, suichchchch ... Iemanjá foi-se para o mar de sua mãe Olokum. Aí ficou e recusa-se, desde então, a voltar em terra. Seus filhos chamam-na e saúdam-na:

"Odo Iyá, a Mãe do rio, ela não volta mais. Iemanjá, a rainha das águas, que usa roupas cobertas de pérolas."

Ela tem filhos no mundo inteiro. Iemanjá está em todo lugar onde o mar vem bater-se com suas ondas espumantes. Seus filhos fazem oferendas para acalmá-la e agradá-la.

Odô Iyá, Yemanjá, Ataramagbá Ajejê lodôl Ajejê nilêl "Mãe das águas, Iemanjá, que estendeu-se ao longe na amplidão. Paz nas águas! Paz na casa!" (VERGER, CARYBÉ, 1997)

Inauguro este capítulo apresentado a força de Iemanjá. É ela que sustenta minha cabeça e minha intelectualidade negra, permitindo que eleve meu olhar para mais além.

Seu arquétipo centraliza as forças do feminino e do poder criativo.

Sua lenda retratada neste trabalho se posiciona neste local de abertura ao pensamento teórico do sociólogo que direciona o discurso que será produzido porque carrega muitos ensinamentos importantes para a compreensão desta pesquisa.

De início, traz a ideia de expansão, de ocupação de espaços. O deslocamento realizado pela mãe de todos os orixás encoraja este meu deslocamento aqui proposto e necessário, de seguir para o sul global.

Além disso, há pujança de possibilidades marcadas pela força incontida das águas que arrumam um jeito de se movimentar para chegar ao mar, do mesmo modo como é preciso se movimentar as estruturas acadêmicas e retirar os véus para evidenciar o que está escondido nas profundezas.

Esta ânsia de desvelar também se apresenta fortemente no trabalho de bell hooks, que não se contenta com as facilidades conclusivas do que está exposto. Ela investiga, ausculta, questiona, se inquieta. É como água querendo o mar.

Esta lenda dos orixás exalta a escrita que se segue esbanjando fluidez, abertura de caminhos e superação de obstáculos, tudo o que este estudo se propõe a fazer. Mas ao mesmo tempo evidencia a vulnerabilidade do ser que se expõe, que teme, que precisa de interlocutores e que preza pelo diálogo contínuo e emancipatório.

Esta lenda apresenta Iemanjá. Quem melhor do que um ser que conhece as fragilidades mundanas poderia ocupar a posição da justiça, poderia segurar a balança que pesa os feitos e o punhal que talha os destinos? Iemanjá, esta sim deveria guardar a porta do sistema de justiça brasileiro.

DESLOCANDO THÉMIS

Thémis, a deusa da justiça na mitologia grega, aparece materializada sob a feição de uma mulher que, em uma mão, empunha uma espada e, em outra, uma balança. Uma mulher eurocentrada que harmoniza poder e equilíbrio. Uma mulher que, a partir do século XVI passou a ter seus olhos vendados pelos alemães, alegando um arguto apreço pela imparcialidade e pela ausência de preconceitos e julgamentos. Desde então, a mulher branca de roupa etérea, que em algumas representações esmaga uma serpente com os pés, segue alheia a tudo o que não vê e enxerga. Louvada como símbolo representativo da justiça e do ideal que emana do direito, é vista às portas de grandes órgãos de atuação do Poder Judiciário. Sua presença silenciosa é incômoda e audível. Nas faculdades de direito de todo o país, nos tribunais, nos livros jurídicos, nas mentes dos juristas, Thémis grita imponente de onde vem, a quem serve e o que realmente importa.

Me recordo do primeiro ano de graduação em que fui apresentada àquela figura mítica, tão distante de tudo o que conhecia e me importava. Uma moça branca e estudante de medicina fez questão de se ocupar do meu aprendizado sobre uma deusa tão importante. De forma altamente pedagógica, me apresentou à deusa da justiça dos brancos, no que foi elogiada por meus colegas, também brancos. Os mesmos que se espantaram com meu profundo e evidente desconhecimento sobre a divindade grega.

Considero esta vivência muito sintomática. Ora, era eu uma jovem negra, pobre, recém-aprovada em uma das maiores instituições jurídicas do país, porém ainda moradora de um dos maiores conjuntos habitacionais da América Latina. O que aquela deusa branca de cabelos escorridos tinha a me dizer? O que essa representação de justiça informa para um corpo feminino periférico e inseguro? Me recordo do constrangimento sentido à época, pelo meu desconhecimento do imprescindível para ser uma jurista: a deusa grega Thémis.

Anos depois, resgatando esta experiência, me percebo sendo pedagogicamente instruída para me familiarizar com o que eu não era, mas que sempre me foi apresentado como o ideal, uma elegante e austera mulher branca, de traços suaves, gestos elegantes e posturas ponderadas. Uma mulher que mesmo de olhos vendados, e, portanto, voluntariamente cega para tudo o que ocorre à sua volta, preserva sua imponência e altivez opressora. A mulher universal, que domina a serpente da ignorância através da ciência, do saber e da ponderação.

Pois essa deusa grega cega e imparcial, não está exposta e imposta por aí à toa ou em vão. Muito pelo contrário, sua presença simbólica explica e liga o direito a um berço europeu, branco, racista, patriarcal, homofóbico, eugenista e que, além disso, se quer universalizado. Todo o sistema de justiça, toda a ideia de justiça, todo o compromisso do direito, passa a ser marcado pelo símbolo de Thémis e por tudo o que ela quer nos dizer em seu silêncio eloquente.

Entretanto, dentro de uma perspectiva engajada, qual é o lugar da deusa grega Thémis? A quem ela representa na dinâmica plural do chamado Sul Global?

Numa perspectiva engajada, Thémis ocupa o lugar de mais uma deusa louvada e respeitada por um povo de cultura distante, diversa e opressora, mas que pretende, incessante e insistentemente, expandir suas estratégias de dominação sobre todos os que não pertencem ao grupo. Sobre todos os que são catalogados como forasteiros, por estarem ou virem de outro lugar, da subalternidade. Diferente do que nos ensinariam os seus pedagogos formadores se estivessem se referindo aos orixás, a deusa grega não será por nós rechaçada ao lugar do invisível, sendo marcada por uma ausência de potencialidade e significado. Muito menos será por nós demonizada. Não. A simbologia da divindade tem sua importância, seu significado e merece respeito dentro de sua historicidade. Entretanto, e é preciso que se diga sem meias palavras, há um enorme esvaziamento de significado desta divindade em uma epistemologia do sul. Porque o direito e todo o sistema de justiça pátrio precisam se pautar em simbologias próprias, palpáveis, decodificáveis e compreensíveis para todos nós, incluindo-se aqui todos nós afrodiaspóricos.

Refletindo sobre o quanto somos forçosamente encaminhadas por trilhas tortuosas, me assombro por como me deixei sofrer por não conhecer, à época, a deusa grega da justiça. Mesmo não sendo essa divindade em nada próxima da minha vivência, da minha construção como sujeita e do meu processo de emancipação acadêmico que não se valeu de qualquer auxílio espiritual de simbolismo grego algum. Eu sou uma mulher preta, periférica, letrada por um esforço pessoal incomensurável e que não se identifica com uma representação feminina, branca, cega, opressora, eurocentrada e arquetipada de justiça.

Pouco sei sobre mitologia grega e divindades como Thémis ou qualquer outra. Não subestimo nenhum saber nem me alijo do aprendizado, mas não fez parte de meu repertório acadêmico um estudo aprofundado de mitologia grega. Também não o foi de mitologia africana, entretanto, fui criada ouvindo sobre orixás nas músicas de Clara Nunes, cantigas de terreiro, vivências interioranas e saberes simbólicos de uma cultura ancestral afro-diaspórica. Algo que fluía naturalmente, sem imposições ou rigores acadêmicos. Porém, observando todas as capilaridades do direito, todos os espaços pelos quais este se espraia, todos os lugares que ocupa, todos os que subjuga, percebo um esforço persistente em deslocá-lo de uma proximidade com os grupos com os quais me identifico, com os oprimidos. Tal se dá como uma estratégia de domínio do conteúdo jurídico por uns poucos que se pautarão por preceitos inteligíveis somente por alguns privilegiados que comungam do panteão.

Certamente, o cenário seria diverso se a representação da justiça, em absoluta consonância com os preceitos de uma justiça engajada, se desse a partir dos orixás. Lívia Sant'Anna

Vaz, mulher negra e promotora de justiça no estado da Bahia, incitou-me a repensar a simbologia da justiça numa perspectiva descolonial ao expressar que visualizava a justiça como uma mulher negra e de olhos bem abertos. Essa representação precisa sair do norte global e universalizado como resumo de mundo, e deslocar-se para onde estamos e de onde partimos. Não há como visualizarmos em nossas práticas acadêmicas e profissionais, símbolos ou diagramas intelectuais que não se identificam em nada com o que somos, temos e vivenciamos. Me pergunto qual direito é esse que se pauta por uma justiça eurocentrada e a resposta não é facilmente palatável; é o direito das elites, o direito dos brancos, privilegiados, racistas, homofóbicos, patriarcais, genocidas. É um direito que não me acolhe, pois não sou nada disso. Não sou elite, não sou branca nem privilegiada, racista, homofóbica, patriarcal ou genocida. Mesmo estando ciente de que estive a um passo de me tornar tudo isso que não sou ao receber um letramento jurídico que tem como estrutura estes pilares formadores.

Considero imprescindível, para a construção de verdadeiras epistemologias do sul, que haja um reposicionamento de arquétipos no terreiro jurídico. Entendo que o próprio processo de pensar o deslocamento já é por si um prenúncio da transformação. Entretanto, não basta um pensar sobre, é necessário também um fazer.

CENTRALIZANDO IEMANJÁ[65]

Embora Xangô, na mitologia dos orixás, esteja fortemente associado à ideia de justiça, é em Iemanjá que satisfaço minha ânsia de representação simbólica do que é uma justiça engajada. A única justiça que considero possível, em um país

65 QRCode 11 - Música O Mar Serenou – Clara Nunes

afro-diaspórico, é representada por uma deusa negra, matriarcal, generosa e potente. Iemanjá é a potência feminina na criação do mundo. A que, junto a Olodumare, dominou o fogo no fundo da Terra e o entregou a Aganju. É a que alimenta com fartura, que preenche com vida. É a senhora das águas, que lavam, purificam sem preferências, jorram para todas, enchem fendas e não deixam espaços vazios. Flutuando sobre as águas, numa representação de poder sobrenatural, é a mulher negra que olha e vê; que não escolhe ou discrimina. Suas mãos abertas e generosas guiam a quem quer que seja por caminhos prósperos e benditos. Seus braços se estendem para acolher e salvar. É essa a simbologia que representa uma justiça engajada e descolonial. Uma justiça que não aceita privilégios, que não submete uns em detrimento de outros, que não assassina ou destrói, que não escolhe de forma partidária.

Em uma justiça engajada, Thémis é gentilmente convidada a se deslocar para dar espaço central à deusa da mitologia africana. À Iemanjá. Àquela que não carrega espada ou balança, porque não se submete aos devaneios de certo e errado de uma humanidade adoecida. Àquela que está acima de toda e qualquer serpente, venda ou estertor de dominação. Uma verdadeira ideia de justiça para uma epistemologia do sul global e que acolhe um Letramento Jurídico Crítico e, portanto, plural e diverso.

Mas como promover o deslocamento de Thémis para que Iemanjá assuma a centralidade da ideia de justiça?

Como já exposto em outro momento deste trabalho, há um grande desafio que se percebe em qualquer aproximação mais séria que empreendemos para um olhar acurado sobre as faculdades de direito. Este desafio consiste na articulação de um afrofuturo para estes espaços de poder. Este movimento, no entanto, requer a difícil tarefa de olhar para trás, de se pensar e repensar relações pretéritas para se compreender o que será preciso fazer para a construção do *afrofuturo jurídico*.

Para uma compreensão a respeito do uso deste termo, *afrofuturo jurídico*, neste trabalho, estabeleço uma ancoragem no método afrocêntrico de pesquisa, a partir do qual pretendo desenvolver o exercício de colocar em prática alguns dos preceitos que conformam o Projeto Afrocêntrico desenvolvido pelo filósofo afro-estadunidense Molefi Kete Asante. Este projeto se estrutura baseado em um conceito-chave e que dá azo a toda uma construção teórica que antecede ao seu fundador. Afrocentricidade passa a ser, portanto, um conceito importante para este estudo. Do conceito de afrocentricidade é que estruturo a noção de afrofuturo jurídico.

Molefi Kete Asante explica que afrocentricidade é um tipo de pensamento, prática e perspectiva que percebe os africanos como sujeitos e agentes de fenômenos atuando sobre sua própria imagem cultural e de acordo com seus próprios interesses humanos. (ASANTE,2009)

Aqui é importante explicar que afrocentricidade implica em localização porque, expõe Asante, os africanos vêm atuando na margem da experiência eurocêntrica. Sendo assim, minha posição como pesquisadora neste trabalho pretende-se afrocêntrica. E isso deriva de minha trajetória pessoal de construção e percepção da intelectual negra que me habita e que o filósofo afro-estadunidense nomina de processo de conscientização política (ASANTE,2009) acerca de um povo, sequestrado e escravizado, que existe à margem da educação, da política, da arte, da ciência, da economia e de tudo o que é legítimo, bom e belo. Essa ideia de conscientização está no centro da afrocentricidade e é ela que define a distinção desta para o que se nomina de africanidade e que se refere à simples integração de usos e costumes sem uma conscientização profunda sobre o ser africano. (ASANTE,2009)

Afrocentricidade, explica Asante, é a conscientização sobre a agência dos povos africanos. Desta constatação, surge a necessidade de se trabalhar com mais três conceitos apresentados pelo filósofo afro-estadunidense. Para ele um *agente* é um ser humano capaz de agir de forma independente em função de seus interesses. E *agência* é a capacidade de dispor dos recursos psicológicos e culturais necessários para o avanço da liberdade humana. Sendo assim, qualquer situação na qual o africano seja descartado como ator ou protagonista em seu próprio mundo conforma uma *desagência*. (ASANTE,2009)

Toda a teoria que Molefi Kete Asante apresenta em parte significativa de seus trabalhos de pesquisa nas últimas décadas, voltados para a agência africana, se estruturam com base em profícuos diálogos que este filósofo afro-estadunidense vem travando com o pensamento de Marcus Mosiah Garvey, W.E. Du Bois, passando pelo pan-africanismo com Cheick Anta Diop, pela ideia de negritude com Aimé Césaire, atravessando o pensamento de Maulana karenga e, por fim, desembocando na ideia de afrocentricidade, método que permitirá a construção de um *afrofuturo jurídico*. Desta forma, esta noção deriva de uma evolução gradual de anseios e digressões paulatinamente trabalhadas por pensadores comprometidos com a emancipação do povo negro, meu contributo é trazer o debate para a dimensão jurídica. A despeito de não reservar, neste estudo, um espaço para um aprofundamento teórico da afrocentricidade, toda a estrutura textual, a revisitação histórica a partir da escrevivência e o modo como os temas são abordados refletem o comprometimento com a construção de um *afrofuturo jurídico*.

Molefi Kete Asante defende que o africano deve ser consciente de si para escapar à anomia da exclusão. Quando não há agência, prevalece a condição de marginalidade e isso pode acarretar processos de obliteração de presença, de significado, de imagem ao ponto de se criar toda uma realidade negada para este ser excluído. Ele explica que **uma pessoa oprimida está deslocada quando opera de uma localização centrada nas experiências do opressor.** (ASANTE,2009)

Nestes termos, o compromisso do afrocentrista é encontrar o lugar do africano como sujeito em quase todo evento, texto e ideia. É descobrir onde uma pessoa, um conceito ou uma ideia africanos entram como sujeitos em um texto, evento ou fenômeno. O afrocentrista preocupa-se em defender valores e elementos culturais africanos como parte de um projeto humano, respeitando a dimensão criativa da personalidade africana e dando lugar a ela. (ASANTE,2009)

Deste modo, a tarefa da jurista negra que sou implica, neste trabalho, em desfazer os nós que formam o emaranhado de entraves que dificultam a percepção do *ser negro* numa faculdade de direito tradicional. Estabelecer um *afrofuturo jurídico* implica em permitir a implementação de estratégias acadêmicas que encorajam o agenciamento destes corpos que vem das margens e acessam o centro do poder.

Comprometer-se com um *afrofuturo jurídico* significa interessar-se pelas complexidades que emergem quando revisitamos o passado para com isso expurgarmos o "odor fétido do pai" (SARR, 2019) e abrir espaços para que novos corpos, outros corpos detentores de outros saberes, promovam sua auto-inscrição (MBEMBE, 2001) no direito, no ensino jurídico e no sistema de justiça.

Retomando o pensamento de Asante sobre afrocentricidade, comprometer-se com uma dimensão afrocentrada do ensino jurídico e do sistema de justiça implica em considerar *africano* como um termo não essencialista, que extrapola o elemento geográfico. Nestes moldes, o filósofo afro-estadunidense considera que *africano* é um construto do conhecimento. Trata-se daquele que participou dos mais de quinhentos anos de resistência à dominação europeia, estendendo-se, portanto, o conceito para afrodescendentes do continente africano e também da diáspora. (ASANTE,2009) Este mesmo raciocínio nos compete quando suleamos o debate e pensamos numa perspectiva afro-diaspórica.

Este esforço pelo suleamento do tema e pela construção de um ideal de *afrofuturo jurídico* exige que nos debrucemos sobre a categoria político-cultural de amefricanidade, desenvolvida por Lélia Gonzalez e que nos permite compreender como é ser negro estando imersos na realidade que vivemos. A própria

Lélia evidencia a relação íntima que existe entre a categoria de amefricanidade e a afrocentricity (GONZALEZ, 2020, p. 135)

Ser afrocentrista é reivindicar o parentesco com a luta e perseguir a ética da justiça contra todas as formas de opressão humana. Daí, Asante constata que, para o afrocentrista não existe um antilugar. Ou se está envolvido com uma posição ou com outra. Não se pode estar num lugar que não existe, já que todos os lugares são posições. Segundo ele, sempre haverá uma perspectiva, mesmo que esta seja marcada por uma antiperspectiva. (ASANTE,2009)

Deste modo, Asante ensina que a pesquisa afrocentrada deve se engajar em procurar a agência africana em toda construção metodológica. (ASANTE,2009) Como pesquisadora, devo me esforçar para descobrir a centralidade do oprimido e criar métodos que conduzam à transformação no texto, nos fenômenos e na vida humana a fim de evidenciar outras formas de ler e ser no mundo.

Asante alerta para alguns desafios que a aplicação do método afrocêntrico de pesquisa deve confrontar. Um destes desafios é a necessidade de desmascarar a noção de que posições particularistas são universais. Isso implica, para uma pesquisa afrocentrada, em criticar a ofensiva particular que projeta a Europa como o padrão pelo qual se deve julgar o resto do mundo. Outro desafio importante é a defesa pelo multiculturalismo, de modo a buscar sempre a exaltação da heterogeneidade social em contraponto à hegemonia monocultural. Por fim, o filósofo afro-estadunidense atenta que o maior perigo de uma nação heterogênea é a falta de abertura às multiculturas existentes em seu interior. Ele reforça que a liga que mantém unida a sociedade não pode ser a aceitação forçada da hegemonia, mas antes a aceitação discutida de valores, ícones, símbolos e instituições similares que tem sido empregadas no melhor interesse de todas as pessoas. (ASANTE,2009)

Estas preocupações orientam meu olhar para todas as leituras realizadas no desenvolvimento deste trabalho. Minha voz, portanto, emana de uma localização afrocêntrica. A afrocentricidade aparece neste estudo, então, como uma espécie de decodificador das vozes que falam neste discurso, ao mesmo tempo em que atua como filtro retentor do que se cala.

O processo de operacionalização eficiente de um *afrofuturo jurídico* implica na análise detida das metodologias e didática empregados no ensino jurídico brasileiro e como estas práticas repercutem na modelagem do sistema de justiça. Tal análise, entretanto, não deve se eximir de considerar as heterogeneidades entre ingressantes neste espaço desde a implementação de tais cursos no Brasil. A diversidade do público que acessa os bancos das escolas de direito tensiona os espaços e precisa ser evidenciada, este é um dos intuitos deste trabalho. Uma das estratégias que vislumbro para a construção de um *afrofuturo jurídico* é a implementação de um letramento jurídico crítico. Isso exige que pensemos sobre o letramento jurídico que temos hoje e perpetuado há anos na academia, se estendendo para todo o sistema de justiça.

Mas por que analisar a dinâmica de letramento jurídico? Porque a raça, bem como o gênero e a classe interferem na percepção e apropriação do conteúdo jurídico. Seja na etapa de absorção, na fase de interpretação, aplicação e também de reprodução.

O LUGAR DO PERTENCIMENTO

Como não me canso de contar, às portas da Faculdade de Direito da UFMG já nos deparamos com um segurança negro. Subimos alguns poucos degraus e no balcão da recepção encontraremos mais dois ou três atendentes negr@s que verificam a documentação e autorizam a passagem de todos aqueles que não possuem a carteira de passe livre para que possam acessar o hall de entrada. Não são raros os casos em que estudantes negr@s esquecem a documentação e embora aleguem estudar ali faz-se necessário que colegas branc@s saiam de sala e se encaminhem até a portaria para confirmar a alegação de vínculo institucional. Um corpo branco vem e valida a passagem do corpo negro.

À frente, subindo-se dois lances de escadas, chega-se a um grande espaço que conduz ao auditório principal e a um corredor que direciona à antiga sala dos professores, à biblioteca e ao prédio da pós-graduação. Neste corredor que se prolonga, podem ser vistos quadros com fotos das turmas que já estudaram na Faculdade de Direito e Ciências do Estado da UFMG. Raros ou inexistentes são @s alun@s lid@s como negr@s que aparecem nestas fotos. O que reforça a ideia de que este foi e ainda é um espaço criado para educar corpos brancos membros de uma tradicional elite mineira. Entretanto, com pequeno esforço é possível encontrar sobrenomes que se repetem de geração a geração, preservando uma lógica bacharelista e hereditária neste terreno jurídico.

Durante o processo de letramento vivenciado por corpos negros nesta instituição de ensino superior, há relatos de uma total ausência de qualquer abordagem sobre questões raciais ou discriminatórias, tanto na graduação, quanto na pós. Tanto alunos egressos há anos, como alunos recém-ingressantes destacam uma ausência de abordagens outras para além das nortecentradas. Permanecem inquestionavelmente predominantes as leituras de mundo que partem do universalismo imperialista. Os cânones do ensino jurídico seguem inarredáveis em seu panteão inacessível.

Adilson Moreira apresenta um importante relato sobre sua passagem como aluno de graduação pela Faculdade de Direito e Ciências do Estado da UFMG:

> Obviamente, minha história de vida e minha experiência em um Faculdade de Direito onde todos os professores eram brancos teve um papel central no processo de construção de minha identidade como um jurista negro. Entrei naquele lugar com um propósito específico: fazer todo o possível para mudar a situação de minorias raciais e sexuais. Mas, como veremos adiante, esse era um objetivo muito difícil de ser alcançado porque não tinha acesso a uma reflexão que pudesse englobar toda

a realidade que observei ao longo da minha vida. O Direito não era pensado como um mecanismo de transformação. Tive poucas possibilidades de adquirir conhecimento para promover quaisquer mudanças estruturais na vida das pessoas nos primeiros anos da minha graduação (MOREIRA, 2019, p.52-53)

São recentes as disciplinas, no programa de pós-graduação da Faculdade de Direito e Ciências do Estado da UFMG, que abordam, com relevo, opressões e suscitam estes estudos e discussões. Entretanto, não há qualquer vinculação curricular obrigatória[66] que determine ou sugira estratégias multiculturais. O que há são iniciativas isoladas e louváveis de deslocar saberes e olhares. A ausência de um departamento de estudos negros e opressões restringe o potencial transformador dessas disciplinas que se dedicam a oferecer debates críticos sobre o mundo e suas plurivocacidades.

Nestes moldes, questiono como é possível um adequado processo de letramento jurídico de oprimidos sem se abordar, de modo persistente e sistemático, qualquer aspecto relacionado à subalternidade, ao direito discriminatório ou às questões raciais?

A quem beneficia um processo de letramento jurídico de corpos oprimidos que não aborde qualquer viés de subal-

---

[66] Há registros de disciplinas optativas ou integrantes de eixos transversais, mas não há disciplinas do eixo obrigatório que determinem uma abordagem curricular emancipatória como sendo a única opção possível. Não se pode deixar de mencionar que constam iniciativas louváveis de docentes que aproveitam essas pequenas brechas disciplinares para trabalhar conteúdos dissidentes e assim provocar um tensionamento mais potente nas estruturas do saber jurídico. Atualmente, na Faculdade de Direito e Ciências do Estado da UFMG, todas as iniciativas deste tipo são encabeçadas por docentes brancas e brancos, pois não há professoras ou professores negros lecionando na instituição no momento. Essas alianças são fundamentais e precisam ser perpetuadas, mas a ausência de negr@s no corpo docente de uma instituição tão importante é no mínimo desconcertante. E a mudança não ocorrerá com um professor só, com uma professora só. Será necessário um grande percentual de docentes negr@s para uma efetiva transformação emancipatória do ensino jurídico.

ternidade, sabendo-se que compete ao sistema de justiça controlar e legitimar comportamentos de grupos oprimidos, produzindo ou reprimindo estruturas de poder pelas quais se busca a emancipação? (BUTLER, 2017)

Que jurista negr@ será forjado por um processo de letramento direcionado para as demandas de uma elite branca universalizada? E para o que serviria este jurista? Para reproduzir o discurso eurocêntrico e universal benéfico à superioridade branca? Para legitimar o discurso de marginalização/criminialização do corpo negro e seu genocídio ou encarceramento em massa? Para neutralizar os movimentos antirracistas?

É o direito o principal agente materializador/legitimador de práticas de extermínio da população negra no Brasil. Quando o processo de letramento de juristas negr@s ignora as peculiaridades do oprimido, negando-lhe silenciosamente uma formação emancipatória, que tipo de praxis é desenvolvida por este profissional?

É possível resistir a este processo de assimilação? E como isto acontece? O que ocorre que promove no discente negr@ uma espécie de cegueira identitária e o impede de se instrumentalizar para reproduzir um conteúdo que prepare outros oprimidos para atuarem como juristas negr@s que pensam como negr@s (racialização do pensar/saber) (MOREIRA, 2019)?

Venho construindo neste trabalho a defesa de que a ideia de que a estrutura sobre a qual se ergue uma faculdade de direito, com seus jogos de poder e estratégias de dominação, promove intencionalmente uma fratura na identidade racial, intelectual, de gênero e também de classe do oprimido que o impede de alcançar a emancipação, cooptando-o para que seja um reprodutor do discurso hegemônico e, com isso, mantenham-se intactas as dinâmicas de opressão, articuladas agora com a colaboração do próprio oprimido fraturado, conformado ou deformado. Para que uma construção de dinâmicas antirracistas e efetivamente emancipatórios tenha êxito, necessário se faz uma transformação epistêmica e metodológica que abandone a ideologia colonial e desvele o futuro do ensino jurídico do país.

Paulo Freire, ao pensar sobre atitude crítica, explica que:

> (...) saliente-se a necessidade de uma permanente atitude crítica, único modo pelo qual o homem realizará sua vocação natural de integrar-se, superando a atitude do simples ajustamento ou acomodação, apreendendo temas e tarefas de sua época. Esta, por outro lado, se realiza à proporção em que seus temas são captados e suas tarefas, resolvidas. E se supera na medida em que temas e tarefas já não correspondem a novos anseios emergentes, que exigem, inclusive, uma visão nova dos velhos temas. (FREIRE, 2017A, pp.61-62)

É importante que o terreno jurídico seja composto, para sua integralidade, de departamentos outros, preocupados com o que está para além do norte global. A criação de Departamentos[67] de Estudos Negros, de Letramento Jurídico Crítico e de Teoria Racial Crítica Suleada, por exemplo, é estratégia relevante de transformação do ensino jurídico, promovendo o necessário giro epistêmico em direção ao sul e impactando a prática e operacionalização das ferramentas jurídicas de modo a emancipar e romper com o discurso necropolítico (MBEMBE, 2018) que predomina na atualidade.

---

[67] Defendo a implementação de departamentos nos programas de graduação e pós-graduação em direito como uma estratégia imediata, sem desconsiderar a importância da transversalidade e também sem nutrir ilusões de que este é o único caminho possível. Entretanto, para uma transformação que comece no agora, contando com as ferramentas acadêmicas disponíveis no momento, considero a ideia viável e de implementação pouco complexa, pois a complexidade dessa operacionalização poderia servir de desculpas para a inação. Projetando para além e em sintonia com todo o disposto neste trabalho, a compartimentação do saber espalha armadilhas que merecem atenção e cuidado, por isso, como uma medida preventiva, estes departamentos precisam estar comprometidos com o diálogo transversal e multicultural constante.

Figura 22 - Colagem autoria própria

DIÁRIO DE UMA PROFESSORA NEGRA NA FACULDADE DE DIREITO
EPISÓDIO 4

Hoje amanheceu chovendo. Isso me frustra um pouco, pois já tinha programado uma aula ao ar livre, na área de convivência da faculdade, um espaço amplo e cercado por paredes grafitadas.

Hoje vamos trabalhar com o conceito de empresário, na disciplina direito empresarial.

Terei que articular uma alternativa. Teremos convidados externos. Um coletivo de poetas negres fará um slam com minha turma. Trabalharemos em colaboração para a construção e reconstrução crítica do conceito de empresário.

A solução que encontro é desenvolvermos a aula no salão coberto que é o espaço que conduz ao auditório principal da escola. Nos sentamos no chão em roda.

Usaremos cartazes para montar o conceito de empresário apresentado pelo Código Civil.

A cada etapa de evidenciação do conceito codificado abre-se o debate, em roda para que todos possam se enxergar, junto disso o coletivo colabora com dois poemas desenvolvidos ali na hora a partir das reflexões suscitadas.

Chamamos a atenção dos muitos transeuntes que caminham pela faculdade. Todas e todos podem se sentar e participar.

A culminância da atividade promove uma rodada de poemas por membros do coletivo. Um slam. Para minha surpresa, alguns alunos e alunas se sentem confortáveis para participar e se arriscam poeticamente. Construímos juntos uma aula interconectando Direito Empresarial e poesia. Fizemos um sarau poético-empresarial.

Mais tarde, recebo uma advertência por produzir muito barulho no ambiente de estudo. Também sou advertida por introduzir muitas pessoas de fora no espaço acadêmico.

2. A MALDIÇÃO DO CAPITAL SIMBÓLICO NEGATIVO

> *Quando as teias de aranha se juntam, elas podem amarrar um leão.*
>
> Provérbio Africano

"Maldição de um capital simbólico negativo" é como Pierre Bourdieu (2007) classifica o dilema da má-distribuição de um conjunto de propriedades distintivas que, sob meu ponto de vista, são perceptíveis no espaço social de trânsito da intelectualidade negra.

Essa maldição se evidencia no microcosmo social que conforma o terreiro científico. Os amaldiçoados são aqueles que não conseguem dar sentido e tirar proveito político ou econômico, do conhecimento que possuem porque este é lábil e frequentemente deslegitimado. Os amaldiçoados, portanto, somos nós: a intelectualidade negra.

Há um evidente acúmulo de capital simbólico que merece ser considerado com cautela. A estratégia deste tipo de acumulação envolve a exaltação do discurso universalizante do ensino jurídico eurocentrado. Capacitando o alunado (sem observar suas peculiaridades, origens e vivências) para combater tudo o que ultrapassa os limites do pensamento ocidental, para hostilizar e ignorar tudo o que não parta do norte global.

O letramento jurídico é estratégia interessante de acumulação de capital simbólico por grupos opressores à medida que oferecem leituras de mundo que convém somente ao opressor, cooptando o letramento para se alinhar ao discurso de dominação, ao mesmo tempo em que se cumpre com a função auspiciosa de democratização do ensino, acolhendo e formando (embora o que ocorra mesmo seja uma deformação), inserindo grupos periféricos no centro do que é compreendido como saber, cujo eixo lhe é estranho e distante.

O dilema do jurista oprimido (não só do corpo negro, embora seja este o protagonista deste trabalho) se torna ainda mais complexo com este acúmulo de capital cultural forjado sobre bases ideológicas nortecentradas, somado ao capital simbólico construído a partir de suas vivências e conexões com seu grupo de origem.

Tudo isso que se soma, conforma a maldição do capital simbólico do jurista oprimido, que chega à academia repleto de capital simbólico derivado de suas vivências e que são descartadas, invalidadas e deslegitimadas, conduzindo este corpo a um processo doloroso de aculturação; ao mesmo passo em que começa a ser bombardeado com saberes ocidentais que apresentam o mundo ideal, racional, hegemônico e vencedor. Deste novo acúmulo de capital cultural, forja-se um jurista inimigo do seu próprio grupo originário, instrumentalizado para opor-se às opressões como quem extirpa um câncer de si mesmo com as próprias mãos.

Parto das consequências mais nefastas que este letramento jurídico pode causar. Significa dizer que será sempre assim? Não. Há corpos resistentes a este processo de letramento. Resistência que se evidencia de formas e em momentos diversos, guardadas as singularidades de cada ser e de suas vivências. Eu mesma sou um exemplo disso. Esta pesquisa é a materialização do meu processo de resistência, que aflorou tardio, passadas inúmeras experimentações acadêmicas e docentes. Mas que vem potente e marcado por todas estas vivências emancipatórias. Meu processo de enegrecimento foi o catalisador do movimento emancipatório e de construção de uma resistência que se estendeu para meu âmbito de pertencimento jurídico.

No perfil do Instagram, idealizado por mim, @juristasnegres, espaço de aquilombamento de juristas negras e negros de todo o país, estão apresentados inúmeras narrativas de resistência de juristas formad@s ou em formação. Muitos destes relatos demonstram como o acesso por corpos periféricos ao letramento jurídico possui contornos complexos. Destaco a história de G. J. que se apresenta da seguinte forma:

> estudante cotista do curso de Direito da Universidade Fluminense do Rio de Janeiro. Atualmente é estagiário da 9ª Procuradoria do Estado/RJ, assim como é inscrito no quadro de estagiários da OAB-RJ. Além disso, atuou por 2 períodos como monitor remunerado do referido curso, foi estagiário do Tribunal Regional do Trabalho (TRT/RJ) em Macaé e desenvolveu também projeto de pesquisa na área do Direito Trabalhista, tendo sido bolsista da PROAES/UFF. Em suma: Eis um apaixonado pelo direito e seu maior sonho é tirar a sua irmã da cadeia!

No relato evidencia-se a potência dos anseios que se depositam no acesso ao ensino jurídico por corpos periféricos. É através deste letramento que se pretende criar estratégias de libertação de seus pares. Desvelando os segredos do "fazer jurídico", este negro pretende aprender a lógica da emancipação e usá-la para os seus. Percebe-se, então, que não se trata de simplesmente alçar outros degraus de sucesso, garantir que se perpetuem privilégios já experimentados, como aconselha a tia Chiquinha a Pontes de Miranda, ou ascensão financeira. Há muito mais por trás de uma presença negra no terreiro jurídico. Há muita vivência, muita dor, muito sofrimento ancestral, muitos sonhos e muita esperança.

O sentido do "ser jurista" para o corpo periférico é muito distinto do que o foi para os primeiros bacharéis que, como vimos através da tia de Pontes de Miranda, pretendiam manter *status quo ante* e preservar privilégios tão agradáveis de se experimentar. O jurista oprimido tem o direito como ferramenta de reposicionamento social, econômico ou político, pretende valer-se desta formação para libertar irmãs e irmãos (seu povo) de um sistema de justiça que encarcera e mata sistematicamente os membros de seu grupo originário.

O letramento visto aqui como acúmulo de estratégias de emancipação e construção de discursos disruptivos, se apresenta envolto por uma tal atmosfera bourdieusiana, que é dimensionada pelo espaço de trânsito do camponês insubmisso, ou seja, daquele que rompeu com a previsibilidade do destino oprimido e ousou acessar espaços em que suas potencialidades primitivas eram postas em xeque e deslegitimadas constantemente.

O acúmulo deste capital simbólico que é o letramento em suas mais plúrimas dimensões (que também implica em formação de capital cultural e econômico), evidencia um dilema negro, aos meus olhos. O dilema de ser negro na academia, nos espaços legitimados cientificamente como sendo de produção e reprodução de saber.

No processo pedagógico de construção de aprendizados, há degraus significativos que precisam ser bem marcados. Para isso, é importante que se compreenda cada etapa do aprendizado e isso se dará a partir dos conceitos de alfabetização, letramento, letramento jurídico e, por fim, de letramento jurídico crítico, ponto final desta jornada conceitual, mas marco inaugural para um novo ensino jurídico.

Alfabetização é construção desenvolvida junto com as próprias bases escolares, preocupando-se simplesmente com um decodificar e codificar, numa reprodução de letras para a composição de palavras, permitindo-se que o corpo alfabetizado conseguisse o mínimo de assinar o próprio nome. Com o tempo, percebeu-se a insuficiência desta formação que, sobretudo, após a Revolução Industrial, evidenciou-se como incapaz de suprir as demandas do mercado que requisitava capacidades mais robustas. É neste contexto que surge a ideia de um **letramento**, pretendendo-se mais complexo e formando sujeitos para desenvolverem atividades para além do ambiente escolar, aprimorando ou ensinando habilidades sociais que contribuíssem no desenvolvimento de relações sociais, políticas e econômicas. (ROJO, 2009)

O que chamo aqui de **letramento jurídico** diz respeito ao enfoque pedagógico ofertado para a formação de juristas.

Todas as estratégias utilizadas hoje pelas faculdades de direito, a partir das diretrizes curriculares estruturadas dentro de uma lógica nortecentrada e que apresentam leituras de mundo que possuem como eixo o pensamento do norte global, estão imbrincadas nessa dinâmica formadora e conformam o conceito.

O ensino jurídico tradicionalmente ofertado pelas escolas de direito, formadoras dos bacharéis burocráticos do passado, conduzido por cânones considerados universais e inquestionáveis, é o terreiro onde se aplica o letramento jurídico. Este esquema de formação e aprimoramento de habilidades que se aliam ao discurso é o que domina toda a dimensão acadêmica e se expande para a atuação no sistema de justiça.

Quando se trata de letramento de um modo geral, a evolução mais recente deste terreiro já apresenta a ideia de multiletramentos (ROJO; BARBOSA, 2015), composta por novas tecnologias e permitindo leituras de mundo cada vez mais complexas e elaboradas, que interconectem outras dimensões cognitivas, históricas e culturais do saber.

O ato de letrar alguém, ou seja, de muni-lo pedagogicamente de ferramentas de emancipação de seu próprio ser por si mesmo, para si e para que interfira no mundo, através da escrita e outras construções linguísticas, é estudado há muito. Ultrapassa limites unidimensionais, já percebendo-se que há diversos letramentos se fazendo consecutivamente. Roxane Rojo explica que, nesta multiplicidade cultural que o mundo atual nos impõe, um letramento integral envolve três dimensões: 1- os multiletramentos ou letramentos múltiplos; 2 – os letramentos multissemióticos e 3 – os letramentos críticos e protagonistas. (ROJO, 2009)

Multiletramentos ou letramentos múltiplos promovem aproximação com outras culturas, sem desvalorizar a cultura local de seus agentes. Letramentos multissemióticos ampliam a noção de letramento para o campo da imagem, do som, da musicalidade e outras formas de comunicação sensorial, incluindo a arte e suas variadas linguagens. Letramentos críticos e protagonistas envolvem um certo "trato ético" dos discursos (MOITA-LOPES E ROJO, 2004), permitindo uma contextualização profunda e real dos conteúdos para que não se tornem amorfos, alienantes. A oferta dos saberes permite aos alunos direcionarem suas escolhas éticas por entre os diversos discursos apresentados. Com isso, é possível uma problematização de discursos hegemônicos, universalizantes e apresentados como inquestionáveis.

Nesta toada, Roxane Rojo (ROJO, 2009) esclarece que uma pedagogia disruptiva deve se estruturar através da formação de um usuário funcional (que tenha "competência técnica e conhecimento prático"), criador de sentidos ("entenda como diferentes tipos de texto e de tecnologias operam"), analista e crítico ("entenda que tudo o que é dito e estudado é fruto de seleção prévia") e transformador ("usa o que foi aprendido de novos modos").

Para que esta pedagogia funcione, é necessário que envolva uma "prática situada", ou seja, que se baseie em práticas que fazem parte das culturas dos alunos, em gêneros, mídias e linguagens por eles conhecidas. É preciso ainda que envolva uma "instrução aberta", ou seja, uma análise dessas práticas, gêneros, mídias e linguagens e de seus processos de produção e de recepção.

A defesa de outra pedagogia inclusiva não é pensamento ingênuo que não prevê ruídos discursivos. Muito pelo contrário. É importante se ter consciência de que qualquer estratégia que se pretenda emancipatória e que ultrapasse fronteiras epistemológicas também precisa enfrentar problemas, que Boaventura de Sousa Santos insiste em alertar, para que o processo não feneça na inconmesurabilidade, incompatibilidade e ininteligibilidade (SOUZA SANTOS, 2007) das culturas e experiências provenientes de múltiplas e variadas vivências. Sendo assim, há pontos e vivências culturais que não conseguem se tocar e se harmonizar por serem absolutamente incompatíveis, entretanto isso não significa que não possam co-habitar o mesmo terreiro. Tudo dependerá do que o pensador nomina de tradução intercultural, ou seja, os procedimentos utilizados para estacionar aqueles saberes no mesmo espaço é que determinará sua convivência, ainda que tensionada.

Maulana Karenga defende que uma educação de qualidade deve ser sempre uma educação multicultural e com engajamento na análise e na compreensão comparativa que enriqueça debates e visões de mundo (KARENGA, 2009). Muito harmonizada com esta lógica de pensar, está Wole Soyinka que diz acreditar que o melhor processo de aprendizagem que existe é olhar o trabalho dos outros (SOYINKA, 1986). Roxane Rojo ao tratar de multiculturalidades fortalece o argumento pela implementação desta formação ao explicar que:

> Cabe, portanto, também à escola potencializar o diálogo multicultural, trazendo para dentro de seus muros não somente a cultura valorizada, dominante, canônica, mas também as culturas locais e populares e a cultura de massa, para torna-las vozes de um diálogo, objetos de estudo e de crítica. Para tal, é preciso que a escola se interesse por e admita as culturas locais de alunos e professores. (ROJO, 2009)

Promovendo o entrelaçamento triplo, da importância do capital simbólico para a intelectualidade negra, da maldição que sua menos-valia carrega, e o da necessidade de promoção do chamado giro decolonial que realoca o poder afrodiaspórico, colocando as chamadas epistemes periféricas como centrais, me assento para analisar uma faceta do pensamento de Walter Mignolo. Em seu estudo sobre a Colonialidade do Poder, Walter Mignolo evidencia a existência de um monstro de quatro cabeças (controle da economia, da autoridade, do gênero e da sexualidade) e duas pernas (controle do conhecimento e da subjetividade).

Nestes moldes, volto meu olhar para a formação jurídica do alunado brasileiro que acessa os programas de graduação em todo o Brasil a fim de se formarem juristas. Esta formação jurídica implica um letramento pelo qual eu passei e sobre o qual volto, constantemente, meu olhar com receio e preocupação. Na minha época formadora, havia poucos corpos negros passando pelo processo de letramento jurídico que me era ofertado. Entretanto, a presença negra nas universidades tem se tornado cada vez maior, mais incisiva e persistente. Mas não basta que haja somente presença física de corpos negros. É também necessário que sejam repensadas epistemologias e metodologias que permitam um letramento multidimensional e integral.

Construir estratégias de letramentos jurídicos que descolonizem os espaços acadêmicos antecipa um propósito de ruptura com o modelo hegemônico impositivo colonial. Apresenta-se como uma estratégia decolonial disruptiva à medida em que põe em xeque a questão intelectual, trazendo para um espaço discursivo reservado a uma determinada elite econômica um grupo de pessoas até então excluídas, postas à margem em várias dimensões, inclusive na acadêmica.

Nilma Lino Gomes detecta um dos problemas da colonialidade e o evidencia da seguinte forma:

> A colonialidade se materializa no pensamento e na postura arrogante e conservadora de educadores diante das diversidades étnica, racial, sexual e política existentes na escola e na sociedade. Ela se torna realidade pedagógica por meio de uma seleção de mão única dos conteúdos a serem discutidos com os estudantes, os quais priorizam somente um determinado tipo de abordagem sobre as várias e desafiadoras questões sociais, políticas e culturais do país, da América Latina e do mundo, em vez de disponibilizar para os discentes e público em geral as várias e diferentes leituras e interpretações sobre a realidade. (GOMES, 2019, pp.231-232)

Para que uma construção de dinâmicas antirracistas e efetivamente emancipatórios tenha êxito, necessário se faz uma transformação epistêmica e metodológica que abandone a ideologia colonial e desvele o futuro da formação jurídica do país.

É neste sentido que um estudo sobre **Letramento Jurídico Crítico** se mostra necessário. Assaz importante um estudo sobre o tema, pois permite o surgimento de um espaço de diálogo e tensionamento de relações, fazendo emergir dilemas que escancaram disparidades sócio-econômicas e políticas, bem no centro de um terreno criado intencionalmente para não ter que lidar com estas questões; um terreno hegemônico, agora irreversivelmente maculado pela presença crescente da negritude intelectualizada e que não se contenta com o letramento jurídico oferecido nos moldes coloniais. Juristas negr@s não se submeterão mais à maldição do capital simbólico negativo, que impinge sobre nós o dilema de carregarmos saberes que não são reconhecidos nem legitimados pela colonialidade do poder, do saber e do ser, que insiste em nos manter periféricos mesmo quando ocupamos lugares sociais centrais. Este movimento dará uma rasteira nas pernas do monstro perverso e astuto que Walter Mignolo insiste em nos apresentar.

DIÁRIO DE UMA PROFESSORA NEGRA NA FACULDADE DE DIREITO
EPISÓDIO 5

Fazendo o almoço acabei, como de costume, me catapultando mentalmente para a articulação da aula que darei mais tarde. Estamos trabalhando os arquétipos de representação do nominado "contribuinte cidadão". Propus o debate a partir de uma colagem em que identifiquei o contribuinte cidadão como um homem branco cis hétero. Os alunos e alunas se comprometeram a tensionar o debate a partir desta minha colagem provocativa.

Chego em sala e recebo um recadinho num papel de uma aluna mais tímida. Ela agradece pelas aulas e elogia o espaço seguro que proporciono com minha pedagogia engajada. Aceito discretamente o elogio e agradeço com um sorriso e um olhar de cumplicidade. Algum lugar íntimo do meu espírito se regozija. Lecionar é difícil. Eu, como a única professora negra do curso de direito daquela faculdade, sou alvo frequente de reclamações de toda ordem. Questionam desde minha capacidade intelectual até minha vestimenta, passando por tom de voz e didática. Mas sempre foi assim.

Minhas avaliações institucionais sempre foram medianas, nunca excelentes como a dos demais colegas. Recebia altas notas por domínio de conteúdo e didática e péssimas notas por relacionamento, o que fazia minha média ser sempre ruim. Passei anos tentando ser melhor, testava estratégias diversas para conquistar meus alunos. Experimentei diversas abordagens distintas. Meus alunos em classe sempre pareceram gostar de mim e de minhas aulas, mas não adiantava o que eu fizesse minhas avaliações sempre vinham com um senão. Sempre. Hoje aprendi que se trata de algo para além de minhas forças e que devo me concentrar em ensinar bem o que sei bem. Há algo de estrutural que sempre me fará sentir que não sou boa o suficiente. No meu íntimo peço que a instituição também tenha sensibilidade para perceber isso.

Embora mal avaliada, numa dimensão mais íntima, sou frequentemente elogiada e parada nos corredores para receber um carinho sincero, um afago ou mesmo um presente. Todos sabem que adoro ganhar guloseimas. Sou constantemente agraciada com pequenos mimos. Mas raras vezes, duas na verdade, em quase vinte anos de docência, fui eleita para ser professora paraninfa ou homenageada pelas turmas. Era frequentemente cogitada, mas sempre perdia nas votações. Na única vez em que fui escolhida como paraninfa, a instituição promoveu uma demissão coletiva e não me autorizou participar da cerimônia sem ter vínculo. Fui substituída.

Há pelo menos duas dimensões na relação professora-alunos. Uma pública, institucionalizada e outra privada, mais intimista e pouco divulgada. Na primeira, sou uma professora medíocre, problemática, raivosa, grosseira. Na segunda, sou uma professora sensível, afetuosa e querida, que acolhe e ensina com respeito, competência e amorosidade. Confesso que tenho dificuldades em compatibilizar essas versões de mim que se espalham pelos corredores. Em vários semestres tranquilos e agradáveis esperava receber avaliações condizentes com as impressões positivas que percebia e ao final me deparava com uma péssima avaliação institucional. Uma sequência de incongruências que eu não conseguia explicar. Não consigo. Talvez jamais consiga.

Me preocupa qual dimensão irá prevalecer para minha permanência como integrante daquele corpo docente. Não posso controlar isso. Paro de divagar.

A turma está animada para as apresentações. O debate segue agradável. As alunas e alunos se empenharam muito. Vimos arquétipos dissidentes de contribuintes cidadãos em mulheres brancas, trans, negras, homens negros, portadores de deficiências, catadores de papel e divindades religiosas.

Medio o debate que transcorre acerca dos marcadores que povoam a imagética do Direito Tributário e se infiltram pela legislação fiscal e toda uma administração pública.

Encerramos a noite com a constatação de que há muitas camadas ocultas nas digressões desenvolvidas em moldes tradicionais acerca do conceito de contribuinte cidadão e suas implicações teóricas e práticas. A caminho do elevador um aluno me alcança para dizer que adorou a aula e que quer ser tributarista por minha causa, conta que é sua matéria preferida e que o dia de minha aula é o melhor pra ele. A porta do elevador se fecha. Vou embora satisfeita com meu trabalho.

3. SILENCIANDO[68] O BACHARELISMO

> *Quando a lua não está cheia, as estrelas ficam mais brilhantes.*
>
> Provérbio Africano

Mas afinal, e eu não sou uma jurista?

Quando emposto a voz para trazer esta questão à tona, o que quero provocar é, sobretudo, a reflexão acerca das características que conformam a personalidade do bacharel em direito e de como as atribuições históricas, coloniais, herdadas pelas elites foram moldando um padrão de jurisconsultos cuja categoria é encontrada num grupo específico da sociedade e detentor do *status quo*.

A evidenciação mais perspicaz do perfil do bacharel juridicista encontra esteio nas ciências políticas, partindo do olhar de um pesquisador rigoroso que detecta os seguintes marcadores característicos do jurista:

> Atração pelo saber ornamental, culto à erudição linguística, cultivo do intelectualismo. Estreitamento identificado com a cultura europeia – inglesa, francesa e alemã – que lhe oferecia modelos de pensamento, o bacharel juridicista foi, de tudo, um persecutor inefável da *ars* civilizatória: orientando-se rigidamente pela fé pedagógica na razão, pretendeu iluminar o cami-

---

[68] Importa aqui considerar que este meu movimento em direção a um silenciamento de vozes opressoras não pretende impor-se como uma violência contraposta a quem violentou. Não se trata de um backlash vocativo. Dialogo aqui com a teoria do lugar de fala e toda a constatação compreendida de que há momentos em que se deve falar e outros em que se deve calar sim. Porque há posicionamentos discursivos distintos e desequilibrados, há atores epistemológicos que se apropriaram do poder discursivo há anos e acabaram por silenciar outros corpos e vozes. Há corpos que nunca puderam falar, em tempo algum. Este é um fenômeno fortemente imposto sobre corpos localizados na periferia dos debates científicos. Neste sentido, meu apelo por um silenciamento não significa violência, mas sim reparação.

nho dos povos por meio do proselitismo das letras, resultando daí o vezo retórico, materializado na figura do intelectual-escritor. Foi educado conforme o formalismo típico da mentalidade de advogado ao conferir crédito ilimitado à juridicidade como limitação de poder e fonte de legitimidade. No entremeio de todos esses traços, sobressaiu-se a quintessência do juridicismo bacharelesco: a prudência e a moderação política. (ADORNO, 1988, p. 158/159)

Sérgio Adorno foi bastante feliz ao desvelar o perfil dos juristas formados sob as luzes de uma das primeiras faculdades de direito do país. Não me gera espanto, porém, constatar que muitos dos marcadores percebidos nos bacharéis do século dezenove seguem perpetuados por seus herdeiros, que reproduzem o que denomino, seguindo esse autor, neste trabalho, de uma lógica bacharelista.

Quando o cientista social e professor universitário se debruça sobre a vida cultural e política dos estudantes de direito do Largo São Francisco, no período de 1827 a 1883, constata que "a história da vida acadêmica é notadamente uma intensa disputa política entre liberais moderados e radicais". (ADORNO,1988, p. 17)

Sendo assim, quando me disponho a analisar a Vetusta Casa de Afonso Pena como uma outsider within (COLLINS, 1986), que é, de certa forma, como me compreendo neste processo de enredamento acadêmico, o que desvelo são mais que intimidades corriqueiras, são disputas políticas. Angela Davis convida a uma retomada prática do slogan "o pessoal é político" (DAVIS, 2018), e é nesta esteira que me comprometo a honrar o convite da intelectual negra estadunidense, permitindo uma tessitura que alinhe o pessoal e o político, disputados numa academia que forma intelectuais-profissionais-políticos como indica Célia Quirino (ADORNO, 1988, p. 16).

Em seus estudos, Sérgio Adorno demonstra como a literatura foi utilizada como eficaz instrumento de educação político-sentimental do acadêmico bacharel. Neste sentido, Adorno defende que a academia humanizou, disciplinou e civilizou o pensamento. Este processo, decerto, se estende para além da academia e alcança o sistema de justiça em sua integralidade.

Observando a sociedade que deflagrou as mudanças políticas de 1980 e que culminaram nas lutas democráticas e no fim do regime militarista, Adorno percebe a prevalência de uma camada muito específica e forte formada pelos bacharéis em direito. Tal é a força dessa constatação de que aqueles bacharéis se concentram de tal forma ao redor do Estado ao ponto de fazer deste um verdadeiro arquipélago de magistrados. (ADORNO, 1988, p. 20)

Esta imagem apresentada por Adorno e que foi fotografada no final do século XX ainda não perdeu suas cores. Uma radiografia do ensino jurídico, do sistema de justiça e do cenário de disputas políticas que temos agora preserva todos os contornos já detectados pelo estudioso trinta anos atrás. Entretanto, um novo debate se faz necessário por conta das experiências de democratização do ensino jurídico no país. A implementação de políticas afirmativas tensionou o espaço acadêmico e evidenciou antigas inconsistências até então bem camufladas por uma lógica de exaltação do saber jurídico como o melhor saber e pela colocação do direito num patamar de excelência que o permitia uma incontestabilidade e uma aquiescência intuitiva para com suas incoerências.

Entretanto, já é chegada a hora de mudar a máscara (WARAT, 1985) do ensino jurídico e encará-lo com outros rostos. Como ensina bell hooks, é hora de erguer a voz (hooks, 2019).

Para enfrentar essa árdua tarefa, escolho me posicionar como uma intelectual-jurista-dissidente, incitando desconfortos que demonstrem a profunda necessidade de um deslocamento do ensino jurídico. Este deslocamento ao qual me refiro diz respeito ao redimensionamento da educação jurídica, rumando para a implementação de um Letramento Jurídico Crítico a partir de uma pedagogia engajada e indo além, consonante com os estudos advindos do diálogo de bell hooks e Paulo Freire, mas também ultrapassando estes limites e promovendo outros diálogos conectados a estes que me servem de ponto de partida.

As provocações que me esforço por apresentar moldam-se a partir de uma metodologia que privilegia a escrevivência (EVARISTO, 2020) e desbrava o ensino jurídico que aportou aqui durante o Império e que criou os contornos do que estabeleço como o direito das elites. Encaro este direito a partir da escola em que recebi minha formação jurídica, a Vetusta Casa de Afonso Pena.

O enfrentamento das complexidades do ensino jurídico implica numa aproximação das fissuras que se estendem para além da academia e alcançam o sistema de justiça em sua integralidade. Portanto, esta pesquisa confronta não só o ensino jurídico, mas todo o sistema de justiça cuja origem se encontra também naquele.

Quando Adorno analisa o lugar dos cursos jurídicos na construção do Estado-Nacional, parece haver uma compreensão de que o ensino jurídico avançou deixando para trás o colonialismo e toda a sua dinâmica estrutural. Entretanto, percorro um caminho permeado de vivências jurídicas, minhas e de tantas outras vozes que convido para o diálogo neste estudo, em que se pode perceber que o colonialismo se enraizou nos cursos jurídicos de modo a evidenciar uma colonialidade (MIGNOLO, 2017) do saber, do ser, do poder e do sentir, que não foram, de modo algum, superados pela consolidação de um liberalismo patrimonialista (ADORNO, 1988).

As pesquisas desenvolvidas por Adorno, aprofundando a hipótese originalmente sugerida por Alberto Venâncio Filho (1977), evidenciam que nunca houve ensino jurídico no Império, mas sim um ambiente extra-ensino convenientemente gestado e organizado para a profissionalização do bacharel. Em consonância com as pesquisas já lastreadas até aqui, me comprometo num esforço de, por outros modos, outras perspectivas, também contribuir para a demonstração e reafirmação daquilo que tanto Venâncio Filho quanto Adorno já constataram, e que é o fato de que o processo de formação intelectual e profissional do jurista produz um tipo de intelectual educado para reproduzir e preservar o *status quo*. A este processo dou o nome de direito das elites.

Empurrando o debate um degrau para cima pretendo complementar a conclusão à qual chegaram os estudiosos do bacharelismo demonstrando como esse processo educacional envolve corpos dissidentes e os enreda numa espécie de armadilha astutamente construída pelo direito das elites. Pretendo trazer à discussão a inculcação do direito das elites nas mentalidades e comportamentos de todos os corpos que optam por percorrer as vielas do ensino jurídico de tal modo a cooptá-los para defender o *status quo* e passarem a ser aliados dos herdeiros do bacharelismo, articulando o direito contra seu próprio grupo de origem e favor do opressor.

Há neste estudo um empenho em se demonstrar como o direito das elites, a despeito de se dizer democrático ou simpático à democratização do ensino jurídico, insiste em se estruturar pedagogicamente incrustado numa lógica colonial, dominado por uma eurocentralidade do saber que molda uma colonialidade do sistema de justiça como um todo.

A totalidade do debate evidenciado nesta pesquisa parte do ensino jurídico, mas não se pretende restrito a ele, porque parto da compreensão de que o sistema de justiça encontra muitos de seus alicerces na educação jurídica. Portanto, um trabalho sobre ensino jurídico diz respeito ao sistema de justiça e suas incongruências e precariedades.

Eu demonstro que somente uma reformulação pedagógica engajada para um Letramento Jurídico Crítico, plural e emancipatório será capaz de impactar o sistema de justiça e produzir as mudanças almejadas por aqueles que pugnam por diversidade, justiça e igualdade, numa perspectiva decolonial.

Como uma jurista negra formada em uma das maiores instituições de ensino jurídico do país, me valho da posição de "forasteira de dentro" (COLLINS, 1986) que ocupo, por ser dissidente, periférica e ao mesmo tempo ter conhecido a estrutura por dentro para oferecer reflexões e provocações que até então não foram oferecidas sob a perspectiva que apresento.

Sincretizando metodologias de storytelling, escrevivência e narrativas em primeira pessoa, opto por me alinhar com o pensamento feminista negro e integrar a quarta onda que vem se formando desde a última década, com a Marcha das Vadias[69] e a Marcha das Mulheres Negras[70], movimentos deflagradores de giros intelectuais significativos e singularmente descolonizados.

Nesta esteira, muito inspirada pelas provocações de Marília Amorim (2002) e atenta às vozes que aparecem neste trabalho, me aprumo e refino a escuta para perceber os silêncios do meu texto. Quero ter certeza de que os silêncios que optei por evidenciar estão verdadeiramente silenciados.

Meu diálogo sobre o direito das elites se empenha em silenciar o *status quo*. Por isso, o meu esforço em deslocar o direito do centro para as margens. Quero dar voz à pluralidade, para além da inclusão que as políticas de ações afirmativas implementaram. Um ensino jurídico plural, derivado de um Letramento Jurídico Crítico e de uma pedagogia engajada. Silencio, portanto, o próprio direito das elites. Silencio o bacharelismo. Mas, paradoxalmente, trato deles a todo instante. Mas é bem assim: os evidencio para poder transcendê-los. Mostro o que precisa se calar. Minha pesquisa se constrói sobre a exposição daquilo que foi convenientemente ocultado até aqui. Mostro para que vejam e se convençam de que essa lógica colonialista que condiciona o ensino jurídico precisa deixar de existir, ser silenciada de vez.

---

[69] Manifestação ocorrida pela primeira vez em 2011 no Canadá e que se internacionalizou, ocorrendo em vários países, inclusive em vários estados do Brasil desde então. Traz como pauta a defesa da liberdade das mulheres de se vestirem e se comportarem do modo que quiserem.

[70] Mobilização de mulheres negras ocorrida no Brasil em 2015, sob o lema *"contra o racismo, a violência e pelo bem viver"*.

DIÁRIO DE UMA PROFESSORA NEGRA NA FACULDADE DE DIREITO
EPISÓDIO 6

Estou na sala dos professores. É o intervalo entre as duas aulas da noite. É um momento para recarregarmos nossas baterias internas e seguirmos para a próxima turma. A sala é pequena, por isso a interação se dá num plano mais geral. Escutamos atentos uma professora narrar sua experiência vivenciada no primeiro horário de aula, minutos antes do intervalo.

A professora narrava como tratava seus alunos quando apresentavam dificuldades para compreender sua explicação. Ela perguntava a eles se gostariam que ela pintasse o chão de verde para que pudessem pastar. Ela considerava seus alunos meros ruminantes, na melhor das hipóteses. Só esperava que os mesmos digerissem o que ela ensinava.

Dei um salto de reflexão. Essa professora, uma mulher branca, era muito melhor avaliada pelo corpo discente do que eu, cujo compromisso docente jamais permitiria tratar meus alunos com tamanha falta de respeito e cordialidade. Pensei, se eu falasse algo do tipo com meus alunos certamente seria demitida no mesmo dia. A coordenação explodiria de tantas reclamações. Mas com aquela professora não, nada aconteceria. Perguntei como reagiram à sua colocação. Ela respondeu que riram, acharam graça e levaram tudo com muita esportiva.

Toca o sinal.

Fortemente impactada pelo depoimento da colega docente, me direciono à sala de aula. Vou pensando, não quero que meus alunos sejam meros ruminantes. Sei que eles podem muito mais.

Minha aula versa sobre tributação, raça, gênero e classe. Intersecciono todas essas opressões em uma conversa intimista. Aprendi com a prática docente que o direito tributário não precisa ser árido ou ácido. Também aprendi que não se deve romantizar o direito. Entretanto e acima de tudo, aprendi que o direito não precisa ser romântico, mas deve sim ser sensível. Sensibilizar-se com a vida e o mundo em que se impõe. Nós também precisamos ser mais sensíveis. Me preocupo em formar tributaristas sensíveis. Em formar professores e professoras que jamais cogitem questionar seus pupilos se devem pintar o chão de verde ou de qualquer cor que seja.

MARIA ANGÉLICA ENTREVISTA RENATO FERREIRA, UM ADVOGADO, PROFESSOR UNIVERSITÁRIO NO RIO DE JANEIRO E DOUTORANDO PELA UNIVERSIDADE FEDERAL FLUMINENSE

Maria Angélica: Renato, eu tenho estudado o ensino jurídico e como sua estrutura impacta nossos corpos periféricos e interfere no modo como seremos juristas. Parto de uma compreensão de que o direito ensinado na academia é o direito do colonizador, do opressor. É um direito que nos ensina o que foi planejado para ser ensinado à elite. Mas não somos elite. Não viemos e nem pertencemos a este lugar dos bacharéis, mas passamos a acessar este saber. E agora ele é concedido a nós. Mas não mudou para permitir que o usemos para nos emancipar e aos demais grupos periféricos. Nós é que aprendemos a mudar para trabalhar para um sistema de justiça que se impõe contra nosso grupo de origem. Este é meu olhar hoje sobre este momento que vivemos.

Chegar à academia tendo partido deste lugar, da margem, provocou em mim uma certa repulsa pela própria margem. Aquele lugar distante e sem esperança. Parecia que sair da margem e me deslocar até o centro, que era onde estava o saber jurídico, exigiu de mim um esforço imensurável. Eu cheguei cansada à academia. Porque meu caminho foi longo e realmente exaustivo. Quando cheguei, não queria olhar pra trás, queria ver só à frente. Hoje penso que isso não foi bom. Permitiu que meu ser fosse facilmente coopitado para servir à uma elite, de onde eu não tinha vindo e para onde eu não iria, mas perto da qual eu havia chegado. Você, que é um homem negro, é professor universitário de direito como eu sou, como percebe sua jornada para acessar a academia e desfrutar deste "melhor saber" que até pouco tempo era ofertado somente às elites?

Renato:[71]

Maria Angélica: Você sente que este saber jurídico ainda se molda para educar uma elite? Você se sente integrado, contemplado por este saber? Se sente pertencente a este espaço?

Renato:[72]

Maria Angélica: Renato, por conta das estratégias implementadas por este ensino dito universal, mas que só se interessa por um lado da história, considero que minha formação me cooptou, de algum modo e em algum momento, para que eu passasse a pensar como o opressor. Não que eu me tornasse um deles, mas não posso negar que houve sim uma sensação de estar entre iguais. Não posso desconsiderar a existência deste momento em minha formação porque ele me definiu muito como jurista e, partindo do olhar que construí hoje, percebo que houve uma formação e uma deformação no meu processo de letramento jurídico. Durante muito tempo joguei o jogo me opondo ao meu próprio grupo de origem. Passaram-se anos para que eu me percebesse coopitada e iniciasse meu processo de enegrecimento e de reconstrução crítica da jurista que habita em mim. Essa minha compreensão deste processo me preocupa bastante e me torna mais atenta para o alunado que pretendo formar, para a pedagogia engajada com um

---

[71] QRCode 12 - Entrevista com Renato Ferreira Resposta 1
[72] QRCode 13 - Entrevista com Renato Ferreira Resposta 2

ensino emancipatório que se tornou parte da minha luta como docente e como jurista.

Gostaria que expusesse como vê um ensino jurídico realmente transformador e que permita a geração de um pertencimento em grupos que não tiveram este ensino jurídico construído para contemplá-los.

Renato:[73]

---

[73] QRCode 14 - Entrevista com Renato Ferreira Resposta 3

Figura 23 - Renato Ferreira é advogado, professor universitário e doutorando em direito pela UFF – Universidade Federal Fluminense

ENCARTE III[74]

> Os representantes do *status quo* estão esgotados e divididos, e apavorados olham para dentro de sua juventude, enquanto os excluídos começam a perceber, tendo suportado tudo, que *podem* suportar tudo. Não sabem a forma precisa do futuro, mas sabem que o futuro lhes pertence."
>
> James Baldwin em *E PELAS PRAÇAS NÃO TERÁ NOME* (1972, p 68)

---

[74] Este livro está dividido em três encartes. Esta divisão tem o objetivo pedagógico de facilitar o manejo do material para estudos e reflexões. Cada encarte detém uma certa autonomia e os três podem ser lidos fora de uma ordem pré-estabelecida.

1. O PERIGO DO ESSENCIALISMO DA RAÇA NO DIREITO

ORI DECIDE NÃO NASCER DE NOVO

Chegou um tempo em que Ori considerou

que já era hora de nascer de novo.

Ori foi falar com Olorum,

pedindo para nascer de novo em sua família,

assim como renascem os eguns.

Era hora de aquela cabeça voltar numa nova vida.

Olorum disse que sim,

Ori podia reencarnar, mas tinha que
respeitar certas condições.

Primeiro, somente Olorum saberia o dia de sua morte

e Ori nunca poderia se intrometer nessa questão.

Segundo, seu destino não poderia ser mudado

a não ser sob os sábios desígnios de Ifá.

As condições eram duras demais

e Ori resolveu que era melhor não mais nascer de novo.

Ori nasce uma vez só.

(PRANDI, 2001)

A escolha é um convite tentador. Ter a oportunidade de vislumbrar opções e escolher a que melhor lhe apraz é um privilégio bastante significativo.

Neste capítulo trato das nuances que podem se apresentar em face de um debate que entrelace raça e direito. Das armadilhas que podem surgir nos caminhos de quem se dispõe a desvelar, a analisar de perto as fissuras que entremeiam as estruturas do sistema de justiça desde a academia.

A escolha desta lenda para inaugurar este capítulo se apresenta como um convite à reflexão acerca dos caminhos que se pode decidir seguir após acessar uma gama maior de possibilidades. Escolhas essencialistas ou complexas. Escolhas que prendem ou que libertam. Escolhas que condicionam ou desobrigam.

Dentro do debate que proponho, discutir o direito de uma perspectiva particularizada, subjetivista, autoetnográfica ou escrevivente, implica em fazer uma escolha não essencialista. Uma escolha pela complexidade. Desta escolha surge um entremeado de consequências importantes para todo o sistema de justiça.

Também considero importante nesta lenda a afirmação de uma convicção, que é também uma presença forte no texto que se segue. Há abaixo uma convicção na necessidade de se evidenciar a armadilha essencialista para que esta não mais aprisione, não mais vença e se perpetue. No meu texto é o essencialismo da raça no sistema de justiça que escolho não ver (re)nascer nunca mais.

Em minhas pesquisas optei por abordar o ensino jurídico sob uma perspectiva complexificada (VAN BREDA, 2007), não universal. Em um de seus livros, num capítulo em que trata sobre o ato de ensinar com amor, bell hooks comenta que sua experiência como aluna a fez considerar professores muito objetivos como carentes de habilidades de comunicação (hooks, 2010).

No direito, este hábito de objetivar também é uma estratégia de descomplexificação e evidencia sim uma resistência a uma pedagogia que dê conta de pluralidades, pois o enfrentamento das complexidades epistemológicas que raça, gênero, classe e sexualidades promovem expõem as incongruências de cátedras encapsuladas e que se anunciam como a melhor solução para os problemas da vida. É assim com o direito constitucional, com o direito civil, com o direito tributário, com o direito empresarial, com o direito previdenciário, com o direito penal, com o direito econômico e todas as outras cátedras, quando vistas isoladamente, sem qualquer esforço transdisciplinar (VAN BREDA, 2007[75]). Cada ramo do direito chama para si a responsabilidade de salvar o mundo e solucionar seus problemas. O direito, de um modo geral, faz isso a todo tempo. É o direito a *ultima ratio*, o regulador, o solucionador.

Ao partir de narrativas pessoais, dialogo com outros corpos negros diferentes de mim, que viveram outras histórias e se localizam, por óbvio, em outros lugares de fala e de escuta. Este movimento implica em uma aceitação do complexo, uma compreensão de que não será fácil articular ensino e prática no direito para resolver os dilemas que exponho ao longo de todo o meu estudo.

---

[75] Para um aprofundamento na abordagem deste autor sobre a transdisciplinaridade, dialogando com o ensino jurídico, recomendo a leitura de REPOLÊS, Maria Fernanda Salcedo. Ensino Jurídico, Transdisciplinaridade e Saberes Outros. In: FRANCISCHETTO, Gilsilene Passon P; OMMATI, José Emílio Medauar; GORETTI, Ricardo (Coordenadores). Educação Jurídica e Alternativas Pedagógicas para uma Formação Crítica e Emancipatória. Coleção Teoria Crítica do Direito. Vol.9. Belo Horizonte: Conhecimento Editora, 2020.

Mas é de fundamental importância destacar que minha voz e meu relato não são generalizantes. Muito pelo contrário. Estou narrando compreensões de experiências que podem não coincidir com as de outras negras e negros que atravessaram ou foram atravessados pela academia. Mas isso não torna minha pesquisa insignificante, desinteressante ou desimportante, torna-a sim o oposto disso tudo. Meu trabalho é um registro fotográfico de um ângulo da vida acadêmica que não costuma ser focalizado com a necessária frequência.

Para além disso, é importante haver o que Angela Harris chama de "consciência múltipla" (HARRIS, 1990) na academia para se compreender que minha narrativa põe em questão uma possível noção de "experiências de negras" como sendo algo uniforme e genérico.

Quaisquer das minhas interlocutoras e para além, podem dissentir de minhas percepções sobre vivência acadêmica e isso não desqualifica minhas impressões e nem as delas. O que há é uma evidenciação das complexidades que permeiam outsiders within (COLLINS, 1986), ou seja, os corpos posicionados na fronteira, ora dentro ora fora do lugar acadêmico canonizado.

Essa consciência múltipla no ensino jurídico é necessária e precisa transcender a academia, contaminando todo o sistema de justiça, ainda fortemente marcado por uma representação homogênea do corpo negro.

Essa homogeneidade representativa convenientemente engendrada por uma lógica bacharelista e pela inculcação do melhor saber, envia uma mensagem jurídica significativa de que negras e negros são todos iguais. Nesta diretriz, faz muito sentido se pensar que é natural ver um negro numa sala de audiência e se concluir que aquele é o acusado e não o acusador. Isto se deve ao fato de que os vários sinais emitidos pelo direito indicam que corpos oprimidos não estão habilitados para julgar, decidir, acusar ou solucionar conflitos. Estes são os corpos lidos socialmente como conflituosos, perigosos; os corpos que requerem vigilância, regulação e atenção, devendo ser processados pelo sistema de justiça e não os processadores do mesmo.

Meu esforço neste trabalho é de romper com essa naturalização representativa e empregar um olhar negro (hooks, 2019D) como um olhar possível para se ver o direito, partindo do ensino jurídico, mas extrapolando-o alcançando todo o sistema de justiça.

Nesta esteira, evidencio o dilema da representatividade do corpo negro como um processador do ensino jurídico e da prática jurídica. Este que vou chamar de giro representativo, desloca a percepção do direito para um outro lugar, menos encapsulado, mais complexificado. O deslocamento da representatividade do corpo negro (hooks, 2019D), que salta nesta pesquisa de processado para processador do saber e do fazer jurídico, implica em um giro epistemológico que pode incomodar, já que coloca o que está embaixo no topo e o que está no topo descerá. Este movimento pode gerar enjoos e náuseas de difícil contenção.

O alerta que articulo aqui é necessário para que não pensem que meu texto se dedica a revelar **a experiência do corpo negro na academia**, mas sim **algumas dessas experiências**, dentre muitas e diversas. Neste diapasão, não pretendo falar por todas as mulheres negras que receberam uma formação jurídica ou que hoje atuam como professoras na educação jurídica. Por isso, não me surpreende ou amedronta que uma ou outra jurista negra leia meu trabalho e constate que com ela foi totalmente diferente, que suas impressões foram absolutamente distintas das minhas. Do mesmo modo, não me espantaria uma colega que presenciou alguma das experiências narradas[76] por mim e que diga que não foi bem

---

[76] As experiências narradas nas entrevistas que compõem este trabalho corroboram este argumento, trazendo olhares plurais que evidenciam movimentos de aproximação ou afastamento, nas impressões de cada entrevistada ou entrevistado frente às suas trajetórias jurídicas particulares.

assim sob o ponto de vista dela. Essas intervenções serão muito bem-vindas porque um dos meus objetivos é provocar reflexões, proporcionar outra mirada e encorajar que outras e outros enfrentem essa jornada de rememoramento e de revisitação de suas vivências. Relatos diferentes dos meus, impressões outras só servem para reforçar meu argumento de que é a partir das narrativas pessoais que conseguimos desvelar faces ocultas de um esquema de opressão secular. Só assim conseguimos lidar com o complexo, com o difícil, com o intragável.

Neste embate, nem eu nem minha interlocutora que diverge de mim estamos integralmente erradas e nem integralmente corretas. Na verdade, este trabalho não trata de certo ou errado, ele trata de pluralidades, de multivocalidades, me valendo novamente das provocações de Angela Harris (HARRIS, 1990).

Muito dessas possíveis divergências que possam brotar no âmago de minhas interlocutoras futuras se deve ao que é naturalmente compreensível que é a heterogeneidade que existe entre nós. Entre todas nós, entre todos nós. A aceitação dessa heterogeneidade pode também provocar desconfortos. Um incômodo com a constatação de que não se deve essencializar o corpo negro e sua experiência na academia. Precisamos evitar a armadilha do que nominarei aqui solipsismo negro[77]

---

[77] Me inspiro na noção de *solipsismo branco* desenvolvida por Adrienne Rich e mencionada no texto de Angela Harris. Rich explica o *solipsismo branco* como um "pensar, imaginar e falar como se a branquitude descrevesse o mundo". Meu uso do termo *solipsismo negro* se refere a um esforço de demonstrar que todos os corpos negros pensam, imaginam, falam e agem como se fossem uma unidade homogênea e isso serviria para descrever o mundo a partir do olhar deste corpo oprimido como sendo a única descrição possível para todos os corpos oprimidos pelos mesmos marcadores. Dando a entender que conhecer um negro ou uma negra e suas vivências particulares seria como conhecer todos e todas. Este processo de unificação acaba por enunciar-se como uma armadilha racista já que descomplexifica as relações e massifica vivências que conferem humanidade aos seres em suas individualidades.

(RICH in HARRIS, 1990), que compreendo como a naturalização de que quando um corpo negro pensa, age ou fala isso representa a unanimidade ou a absolutização de todos os corpos negros.

A armadilha do solipsismo negro é tão perversa quanto a do solipsismo branco (RICH, 1979). Mas ambas são ferramentas úteis para a manutenção de um racismo estrutural. Essa constatação me remete a algumas vivências que demorei anos para compreender. Tive algumas empregadas domésticas e diaristas negras trabalhando em minha casa ao longo dos anos. A relação estabelecida entre nós no ambiente íntimo do lar era, raras e benditas exceções, pouco confortável. Me lembro de uma diarista que não gostava de me ver estudando enquanto ela limpava, reclamava até do fato de eu cortar o tomate em cubos, alegando que ela só gostava de tomate picado em rodelas. Me recordo de receber respostas desdenhosas ao solicitar a realização de tarefas básicas e estabelecidas previamente entre patrões e empregados. Quando comentava com meu marido, um homem branco, sobre as dificuldades de relacionamento e mesquinharias da convivência aproximada, ele contra-argumentava, resistente, que essas minhas impressões não tinham razão de ser porque entre nós, mulheres negras, não fazia sentido haver rusgas e estremecimentos, pois vínhamos de um lugar social e econômico assemelhado, cabendo a nós uma solidariedade e não uma oposição. Precisei de anos e muitos toques de "preste atenção nisso aqui que está acontecendo" para conseguir convencer aquele homem branco, meu aliado há tempos, de que havia algo estranho naquelas relações.

Era exatamente por sermos mulheres negras que o conflito entre nós se evidenciava com mais proeminência. Aquelas minhas empregadas e diaristas negras me liam como uma semelhante e não aceitavam receber ordens de mim. Nossas semelhanças eram os pontos que mais nos afastavam numa relação em que não estávamos posicionadas social e economicamente no mesmo lugar.

Considero, neste contexto, que meu aliado branco havia caído na armadilha do solipsismo negro, partindo de uma naturalização de uma homogeneidade do corpo negro, do pensar negro, do agir negro. Mas não o condeno por isso, até mesmo porque é raro escaparmos desta arapuca solipsista. Entretanto, este meu esforço de "treiná-lo" para detectar essas incongruências das relações raciais permitiu que anos depois ele pudesse compreender perfeitamente uma situação de dificuldade relacional que vivi com uma turma de alunas, algumas negras, todas periféricas, em uma instituição de ensino que me viam com desdém por eu ter vindo do mesmo lugar de onde elas saíam diariamente para estudar, da periferia. A mensagem subliminar que me emitiam com sua repugnância para comigo era de que devia ser um absurdo, um acinte, aquela mulher negra que tinha saído do mesmo lugar que elas ter a audácia de querer e poder ensinar.

Deslocando ainda mais o olhar para a academia, muitas experiências semelhantes também povoam este espaço. Já lecionei em turmas em que uma aluna negra, uma mulher mais velha, se sentia bastante incomodada com minha docência. Posteriormente, numa tentativa de aproximação vim a compreender que ela se sentia fortemente intimidade pela minha posição de superioridade em classe. Não uma superioridade arrogante, mas sim aquela que advém simplesmente da constatação de que eu, uma mulher tão negra quanto ela e mais nova, estava ali ensinando. Já vivenciei histórias de provocar em outros corpos negros e femininos *orgulho* por ser a professora negra da turma e *repúdio* pelo mesmo motivo.

No imaginário jurídico também há uma espécie de ruído solipsista. O solipsismo negro também se alastra pelos corredores dos tribunais. Há uma leitura padronizada de corpos negros em tribunais, delegacias, presídios e salas de aula. Perpetua-se nos corredores do sistema de justiça, tanto faz se aos berros ou sutilmente audível, o discurso do "negros são todos iguais", "negras são todas prostitutas", "negros são todos violentos", "negras são todas mentirosas", "negros são todos bandidos", "negro, se não faz merda na entrada, faz na saída", "negros são mais propensos ao crime", "negras são facilmente conduzidas ao tráfico". Estes estereótipos racistas não nascem no raciocínio jurídico como ervas daninhas, são transferidos da sociedade para o direito porque o direito está na vida e a vida está no direito. Eles não nascem no raciocínio jurídico como ervas daninhas, mas se alastram como tais sim e, para além disso, se naturalizam como se tivessem nascido ali. Dados comprovam este solipsismo negro como uma das armadilhas mais frequentemente utilizadas pelo sistema de justiça para encarcerar corpos oprimidos racialmente.

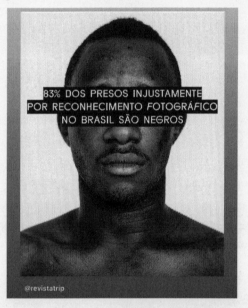

Figura 24 - Figura da Revista Trip representando dados de pesquisa divulgada em 2021 e realizada pelo Condege (Colégio Nacional dos Defensores Públicos Gerais) e pela Defensoria Publica do Rio de Janeiro.

Nesta dinâmica então, é comum ouvir relatos de corpos negros sendo lidos como corpos em processamento pelo direito e não como processadores do mesmo. Em entrevista ao Jornal O Tempo, o advogado Fernando Luís Barbosa relata

"Na minha primeira audiência, a assessora do juiz me perguntou se eu era o réu".

Figura 25 - Destaque do Jornal O Tempo Belo Horizonte, Dez/20.

É natural se compreender, numa lógica bacharelista e num ensino jurídico que letra numa perspectiva tradicional e numa sociedade racista, que se um negro está num tribunal certamente é réu ou funcionário de baixo escalão. Essa naturalização se deve ao fato de o racismo incrustar as estruturas sociais desde o início do processo de colonização.

O estranhamento ocasionado pela imagem de uma negra sentada na cadeira da juíza tem tanto de profano quanto de redentor. Para uns pode parecer um sacrilégio, para outros pode sinalizar um alívio, uma brisa de novos ares, uma antevisão de um porvir diferente para o sistema de justiça. O vislumbre de um *afrofuturo jurídico*.

Mas por que defendo a existência de um solipsismo negro dentro do sistema de justiça? Kenneth J. Vandevelde em sua obra *Pensando como um advogado* se empenha para explicar a construção do raciocínio jurídico. Ele explica que as premissas que orientam o raciocínio jurídico, nos Estados Unidos, refletem concepções profundas a respeito da relação entre os indivíduos e a comunidade, das possibilidades de compreensão humana e da natureza da própria realidade (VANDEVELDE, 2004, pg. 141). Partindo das digressões deste autor e professor estadunidense, constato que o raciocínio jurídico no Brasil se estrutura sobre bases semelhantes. Aqui por essas paragens também percebo que o raciocínio jurídico reflete profundas concepções sociais. Demonstro isso ao longo de meus estudos através de decisões que pautam criminalidade a partir de raça e por meio de dados catalogados por órgãos das mais diversas vertentes ideológicas. O sistema de justiça é racista porque o raciocínio jurídico o é e o ensina assim.

As instituições de ensino jurídico se debruçam sobre o raciocínio jurídico em seus mais diversos vieses, seja tributário, constitucional, administrativo, trabalhista, civilista, penalista, empresarial, internacional, histórico, sociológico, filosófico, econômico e mais. Todos os chamados ramos do direito desenvolvem sua dinâmica cognitiva a partir de uma raiz comum, que é o raciocínio jurídico. Este, por mais que tente evoluir e se adequar aos anseios de uma contemporaneidade, segue carregado de marcadores. No caso específico do raciocínio jurídico ensinado e perpetrado no Brasil, defendo que o mesmo é racista, classista, patriarcal, sexista e eurocentrado. Neste diapasão, o raciocínio jurídico brasileiro segue sendo colonial. As bases teóricas do raciocínio permanecem colonialistas, o que provoca um movimento psicodélico de looping constante frente à tentativa de atualização deste raciocínio e posterior regresso do mesmo ao ponto de partida, já que o poder segue nas mãos de uma elite que parece pouco disposta a compartilhá-lo, como já aparentava sê-lo nos tempos coloniais.

Enquanto o raciocínio jurídico seguir pautado em uma lógica colonial, todo o sistema de justiça permanecerá dominado por um solipsismo negro que só serve para encarcerar, reduzir e exterminar.

Interessado também em desvendar os muitos enigmas do raciocínio jurídico, o jurista belga François Rigaux explica que:

> O problema da interpretação que está no centro do raciocínio jurídico não tem por único objeto a inteligência dos textos normativos escritos, emanantes de uma autoridade pública (lei, regulamento, ato administrativo, decisão jurídiciária etc). O costume, os usos, os atos jurídicos privados, os comportamentos individuais, inclusive aqueles que não se revestem de uma forma oral (gestos, silêncios, ações e inações, omissões) oferecem-se à interpretação judiciária. Semelhante busca do sentido caracteriza toda interação humana – do escambo à troca mercantil, do encontro venal à paixão amorosa -, mas apresenta traços particulares quando é praticada pelos diversos protagonistas das ordens jurídicas. Os indivíduos e as pessoas responsáveis por uma empresa, que negociam os termos de um contrato, que divergem sobre as modalidades de sua execução, que determinam as condições em que ele termina, criam a organização adaptada à sua vontade de projetar sua ação no futuro. O contrato de sociedade, as convenções coletivas firmadas por trabalhadores, os estatutos de uma organização esportiva são alguns exemplos disso. (RIGAUX, 2003)

O raciocínio jurídico, como se pode depreender, se molda, pela interpretação, em conformidade com as relações sociais, institucionais, empresariais, públicas e privadas. Trata-se de uma construção relacional. Partindo daí, e tomando por base todo o contexto estruturalmente racista que amalgama a sociedade e se infiltra pelo direito, como instrumento de formação das elites coloniais e de seus herdeiros, não é de se espantar que o sistema de justiça seja racista e se valha do que nomino de solipsismo negro para decidir, libertar, encarcerar, condenar, cobrar ou onerar. Em contrapartida, os que se beneficiam desta lógica bacharelista que contamina o raciocínio jurídico é o grupo que sempre foi privilegiado, os herdeiros de uma colonialidade (QUIJANO, 2010) do poder, do ser e do saber, e que se esforça para manter-se no poder.

Um Letramento Jurídico Crítico, como o que proponho neste trabalho, contribui fortemente para um giro no raciocínio jurídico, uma ressignificação, pois expõe outros modos de pensar e ser, outros saberes que são secularmente silenciados pela academia e sem os quais o direito segue insípido, inodoro e insensível às diversidades, pluralidades e complexidades que povoam a vida.

Mas me interessa explicar que mesmo aqui, neste trabalho, não se pode essencializar a experiência do jurista negro e da jurista negra. Pois ser negra não significa necessariamente pensar como uma negra (MOREIRA, 2019). O que quero dizer é que uma juíza negra, simplesmente por ser negra não será mais compassiva e consciente das opressões que recaem sobre outros corpos negros. Aliás, me esforço por demonstrar neste trabalho que a educação jurídica tradicional conduz, respeitadas as exceções que confirmam a regra, a uma cooptação pelo direito das elites, passando aquela jurista a ser uma defensora do *status quo*.

Entretanto, para além disso, me esforço em demonstrar que há outras representações (hooks, 2019D) possíveis de corpos negros no sistema de justiça, partindo do ensino jurídico. Há espaços para Iemanjá como arquétipo da justiça, mesmo num ambiente dominado por Thémis. Há espaço para professoras negras nas faculdades de direito dominadas pela branquitude. Há espaço para promotoras de justiça negras, há espaço para juízas e juízes negros nos tribunais, há espaço no Supremo Tribunal Federal para ministras negras e ministros negros. Há espaços. Talvez o que falte seja interesse em se ter e se dar voz e poder a estes corpos dissidentes. Talvez o interessante mesmo seja preservar a naturalização de posições sociais e representações jurídicas da raça no lugar de subalternidade e conduzir um ou outro corpo negro ao núcleo duro do poder para servir de justificativa tokenista (EDDO-LODGE, 2019), permanecendo tudo como sempre foi. Preservando-se a conveniência das relações coloniais de poder. Este é mais um perigo do essencialismo da raça.

Harris, ao tratar das conveniências do essencialismo, elucida que é mais fácil ser essencialista, já que a cultura dominante o é. Além do que, o essencialismo significa segurança emocional pois retira, aparentemente, do espaço a experiência do conflito, fazendo parecer se estar em segurança. Outra constatação de Harris é que o essencialismo oferece uma oportunidade rara para quem experimentou um afastamento ou reiteradas negativas de acesso a posições de poder, o que faz com que o essencialismo seja um fornecedor de múltiplas arenas de poder. Embora Harris esteja se referindo, neste trecho de seu trabalho, mais ao essencialismo feminista, suas digressões nos servem de alerta para o essencialismo racial e também para os processos de essencialização das trajetórias negras na academia. Por fim, uma outra conveniência do essencialismo apontada é a da necessidade de simplificação do debate. Algo que a unificação de experiências acaba por proporcionar. (HARRIS, 1990)

Destas conveniências quero me ater por um minuto mais naquela que relaciona essencialismo e poder. De modo bastante perspicaz, a jurista negra estadunidense mostra como as arenas de poder se dispõem de forma convidativa quando grupos sistematicamente oprimidos conseguem evocar sua potência e sair do silenciamento e invisibilidade. Há uma construção de hierarquias de opressão por vezes sutil e por vezes bastante evidenciada. Nessa construção, as disputantes usam seu próprio sofrimento e também sua condição de vítimas e a inocência que advém desta constatação, para conquistar o direito de definir a "experiência daquele determinado grupo".

Essa, dentre as conveniências do essencialismo, é a que me parece mais perigosa. Se parto da leitura de um trabalho estruturado metodologicamente na escrevivência, um leitor ou interlocutor desavisado pode querer entender que quando falo me aproprio de uma verdade inquestionável, me imponho como "a voz dissidente repleta de razão", "a dona da verdade", me posiciono como se estivesse retirando a todos de um transe epistemológico secular. Mas esta é uma leitura equivocada e uma compreensão que esvazia e desvirtua a potência do ato de escreviver no direito; bem como confere menor importância aos processos de insurgências dos corpos dissidentes, oprimidos e periféricos ou fronteiriços que, como outsider within (COLLINS, 1986), transitam pelo sistema de justiça. Não é esta, de modo algum, a minha intenção e nem de outras pensadoras que se valem da escrevivência para se insurgir contra o *status quo*.

Na verdade, o que escritoras escreviventes como eu querem evidenciar é a complexificação dos dilemas que envolvem a presença de corpos historicamente oprimidos em espaços de poder secularmente dominados pelo opressor. Este movimento não pretende construir um novo essencialismo. Mas sim estruturar o que Harris identifica como pós-essencialismo (HARRIS, 1990). Um movimento que promove o abandono de uma busca pelo eu unitário, pela homogeneização de experiências. Entendo que o contraponto do essencialismo é a complexificação (VAN BREDA, 2007). E complexificar é tensionar, é convidar ao deslocamento, à saída da zona de conforto que o essencialismo estabelece.

Trazendo a construção argumentativa de Harris para o meu debate advirto à minha leitora ou interlocutora que foque nas relações fotografadas por minhas experiências para além do meu ser em si. Minhas vivências entremeadas à teoria querem promover uma evidenciação das complexidades relacionais que podem se dar no sistema de justiça a partir do ensino jurídico, jamais devem servir como um passe-livre para oprimir sob o argumento de que já fui oprimida injustamente e que agora mereço ir à forra. Não é nem de longe este o debate que proponho e nem o objetivo que pretendo alcançar.

Harris defende que o melhor contra-ataque ao essencialismo, e aqui me fixo no essencialismo da raça no sistema de justiça, é a ênfase na vontade e na criatividade (HARRIS, 1990). Vontade de ressignificar-se nas vivências, algo muito próximo do que este trabalho identifica como escrevivência. Criatividade para agenciar multiplicidades identitárias dos eus que habitam a outsider within (COLLINS, 1986), desarticulando a lógica da dominação pelo essencialismo.

Como uma resposta adequada ao essencialismo de gênero, Harris sugere uma ciência jurídica da consciência múltipla, marcada por narrativas pessoais, as escrevivências como escolho nominá-las neste estudo. O mesmo concluo para o enfrentamento e superação do essencialismo da raça e, sobretudo, do essencialismo da raça no sistema de justiça, e é isso que meu trabalho se esforça por fazer.

A jurista negra e professora universitária estadunidense, enfatiza a importância da construção de pontes que vinculem experiências insurgentes para que se possa criar o espaço seguro que bell hooks tanto destaca (hooks, 1994). Meu trabalho é ponte. Uma ponte entre a teoria racial crítica que vem sendo desenvolvida nos Estados Unidos desde o final da década de 1970 e as experiências no ensino jurídico e no sistema de justiça no Brasil desde a implementação dos cursos de formação jurídica no país na década de 1820 em moldes fortemente coloniais. Angela Harris, Charil Harris, Patricia Williams, Kimberlé Crenshaw e muitas outras pensadoras com as quais dialogo integram este movimento epistemológico cujas bases históricas exponho a seguir.

COMPROMETIDA COM UMA TEORIA RACIAL CRÍTICA SULEADA[78]

Quando o projeto dos Estudos Legais Críticos (ELC) se organiza, no final da década de 1970[79], para construir um pensamento crítico sobre a forma como o direito se estruturava nos EUA e seus impactos opressores sobre grupos oprimidos, seus defensores alinham suas perspectivas críticas aos estudos desenvolvidos pela Escola de Frankfurt e por outros autores associados à teoria social. Argumentava-se que a lógica e a estrutura do direito nos moldes convencionais como vinha se apresentando desde sua origem compactuava com a preservação do poder do grupo social dominante e que, dentro desta dinâmica os grupos oprimidos jamais seriam contemplados pela lei, toda elaborada e aplicada à conveniência da supremacia branca.

O ELC desenvolveu seus argumentos fundantes partindo de algumas convicções importantes às quais chegaram observando o modelo jurisdicional norte-americano. Consideravam que o direito e suas leis não determinam completamente o resultado das disputas legais, pois estas são manipuláveis e conduzidas para ratificar a predominância dos supremacistas brancos. Além disso, entendiam que todo o direito e suas leis possuem natureza fortemente política, pois são criados e conduzidos por seres humanos falíveis, politicamente influenciáveis e imperfeitos, não tendo como ser diferentes de seus criadores. As características que conformam quem criou

---

[78] O uso deste termo se alinha com a utilização apresentada por Paulo Freire na obra *Pedagogia da Esperança: um reencontro com a pedagogia do oprimido.* (FREIRE, 2020, p.33).

[79] Glória Lagson-Billings narra que o ELC surge oficialmente numa conferência ocorrida em 1977 na Universidade de Wisconsin-Madison, tornando público um projeto que vinha se formando algum tempo antes em decorrência do incômodo que alguns estudiosos das teorias sociais começaram a ter ao observar a dinâmica do direito e como esta se articulava de modo a compactuar para uma manutenção de estruturas de dominação e controle social.

o direito e suas leis são transpostas para a essas criações e se refletem nos posicionamentos, nas decisões e nos processos legislativos. Outra convicção era a de que todo o direito serve aos interesses dos poderosos e os protege das demandas dos grupos oprimidos. Por fim, o ELC também compreende que o direito é inerentemente contraditório, posicionando-se em defesa dos interesses do Estado ao mesmo tempo em que visa proteger os indivíduos e seus direitos. (LAGSON-BILLINGS)

Essas convicções foram se consolidando a partir dos estudos e construções teóricas do ELC, que foi se fortalecendo nos anos que se seguiram. Entretanto, dentre os estudiosos integrantes do projeto passou a se evidenciar um desconforto com a ausência de abordagens que focassem na questão racial. Alguns integrantes do grupo, então, decidiram, em 1985, se desvincular e formar um outro projeto, agora sim tendo como ponto central o debate a raça. Foi assim que surgiu, então, o projeto de Teoria Racial Crítica, conduzido por acadêmicos negros e que não se desvinculou, porém, de algumas das convicções já apresentadas pelo ELC, mas que introduziu no debate a questão racial como eixo e alicerce para toda a compreensão da relação do direito com todas as outras ferramentas[80] de controle social.

Derrick Bell, primeiro professor negro da Harvard Law School e integrado aos quadros em 1971, é um dos expoentes dessa Teoria Racial Crítica, colaborando muitíssimo para sua difusão e consolidação. Seus estudos evidenciam a importância de se trazer a raça para o centro do debate que pretende fazer-se político, intelectual e coerente no trato do direito e das leis. Junto com outros acadêmicos, começa a consolidar uma TRC que normaliza o racismo como algo estruturante da sociedade e inicia um deslocamento do conhecimento jurídico, até então conduzido dentro de uma lógica liberal, para

---

80 Economia e Política são postas aqui ao lado do Direito como importantes ferramentas de controle social e que se interconectam a todo instante para construir estratégias e implementar discursos que preservem as forças de comando sempre favoráveis ao grupo opressor.

um outro lugar em que se fizesse evidente como as práticas liberais legais sustentam e aquiescem a lentidão ou paralisia do processo de transformação que o acesso e garantia de direitos aos grupos oprimidos poderia promover.

Kimberlé Crenshaw, uma das integrantes do TRC e principal difusora de sua história, demonstra que esse movimento possui duas pretensões básicas: entender como um regime de supremacia e de subordinação das pessoas negras foi criado e é mantido nos EUA e mudar o vínculo que existe entre direito e poder racial. Dentro dessas pretensões, muitos estudos e estratégias epistemológicas têm sido construídas de modo a evidenciar outras formas de conexão entre direito e raça. Este pensamento tem se ramificado por várias partes do mundo. Há um braço deste movimento que se conforma na América Latina, formando o que chamam de LatCrits e também vertentes do feminismo negro que se identificam com as convicções e pretensões apresentadas pela TRC. (LAGSON-BILLINGS)

Neste contexto é que este trabalho se apresenta como uma proposta decolonial e suleada de uma Teoria Racial Crítica. No que nomino aqui de Teoria Racial Crítica Suleada (TRCS) o que se pretende demonstrar é que dentro do debate que envolve direito e poder racial, é preciso haver um recorte metodológico que consiga efetivar essas outras epistemologias que emergem de novos modos de ler o mundo, experiências suleadas e classificadas como periféricas.

Deste esforço por contribuir com uma Teoria Racial Crítica Suleada é que este estudo emerge, voltado para reflexões sobre o direito, o ensino jurídico e o sistema de justiça do Brasil. Não me implico num movimento de explicar a Teoria Racial Crítica em suas origens e não me imponho um compromisso de evidenciar todas as digressões propostas nestes últimos anos pelos integrantes desta corrente epistemológica. O que proponho é uma contribuição a esta teoria a partir do olhar de uma jurista negra sobre o direito. Deste lugar em que me posiciono, reflito sobre direito brasileiro como uma *outsider within*, ou seja, um corpo dissidente que avalia a estrutura jurídica com um pé dentro e outro fora da mesma. Uma condição fronteiriça e que me inscreve no discurso como uma espécie de forasteira de dentro, autorizada a entrar, mas não a pertencer.

O compromisso com o qual me envolvo está em questionar as bases estruturais de um ensino jurídico marcado pela colonialidade do poder e do saber e em evidenciar representações coloniais de corpos oprimidos num sistema de justiça que serve ao grupo dominante e ignora fissuras em seu alicerce cuja ocultação se mostra conveniente à manutenção do *status quo*.

Em seu importante artigo Compassion and Critique, Angela Harris explica sua compreensão de ideologia como sendo uma técnica de agenciamento, manejo ou gerenciamento de emoções. Partindo deste redimensionamento do termo, a autora passa a tecer relevantes considerações sobre os caminhos perigosos que a teoria racial crítica pode percorrer e alerta para dificuldades que podem aparecer com o uso da emoção e da sensibilidade como um recurso eficiente para ativar a dimensão crítica do debate sobre direito. (HARRIS, 2012)

Considero fundamental expor aqui as ideias desta respeitada jurista negra para que fiquem bem evidentes as intenções deste meu trabalho, que se pretende crítico ao direito, ao ensino jurídico e ao sistema de justiça e que faz isso através de uma articulação ideológica que se aproxima daquela apresentada pela teoria racial crítica estadunidense. Minha escrita acadêmica também evidencia uma predileção ideológica pois, como ensina Angela Harris, agencia emoções e o faz em prol de um debate crítico que entrelace raça e direito. Entretanto é necessário explicar que meu texto não é ingênuo e muito menos está interessado em mobilizar somente emoções que não conduzam a uma real ação transformadora.

Ao agenciar emoções em meu texto não estou empreendendo nenhuma técnica nova ou estranha ao direito. O direito sempre lidou com emoções mas as gerencia de um modo distinto do que emprego neste trabalho. Este gerenciamento está ligado aos interesses de quem detém o poder e domina a academia. Como me disponho a capturar este poder e desconcentrá-lo, espalhando-o pelas margens, também agencio emoções em minha jornada discursiva, mas o faço de modo distinto do tradicional. O manejo de emoções que esta pesquisa se propõe a desenvolver se dá de modo engajado, para a produção de uma mudança emancipatória do direito, do ensino jurídico e de todo o sistema de justiça.

Neste sentido, o suleamento de uma teoria cujo nascimento se dá em um outro contexto histórico, geográfico e cultural exige cautela e reflexão para que não se promova uma mera cópia do que já se produziu lá fora. Atenta aos perigos de uma transposição teórica acrítica, me interesso por agenciar emoções que condicionam nossas relações jurídicas de modo muito particular, a partir de vivências que não são as mesmas de outros povos e de narrativas que não indiquem outros lugares de enunciação discursiva para além do berço teórico que embalou os pensamentos iniciais da teoria.

Angela Harris explica que quando se trabalha com emoções no direito é preciso lidar com algumas possíveis armadilhas, quais sejam:

Armadilha 1 – o carinho ou a simpatia que meu texto possa suscitar deve ser conectado à indignação moral para produzir um compromisso com a ação. É importante se compreender que o sentimento de pena não interessa no tipo de debate que a teoria racial crítica se esforça por promover, porque pena é um sentimento que não requer nenhuma ação, apenas alguma simpatia.

A jurista crítica defende que teóricos críticos precisam se esforçar para cultivar a indignação ao mesmo tempo em que tocam os corações de seus leitores. (HARRIS, 2012)

Armadilha 2 – essa armadilha está intrinsecamente ligada à primeira e consiste em se compreender que ao se convidar interlocutores a observar o sofrimento dos outros, se pode provocar compaixão mas também se pode reforçar um senso de inferioridade e a necessidade de caridade.

Reforçando essa armadilha, Angela Harris explica que uma política enraizada em demonstrações de sofrimento ameaça tornar-se terapêutica, uma política em que os subordinados buscam apenas reconhecimento público de suas feridas e um senso de superioridade moral ao invés da transformação das relações sociais. (HARRIS, 2012)

Armadilha 3 – a teoria crítica precisa demonstrar, simultaneamente, que a injustiça está em toda parte e que é possível a mudança, a superação. É necessário saber caminhar numa linha tênue entre esperança e desespero. (HARRIS, 2012)

Os pesquisadores do direito estão percebendo que emoção não é o oposto de racionalidade. As emoções estão profundamente enraizadas na razão. Elas influenciam o que percebemos e o que não percebemos também. Elas nos ajudam a avaliar o valor do que percebemos. Por fim, as emoções são motores da ação. (HARRIS, 2012) Quando Angela Harris traz essas reflexões em seu texto Compassion and Critique, minha compreensão de como as emoções são gerenciadas por juristas se torna mais bem delineada, pois embora haja um esforço em se desassociar emoção e direito a construção ideológica do direito é toda moldada para nos fazermos perceber algumas coisas e não perceber outras. Através dos processos de higienização que o melhor saber se propõe a empreender e de todo a mecânica de entronização do direito no centro do poder, conformando o direito das elites, o que se evidencia é um astuto engendramento de emoções articuladas para não deixar ver o que se interessa ocultar. Também há um ardil ideológico nas instituições jurídicas para não expor a quem o direito das elites interessa, protege e beneficia. Tudo muito bem ornado para fazer parecer que o direito é puro, insípido e inodoro.

Como Angela Harris ensina, as emoções nos levam a agir, nos ajudam a implementar escolhas e a orientar nossos objetivos. Deste modo, as emoções não opõem a, mas sim são centrais ao que entendemos por "razão" ou "racionalidade". (HARRIS, 2012)

Deste modo, compreendendo a importância do agenciamento de emoções no direito, articulo meu trabalho tendo o gerenciamento emocional como um dos elementos metodológicos implicados numa crítica ao direito, ao ensino jurídico e ao sistema de justiça como um todo. Fazer este movimento posiciona este estudo na fronteira que a jurista estadunidense aponta entre desespero e esperança. O desespero de se perceber como o direito tem diversas camadas sobrepostas de complexidades que não são mexidas com a frequência necessária, permitindo que se crie um limo fétido e pegajoso. A esperança de que a evidenciação dessas mesmas complexidades promova uma indignação que convoque a todos para uma tomada de atitude, transformando tudo em algo melhor, movendo as camadas de colonialidade que envolvem o direito e dissipando o odor que o mofo das coisas antigas e mau conservadas acaba por propagar.

Em sintonia com todo o exposto acima, minha pesquisa se propõe a apresentar uma teoria racial crítica suleada, que nos envolva em dilemas próprios de nossa realidade para que tenhamos condições de gerenciar emoções que só brotam em corpos marcados pela nossa história, nossas vivências, nossa cultura, nossas peculiaridades. Me esquivo das armadilhas que Angela Harris me aponta como uma capoeirista que ginga para sobreviver, tendo a plena convicção de que a capoeira é, ao mesmo tempo, uma dança e uma luta. A teoria racial crítica suleada que te convido a contemplar ginga entre desespero e esperança articulando emoções para engajar e transformar.

DIÁRIO DE UMA PROFESSORA NEGRA NA FACULDADE DE DIREITO
EPISÓDIO 7

Acordo atrasada. Meu celular descarregou no meio da noite e não despertou no horário planejado. Me visto às pressas. Saio sem um desjejum. Mas sigo para um lugar diferente. A aula de hoje não ocorrerá nas dependências institucionais. Iremos numa visita guiada ao Tribunal de Justiça.

Encontro minhas alunas e alunos na entrada do prédio. Poucos minutos depois a visita começa. Conhecemos, através de um funcionário, uma parte da história do direito a partir da história deste órgão jurisdicional.

Nos atemos por um tempo maior na sala onde ocorrem as audiências conjuntas. Faço questão de fotografar cada aluna e cada aluno sentado na cadeira do desembargador-presidente. Usarei este material para montar um mural e promover um debate em classe sobre a representação imagética dos corpos no Poder Judiciário. A segunda parte da aula ocorrerá em classe na próxima semana e será sobre estruturação do Poder Judiciário à luz da atual Constituição.

A visita termina com uma roda de conversa no hall do Tribunal de Justiça. Fazemos um rápido exercício de percepção da imponência física do edifício num paralelo com a mesma sacralidade que este órgão ganha dentro do sistema de justiça.

Me despeço da turma por volta de uma 11h e sigo para a primeira refeição do dia.

2. LETRAMENTO JURÍDICO CRÍTICO
EXU GANHA O PODER SOBRE AS ENCRUZILHADAS

Exu não tinha riqueza, não tinha fazenda,
não tinha rio, não tinha profissão, nem artes, nem missão.
Exu vagabundeava pelo mundo sem paradeiro.
Então um dia, Exu passou a ir à casa de Oxalá.
Ia à casa de Oxalá todos os dias.
Na casa de Oxalá, Exu se distraía, vendo o velho fabricando os seres humanos.
Muitos e muitos também vinham visitar Oxalá, mas ali ficavam pouco,
quatro dias, oito dias, e nada aprendiam.
Traziam oferendas, viam o velho orixá, apreciavam sua obra e partiam.
Exu ficou na casa de Oxalá dezesseis anos,
Exu prestava muita atenção na modelagem e aprendeu como Oxalá fabricava
as mãos, os pés, a boca, os olhos, o pênis dos homens,
as mãos, os pés, a boca, os olhos, a vagina das mulheres.
Durante dezesseis anos ali ficou ajudando o velho orixá.
Exu não perguntava.
Exu observava.
Exu prestava atenção.
Exu aprendeu tudo.
Um dia Oxalá disse a Exu para ir postar-se na encruzilhada

por onde passavam os que vinham à sua casa.

Para ficar ali e não deixar passar quem não
trouxesse uma oferenda a Oxalá.

Cada vez mais havia mais humanos para Oxalá fazer.

Oxalá não queria perder tempo recolhendo
os presentes que todos lhe ofereciam.

Oxalá nem tinha tempo para as visitas.

Exu tinha aprendido tudo e agora podia ajudar Oxalá.

Exu coletava os ebós para Oxalá.

Exu fazia bem o seu trabalho
e Oxalá decidiu recompensá-lo.

Assim, quem viesse à casa de Oxalá
teria que pagar também alguma coisa a Exu.

Quem estivesse voltando da casa de Oxalá
também pagaria alguma coisa a Exu.

Exu mantinha-se sempre a postos guardando a casa de Oxalá.

Armado de um ogó, poderoso porrete,
afastava os indesejáveis

e punia quem tentasse burlar sua vigilância.

Exu trabalhava demais e fez ali a sua
casa, ali na encruzilhada.

Ganhou uma rendosa profissão, ganhou seu lugar, sua casa.

Exu ficou rico e poderoso.

Ninguém pode mais passar pela encruzilhada sem
pagar alguma coisa a Exu. (PRANDI, 2001)

Essa lenda inaugura o capítulo que posiciona o direito no centro da encruzilhada, o lugar dos atravessamentos, onde o fluxo é intenso e permanente.

Estar neste lugar de atravessamentos coloca o direito no espaço da disputa, marcado, inclusive pelo arquétipo do guardião das encruzilhadas. Exu suscita dissensos. E este é o lugar do direito. O terreiro jurídico é o centro da encruzilhada, das ambivalências da vida e das multicuralidades e das interconectividades. Retira-lo deste lugar é um erro de graves consequências.

O direito, ao localizar-se no centro da encruzilhada, ou das sobrebostas encruzilhadas possíveis, apossa-se do espaço e do tempo onde tudo se desenvolve. Materializa-se como dono da rua, como senhor das potencialidades. O direito, o ensino jurídico, o sistema de justiça, encarnam Exu.

Entretanto, o movimento de aprisionamento colonial do saber e do ser, limitam e restringem essa compreensão dinâmica e potente do direito. É daí que emana a necessidade urgente de se reconfigurar a dinâmica do ensino jurídico, reafirmando sua centralidade na encruzilhada da vida.

Ao trazer um recorte pedagógico para a análise do dilema da intelectualidade negra, dessa maldição, nos dizeres bourdieusianos, que banaliza saberes e obriga a tragar um conhecimento filtrado pela supremacia branca que se faz senhora de todas as potencialidades de poder, pretendo aguçar os instintos para que todos percebam o quanto é importante que haja um redimensionamento do currículo acadêmico, dilatando-se para conter outros letramentos que comportem as múltiplas dimensões e dinâmicas dos corpos que acessam as universidades. É neste ponto que o Letramento Jurídico Crítico se apresenta.

Do mesmo modo como o letramento possui multidimensões, podendo ser processado em diversos espaços de materialização de poder; o Letramento Jurídico Crítico também se desenvolve em múltiplas dimensões, perpassando os mais diversos espaços e articulando-se por instituições como escola, família, terreiros, ruas, dentre outros. Entretanto, o papel da escola neste letramento engajado se destaca sobremodo pois robustece, dentre outros, o chamado capital simbólico apresentado por Pierre Bourdieu (2011).

O nó górdio da questão, porém, se apresenta na constatação de que o saber engajado, aquele saber localizado em outros lugares como explica Donna Haraway(1995), para além daqueles dominados pela supremacia branca, não é legitimado cientificamente. Compromete-se, com isso, a formação de uma negritude envolvida com suas interfaces identitárias, pois cria-se uma atitude de rechaço ao que não é científico (ou que foi determinado como tal), quando se acessa o espaço legitimado para o pensar científico.

Junto a isso, o acúmulo de capital simbólico adquirido durante o letramento acadêmico direcionado pelos padrões estabelecidos pelo colonizador, não é potencializado para produzir uma intelectualidade negra transformadora, pois há uma desvalorização e deslegitimação deste capital por se estar diante de letrados oprimidos. A maldição segue se cumprindo, pois ter-se-á um letramento que conformará capital simbólico, entretanto este não terá valor algum já que não foi acoplado a nenhuma ferramenta de emancipação. Simplesmente foi apresentado para mero cumprimento curricular, sem implicar em qualquer intenção cognitiva eficiente para libertar pelo saber. Trata-se de conhecimento colonizado, que não liberta, só simula libertação. A intelectualidade negra segue repleta de capital simbólico negativo, que não tem funcionalidade pois foi catalogado como inútil e descartável.

Quando Boaventura de Sousa Santos (SOUZA SANTOS, 2007) discorre sobre o pensamento abissal, como é o pensamento moderno ocidental, está tratando destes dois universos distintos, que se conformam numa relação de alteridade/outridade. Um universo só existe para fundamentar a existência do outro. Nesta dicotomia está o que existe, o visível, e o que não existe, o invisível. O invisível, inexiste em sua relevância e compreesibilidade, passando a ser excluído do mundo.

O pensador explica que este pensamento divide a realidade social criando dois universos distintos, um deles, o universo que fica "do outro lado da linha" torna-se invisível, passa a inexistir e, portanto, deixa de ser importante. O pensamento abissal se caracteriza pela impossibilidade da co-presença dos dois lados da linha (SOUZA SANTOS, 2007). Nesta perspectiva, compreendo que o letramento jurídico ofertado hoje nas academias e ponto de partida para uma aproximação do jurista para com o sistema de justiça é também um pensamento abissal.

Ao tratar deste pensamento abissal, Boaventura de Sousa Santos (2007) considera que a distinção promovida por este pensamento estabelece, de um lado da linha, sociedades metropolitanas e, do outro lado da linha, territórios coloniais. Dentro dessa abordagem, ele explica que os territórios coloniais formam o espaço em que o desenvolvimento do paradigma emancipatório é impensado. Compreendo que o letramento jurídico, como materialização do pensamento abissal, autoriza uma outra dicotomia que o autor português apresenta como sendo o domínio do direito e o domínio do não-direito.

O pensamento abissal, segundo Boaventura (2007), nega a co-presença. Invisibiliza o "outro lado da linha" e é essa a mesma lógica que, entendo eu, conforma o letramento jurídico, sistematicamente organizado para ser abissal e tornar inexistente tudo aquilo que está do "outro lado". Ele explica que dentro de uma dinâmica colonial, o pensamento abissal tende a continuar a se auto-reproduzir-se, por mais que sejam excludentes as práticas que derivam deste pensamento. Essa continuidade exige que a resistência política seja pautada por uma resistência epistemológica (SOUZA SANTOS, 2007), que eu vislumbro como sendo o Letramento Jurídico Crítico e suas estratégias multiculturais.

Ainda segundo o estudioso, o reconhecimento do pensamento abissal é condição para se começar a pensar e agir, para além dele. Sim, este reconhecimento, o pensamento crítico em si permanecerá um pensamento derivativo e que continuará reproduzindo linhas abissais. A partir dessa compreensão é que será possível transcender e estabelecer uma outra lógica de pensamento, que seja pós-abissal. Ele explica que, na perspectiva das epistemologias abissais do Norte Global, o policiamento das fronteiras do conhecimento válido é bastante relevante e acaba por gerar um epistemicídio maciço que reincide nos últimos cinco séculos e segue desperdiçando uma gama enorme de ricas experiências cognitivas. (SOUZA SANTOS, 2007) Tudo isso, a meu ver, muito atrelado à validação do que é tido por conhecimento e compreendido como ciência. Nisso tudo pode-se constatar que o letramento jurídico se apresenta como um pensamento abissal, enquanto o Letramento Jurídico Crítico evidencia-se como um pensamento pós-abissal. E isso tem uma força e uma potência muito significativas.

Por epistemologia se compreende a teoria do conhecimento. A ciência da ciência, que se ocupa da digressão crítica e reflexiva sobre a construção do saber. Neste contexto, se preocupa em analisar problemas metodológicos, éticos, pedagógicos, semânticos, dentre tantos outros. Num recorte focado na epistemologia pedagógica, compreende-se que esta consiste em ensinar aos alunos a pensar criticamente, a ir além problematizando dialeticamente as leituras do mundo que lhes são apresentadas. (TESSER, 1994)

Quando Sueli Carneiro perpassa o conceito de epistemicídio, já bastante trabalhado por Boaventura de Souza Santos (1997), e o apresenta sob a ótica do colonizado, destacando-o como uma tecnologia da colonização, faz com que se torne imprescindível sua observância para se entender a relevância do Letramento Jurídico Crítico. O epistemicídio produz e reproduz o discurso da inferioridade, da incapacidade e da impotência intelectual do corpo oprimido. Promove uma desqualificação de saberes localizados no campo cultural do outro, que não é o padrão eurocentrado. Empreende uma deslegitimação de estratégias de emancipação através do conhecimento e do uso da intelectualidade, que passam a ser controlados, etiquetados e hierarquizados.

O epistemicídio (CARNEIRO,2019) promove uma espécie de necropolítica (MBEMBE, 2018) acadêmica. Decidindo quem o letramento "faz viver" e quem "deixa morrer", quem liberta e quem aprisiona, quem pertence e quem só passa pela escola. Quando Achille Mbembe dialoga com Foucault e sua biopolítica e trata da necropolítica e a evidencia como um fenômeno de controle social, que organiza estratégias e relações de poder que determinam quem pode viver e quem deve morrer, desenham-se ali contornos de um monstro que habita uma estrutura cuja base também é suportada pelo direito.

Um letramento jurídico eurocentrado, que legitima e universaliza o discurso de dominação do opressor e reenvidicia opressões a serem perpetradas é um letramento que ensina e prepara o alunado para ser produtor e reprodutor da necropolítica. O próprio letramento jurídico, controlado pela ideologia de dominação que a branquitude utiliza, já antecipa a morte epistêmica do discente, que já nasce um jurista morto para uma atuação jurídica engajada e que se forma alienado para servir de ferramenta e tecnologia do encarceramento, do extermínio e da manutenção do racismo estrutural.

Paulo Freire explica que "uma permanente atitude crítica é o único modo pelo qual o homem realizará sua vocação natural de integrar-se, superando a atitude do simples ajustamento ou acomodação, apreendendo temas e tarefas de sua época" (FREIRE, 2017A. p.61).

Uma educação que promove um letramento crítico, que estabelece bolsões de criticidade no ser que aprende é cada vez mais necessária para a formação do futuro acadêmico. As experiências que narrei anteriormente com bacharéis de hoje demonstram bem essa urgência. Ainda ancorados no pensamento do referido intelectual pedagogo, estabelecer uma transitividade crítica através de uma educação dialogal, ativa, voltada para a responsabilidade social e política, inundada pela capacidade de interpretação e solução de problemas aos quais se conecta por empatia ou cidadania, deve ser o desafio a ser enfrentado com coragem pela academia, como um dos primeiros passos para a transformação do sistema de justiça; academia essa que considero fundamental ver transformadora e respeitada, capaz de libertar e emancipar. Há que se alargar as fronteiras de validação do conhecimento científico, pois este movimento promoverá verdadeira emancipação.

E o que é científico, então? Dentro de uma dinâmica da colonialidade do poder, ciência é tudo aquilo que "a pessoa", nos dizeres de Grada Kilomba, ou o homem branco europeu (KILOMBA, 2019) diz que é. Tudo aquilo que se encontra nos limites estipulados por este sujeito universal é o que ele quer que seja. Sendo assim, é ciência e é científico tudo e somente aquilo que observa os parâmetros determinados para tal pela universalidade heteronormativa da supremacia branca.

Não é demais destacar que há, na academia, uma disputa constante e visceral por reconhecimento. Não me refiro ao reconhecimento da excelência acadêmica, que existe também e é cruel. Me refiro aqui ao reconhecimento da presença indelével da intelectualidade negra nos espaços imaculados do saber legitimado pela colonialidade do poder. Este reconhecimento implica em permitir ao negro apossar-se do espaço e sentir-se pertencente. Porém, entre a leve sensação de pertencimento e a real concretização deste fenômeno há um enorme abismo epistêmico. Tudo muito provocado por ser o letramento jurídico um pensamento abissal, como exposto anteriormente.

Faz-se necessária a implementação de novas epistemologias, revolucionárias e que legitimem saberes localizados em lugares para os quais a academia não se interessa em olhar senão considerando o exotismo do objeto de suas pesquisas. A insistência de alguns acadêmicos na prática recorrente de falar pelos outros (ALCOOF, 1992) permanece invisibilisando e inviabilizando a conquista de pertencimento do negro no espaço acadêmico, pois deslegitima outros saberes e seu caráter científico.

Este pensamento abissal é que, entendo, permite a formação dessa "maldição de um capital simbólico negativo", pois este é tornado invisível, colocado em outro lugar, ou seja, fora do mundo, que é o norte global. É contra isso que o Letramento Jurídico Crítico se impõe.

"Para nos confrontarmos mutuamente de um lado e do outro das nossas diferenças, temos de mudar de ideia acerca de como aprendemos", é o que ensina bell hooks (2013, p. 154) ao analisar a construção do saber em suas salas de aula de estudos feministas. Dentro desta perspectiva, a implementação de estratégias diversas de letramentos acadêmicos, que comportem outras possibilidades insere no discurso uma dinâmica descolonizadora e, portanto, dessubalternizada. Em Nilma Lino Gomes, encontramos importantes ensinamentos sobre o tema. É ela quem explica que a colonialidade é resultado da imposição de poder de dominação colonial que atinge as estruturas subjetivas de um povo, penetrando na concepção de sujeito e persistindo mesmo após o término do domínio colonial. E é nesse processo que as escolas de educação básica e o campo de produção científica acabam se projetando como espaços de operabilidade desta colonialidade opressora e tal dominação se desenvolve sobretudo por meio dos currículos. (GOMES, 2019, p.227)

Dessubalternizar, sair ou retirar da subalternidade, implica, portanto, em um processo de instrumentalização do ser para que este encontre novos caminhos e sentidos de existir. A ideia de que a educação é uma prática de liberdade, como nos ensina Paulo Freire, é acertada e atual. O processo de Letramento Jurídico Crítico do ser, se apresenta como estratégia decolonial de libertação de amarras de subalternidade e opressão.

Pesquisa do Instituto Brasileiro de Geografia e Estatística (IBGE)[81] revela que há na população brasileira, o dobro de negros e pardos analfabetos, quando comparados ao número de brancos nesta mesma condição. Trata-se de um dado que reflete a lógica do racismo estrutural que condiciona as relações de modo a manter uns sob constante domínio por outros. A dificuldade de acesso ao capital cultural, necessário para a emancipação do ser, bem como a deslegitimação do capital simbólico que este corpo carrega, são conveniências sócio-políticas de uma persistente colonialidade do poder.

A maldição da subalternidade é alimentada pelas incongruências que as relações com o saber e o conhecimento vão criando pelo caminho. Manter grandes grupos analfabetizados coaduna com o projeto de manutenção ideológica de uma superioridade branca. Por outro lado, percebe-se um constante encorajamento para que estes corpos oprimidos busquem o letramento. Entretanto, este acesso ao capital cultural é sempre precarizado, pois deformado ou incompleto. Não há um real interesse em se instrumentalizar para emancipar. Forma-se um capital cultural para ser usado como reprodutor da própria ideologia dominante e deforma-se um capital simbólico potencialmente promissor.

---

[81] www.agenciadenoticias.ibge.gov.br página consultada em 10 de julho de 2020.

Explico-me melhor. No campo da intelectualidade, os corpos oprimidos são incentivados a permanecer como sempre estiveram, à margem. Porém, sabendo-se de muitos que não se contentam com esta condição, há também um encorajamento para que busquem o poder pela educação. Daí a busca audaz pelo letramento. Ao letrar-se o oprimido passa a acessar um determinado capital cultural bourdieusiano, que o impele em direção à libertação, mas este capital é falacioso pois forjado sob os moldes e diretrizes da supremacia branca, medido e pesado conforme seus interesses, de modo que o oprimido consegue colocar-se de pé e caminhar, mas só tem forças para dar poucos passos, permanecendo praticamente no mesmo lugar. Ao largo disso, o capital simbólico que este oprimido já possuía não encontra respaldo na academia, que se esforça por deslegitima-lo e marginalizá-lo, retirando-o do espaço referenciado como "científico".

Amaldiçoado pela posse de um capital cultural reprodutor das relações que o mantém aprisionado e por um capital simbólico negativo, o oprimido persiste no espaço acadêmico como um estranho no paraíso. Sua figura intrusiva é por muitos tolerada, mas nada além disso. É quase como sermos aceitas na casa dos brancos para estudar com a colega, mas desde que não flertemos com o irmão da moça, uma espécie de sacrilégio a ser punido com o expurgo total.

As instituições educacionais podem, portanto, se mostrar um interessante espaço de dominação, ao se recusar a implementar outras formas de letramento efetivamente emancipatório, servindo exatamente para exaltar aqueles que podem, com tranquilidade, dispensar seus serviços, pois já chegam à academia fortemente dotados de todo o capital necessário para permanecerem na centralidade do poder.

Sendo assim, letrar não é suficiente para emancipar. É importante sim, mas não é o suficiente. É como oferecer uma enxada sem cabo para um lavrador faminto. Há mais a se fazer para que oprimidos consigam se dessubalternizar, deslocar-se social, econômica e politicamente. Para tanto, uma alternativa interessante, é tornar este letramento mais robusto aprimorando-o, potencializando-o através da pedagogia engajada.

O Letramento Jurídico Crítico vem como uma ferramenta intelectual de dessubalternização à medida que confere sentido e efetividade ao capital cultural adquirido na formação escolar, ao mesmo tempo em que torna legítimo o capital simbólico trazido por aquele discente periférico. Daí seu caráter pós-abissal, comprometido com uma real e profunda emancipação e também com uma legitimação do discurso de que a educação emancipa. Isso precisa ficar bem esclarecido, pois, como tento expor desde o início deste trabalho, não é qualquer educação que dessubalterniza. Só compreendendo isso é que poderemos dar os passos certos para novos rumos.

Deslocar a pedagogia jurídica para um Letramento Jurídico Crítico implica em reconhecer múltiplas epistemes e legitimá-las todas. Dentro deste entremeado de possibilidades, implica também em implementação de estratégias curriculares que ofereçam múltiplas possibilidades de leitura e compreensão do mundo. Não resumindo o aprendizado a somente ao que é proveniente do norte global. Inovações para um Letramento Jurídico Crítico como disciplinas transversais transdiciplinares[82], formação de grupos de estudos abertos a participantes externos à universidade, realização de colóquios multiculturais, oferecimento de disciplinas totalmente voltadas para estudos negros, estabelecimento de diálogos com outras instituições para trocas de experiências, são algumas estratégias interessantes que vem provocando sensível giro epistemológico para o sul global.

---

[82] Patricia Hill Colins e Sirma Bilge explicam que muitos acadêmicos e acadêmicas de muitas disciplinas e campos interdisciplinares agora usam a Interseccionalidade como ferramenta analítica para repensar questões e instituições sociais importantes. Em outro momento informam que a Interseccionalidade fornece novas direções para repensar áreas de uma disciplina tradicional. (COLLINS, BILGE, p. 61). Abordo essa temática de forma mais detida no capítulo "A urgência da interseccionalidade no ensino jurídico".

Figura 26 - Colagem autoria própria

No meu letramento jurídico, aprendi teorias que defendem verdades universais e fui apresentada aos cânones do saber jurídico. Irrefutáveis, indiscutíveis, insubstituíveis. Teóricos, teorias e ideologias consideradas ponta de lança na discussão sobre direito e justiça. Não tive contato ou informação da existência de nada ou ninguém relevante para além daqueles baluartes da academia. Pouco ou nada surpreende que a gênese de quase todos os estudos tidos por essenciais que compuseram minha formação jurídica foi a Europa, o centro do mundo. Em alguns momentos também circulávamos pela América do Norte ou pelo que considero um outro grupo de teóricos hegemônicos. De toda forma, não foi dado um passo sequer para além do norte global.

Diante desta formação, considerada o ápice da excelência acadêmica, tratei de reproduzir os saberes adquiridos e legitimados, sem questionar. Portanto, fui talhada academicamente para produzir e reproduzir um conteúdo marcado por um viés eurocêntrico. Naturalmente, iniciei minha docência formando e letrando do mesmo modo como vivenciei a experiência do letramento. Me tornei, inconscientemente, reprodutora de uma formação que não enquadra meu povo, minha história, minha ancestralidade como existentes e consideráveis. Mas que os apresenta no discurso como marginais, selvagens, perigosos, esvaziados de saberes e complexidades. Embora negra, não passava de uma jurista que reproduzia o discurso da colonialidade do poder, sem considerar o quão provinciano e reduzido era este universo que me fora apresentado como totalidade. Por que isto aconteceu? Porque é assim que se formam juristas desde a instalação do primeiro curso de direito neste país.

É o direito o principal agente materializador/legitimador de práticas de extermínio da população negra no Brasil. Quando o processo de letramento de juristas ignora as peculiaridades do oprimido, negando-lhe silenciosamente uma formação emancipatória, que tipo de praxis é desenvolvida por este profissional? A significativa investigação destas "formas mais ocultas" que interagem no terreno jurídico é importantíssima para um real dimensionamento do problema que domina o direito na atualidade.

Certa vez, em um ciclo de palestras, uma outra convidada que compartilhava a mesa comigo, narrou que fora totalmente rechaçada em classe quando suscitou o tratamento de um determinado tema pelos estudos de Frantz Fanon, apresentando-o como alternativa aos textos que só se concentravam nos tradicionais pensadores de sempre. A proposta foi deslegitimada de pronto sob o argumento de que tal pensador não existia. Este tipo de comportamento acadêmico é muito próprio do pensamento hegemônico e universal, que exclui tudo o que desconhece. O desconhecimento docente foi ordinariamente justificado pela inexistência do renomado pensador antirracista que durante as décadas de 1950 e 1960 produziu trabalhos importantíssimos. A máxima "não conheço, portanto não existe" foi e ainda é utilizada como argumento de autoridade mais vezes do que um discente incauto é capaz de contar. Aliás, quem se submete a uma formação jurídica acaba por introjetar muitas máximas incontornáveis. Maria Fernanda Salcedo Repolês em suas aulas destaca como uma das máximas mais violentas das quais o direito se utiliza para educar é aquela que diz "o que não está nos autos não está no mundo".

O letramento jurídico forjado sobre bases eurocêntricas e coloniais não viabiliza a formação de pontos de sinapses cognitivas que conectem os saberes e instrumentalizem juristas negr@s para pensarem como negr@s. Juristas negr@s são letrados diariamente por todo o Brasil, mas não são instrumentalizados para gerirem seu capital simbólico acumulado e entremeado de vivências e experiências sociais, de modo a tornarem-se juristas que se emancipem a sim mesmos e consigam também emancipar outros oprimidos. E esta é uma estratégia da supremacia branca que, através da colonialidade do poder, pretende manter em suas pernas monstruosas o domínio do conhecimento e das subjetividades.

Nestes moldes, questiono como é possível um adequado processo de letramento jurídico de oprimidos sem se abordar qualquer aspecto relacionado à subalternidade, ao direito discriminatório ou às questões raciais? A quem beneficia um processo de letramento jurídico de corpos historicamente oprimidos que não aborde qualquer viés de opressão, sabendo-se que compete ao sistema de justiça controlar e legitimar comportamentos de grupos minoritários, produzindo ou reprimindo estruturas de poder pelas quais se busca a emancipação?

Que jurista será forjado por um processo de letramento direcionado para as demandas de uma elite branca universalizada? E para o que serviria este jurista? Para reproduzir o discurso eurocêntrico e universal benéfico à superioridade branca? Para legitimar o discurso de criminalização do corpo negro e seu genocídio ou encarceramento em massa? Para neutralizar os movimentos antirracistas? Te convido a refletir sobre todas essas questões cujas respostas este texto pretende apresentar, embora eu considere muito mais provocador, do que oferecer respostas prontas, instigar a reflexão apresentando perguntas desconfortáveis e promovendo digressões necessárias. Este trabalho é muito mais fortemente marcado pela força das indagações que suscita do que pelas respostas que articula.

Defendo a ideia de que a estrutura sobre a qual se ergue qualquer instituição de letramento jurídico deste país, com seus jogos de poder e estratégias de dominação, promove intencionalmente uma fratura na identidade racial do oprimido que o impede de alcançar a emancipação, coopintando-o para que seja um reprodutor do discurso hegemônico e, com isso, mantenham-se intactas as dinâmicas de opressão, articuladas agora com a colaboração do próprio oprimido fraturado, conformado ou deformado.

Cornel West (1999), um dos mais importantes interlocutores de bell hooks, aborda o dilema dos intelectuais negros que insistem em se fazer ouvir, mas que não encontram interlocutores que valorizem sua fala. Muitas das vezes, opta-se por percorrer caminhos paralelos que promovam o maior alcance desta voz, sobretudo através da chamada subcultura letrada, que, por meio das músicas, dos grafites, da arte de um modo geral, tenta apresentar sua perspectiva decolonial.

O direito se apresenta como ponto de convergência de possibilidades de transformação intelectual e também de recolocação social. Quando uma mulher negra adentra o espaço de uma faculdade de direito para se sentar nos bancos escolares e adquirir letramento jurídico, essa mulher está movimentando estruturas tão rígidas que chegam a ser quase inarredáveis, posto que forjadas em um padrão secular. O abalo estrutural causado pela presença do oprimido nos espaços de poder demanda esforços de soerguimento de novas bases.

Mas quando adentra este espaço acadêmico essa mulher passa a se submeter a uma formação que exalta estratégias pedagógicas machistas, racistas e eurocentradas. Isso se evidencia em vários momentos, como quando são considerados como marcos originários da ciência do direito aqueles apresentados pelos gregos, pelos europeus; embora haja inúmeros estudos que comprovem que as bases do pensamento jurídico já vinham sendo erguidas em África muito antes.

Em estudo histórico sobre a participação negra nas ciências, Carlos Machado e Alexandra Loras demonstram a existência milenar, no continente africano, de uma universidade ou centro de altos estudos. Já por volta de 3.100 a.C. o Egito já tinha uma Casa da Vida (Per Ankh) constituída de modo bastante coerente com uma universidade ou academia, onde se ensinava medicina, astronomia, matemática, doutrina religiosa e línguas estrangeiras. (MACHADO; LORAS, 2017)

Essas apresentações coloniais do mundo, que só evidenciam um lado da história, só os saberes de um grupo, e este grupo é sempre o do colonizador, do opressor, são evidências de uma fratura educacional, que se propaga e estende para além dos bancos escolares. Numa formação acadêmica, por exemplo, este viés curricular altamente colonial propicia o surgimento de que tipo de cientista social? Se são apresentados aos discentes somente pensamentos autoritários, racistas, machistas, eurocentrados, como poderão compreender que existe mais para além disso?

A educadora Nilma Lino Gomes explica que:

> A colonialidade se enraíza nos currículos quando disponibilizamos aos discentes leituras coloniais do mundo, autores que, na sua época, defendiam pensamentos autoritários, racistas, xenófobos e que produziram teorias sem fazer a devida contextualização e a crítica sobre quem foram, pelo que lutaram, suas contradições, suas contribuições e seus limites. E sem mostrar o quanto a sociedade, a cultura, a política e a educação repensaram e questionaram várias 'verdades' aprendidas há tempos atrás e como isso possibilitou e tem possibilitado a garantia de direitos antes negados.
>
> Nesse caso, cabem as perguntas: teremos sempre que nos reportar aos mesmos autores e aos mesmos clássicos para interpretar e compreender a nossa realidade? Será que, paralelamente ao que acostumamos chamar de 'clássicos' e que compõem o cânone acadêmico, não tivemos outras produções de caráter mais crítico e analítico que, por diversos motivos e até pela luta por hegemonia no campo do conhecimento, foram esquecidos, invisibilizados e relegados ao ostracismo? Como seria a nossa interpretação do mundo atual e dos fatos já acontecidos se retomássemos essas obras, hoje, numa postura decolonial? (GOMES, 2019, p.232)

A descolonização curricular através do Letramento Jurídico Crítico pretende criar espaços de trânsito discursivo numa academia construída e organizada para formar juristas nos moldes europeus, padronizados sob parâmetros de excelência que são fincados para solucionar problemas de um povo composto por uma maioria esmagadoramente subalternizada.

Num país marcado por altos índices de encarceramento em massa, práticas frequentes de extermínio da juventude negra, distribuição desigual de riquezas, desproporcionalidade da incidência da carga tributária sobre contribuintes oprimidos e violência doméstica exacerbada em espaços periféricos, torna-se premente uma reformulação da maneira como são formados os juristas. Pois, se este direito para o qual estes juristas colonizados foram letrados não serve para resolver dilemas dos grupos oprimidos, para que ele serve? Ou melhor dizendo, para quem ele serve?

O direito é ferramenta fundamental para a materialização do racismo estrutural e suas nuances opressoras. Isso se dá, como já demonstrado anteriormente, por ser ele uma das ferramentas da modernidade para controle social. Não é despropositalque as primeiras faculdades de direito do Brasil tenham formado seus primeiros juristas na época em que as bases do racismo científico estavam se estruturando no país. O letramento desses juristas, organizado sobre uma base curricular eurocentrada, é o mesmo que vem sendo feito em todo o país desde então. Há, por óbvio, algumas adequações e ajustes aos novos tempos, mas a lógica de dominação e subalternização preserva-se intacta.

Num país em que predomina uma população subalternizada, o direito precisa servir para emancipar, libertar e dessubalternizar. Caso contrário, tudo permanece como sempre foi, preservando-se as estruturas arcaicas e os acúmulos (de riqueza, de poder, de saber, de comando) nas mãos dos mesmos que sempre os detiveram. Aliás, os mesmos que há gerações vêm formando estes juristas, pois são estes que, em sua maioria, ocupam as cátedras e se responsabilizam pelo letramento jurídico que repercute para muito além dos bancos escolares. Um jurista contribui na produção legislativa, na aplicação destas leis; decide quem é preso e quem fica solto; estabelece limites e impõe dever-ser. Um jurista é formado para operacionalizar o direito, claramente conhecido como uma das mais potentes ferramentas de dominação e controle social. Portanto, letrar juristas não é tarefa de pouca monta, muito pelo contrário, trata-se de determinar sentidos e possibilidades políticas, trata-se de estabelecer devires.

Um Letramento Jurídico Crítico exige um compromisso com a formação integral do ser. Apresentando leituras múltiplas do mundo e suas potencialidades. O desmonte do maquinário educacional que preserva opressões, precisa ser considerado pauta de primeira ordem. É necessário que haja uma reconstrução de pedagogias que transformem as instituições de formação jurídica em espaços de emancipação real e efetiva.

Este texto é um apelo à reconfiguração das bases de letramento nas escolas de todo o país, da educação infantil ao ensino superior. Este estudo desenvolvido por uma pessoa sem formação específica na área da pedagogia, intenta servir como instrumento de provocação para que estudiosos com a expertise devida se sintam instigados a pesquisar e produzir trabalhos sobre o tema, a apresentar alternativas que ensinem a transgredir, como provoca bell hooks.

A URGÊNCIA DA INTERSECCIONALIDADE NO ENSINO JURÍDICO

Patricia Hill Collins e Sirma Bilge, em seu livro intitulado Interseccionalidade (COLLINS & BILGE, 2021), agrupam e organizam uma plêiade de informações e norteamentos necessários para uma melhor utilização metodológica da interseccionalidade. Num primeiro momento, ensinam como o debate sobre o conceito e suas formas de implementação são importantes para se compreender as relações de poder.

Neste trabalho, o tempo todo me esforço por demonstrar como o direito, o sistema de justiça e o ensino jurídico estão imbrincados em complexas amarrações de poder. Mas, para além de simplesmente evidenciar um problema ou muitos problemas, o que este estudo se dispõe a fazer é apresentar alternativas viáveis, aplicáveis e lúcidas para uma real e urgente transformação do direito em toda a sua dimensão teórica e prática.

Meus usos metodológicos espraiados por todo o conteúdo deste livro se empenham para demonstrar como o direito ganha em qualidade, robustez e sofisticação quando implementa um método interseccional de compreensão e interação com o mundo e os fatos que o conformam. O método interseccional, como explicam as autoras referenciadas acima, se interessa por compreender as relações de poder a partir de uma complexificação que vai além da implementação de políticas afirmativas e também ultrapassa estratégias interdisciplinares de ensino.

NÃO SE TRATA SÓ DO QUE O ENSINO JURÍDICO É. MAIS IMPORTANTE AINDA É O QUE O ENSINO JURÍDICO FAZ.

Sumi Cho, Kimberlé Crenshaw e Leslie McCall, em "Toward a Field of Intersecctionality Studies: Theory, Applications, and Praxis"(apud COLLINS & BILGE, 2021, p.18), afirmam que mais importante do que compreender o que a interseccionalidade é, faz-se necessário apreender o que a interseccionalidade faz. E neste diapasão, minha preocupação com o ensino jurídico não deixa de se atentar para o que ele é, mas insisto em informar que precisamos voltar nossos olhares cada vez mais para o que essa educação jurídica faz. O modo como o conhecimento é articulado, ensinado, naturalizado implica em consequências que reverberam para muito além da academia. Daí a complexidade do debate que me interessa aqui. Não se trata só de ensino. Alguém que se debruça sobre educação jurídica está interessada em analisar todo o sistema de justiça.

Houve um momento em que entendia que o ensino jurídico era o único ponto de origem do direito, mas a medida em que fui aprofundando meus estudos, compreendi que o direito tem inúmeros pontos de origem e carrega relações uterinas com narrativas elaboradas tanto próximas quanto distantes das engrenagens que movem o sistema de justiça. Minha pesquisa se estrutura toda nesta compreensão multidimensional. Perceber isso me conduziu para a defesa de uma pedagogia engajada para o direito.

Mas é preciso se compreender que dentro desta pedagogia engajada que defendo, a partir dos diálogos entre bell hooks e Paulo Freire, há espaço para a interseccionalidade. Embora esteja aqui fazendo uma aproximação entre categorias criadas e desenvolvidas em processos epistemológicos distintos, ambas as teorias que serviram de berço para os dois conceitos tem um ponto em comum, estão interessadas em compreender e apresentar alternativas viáveis para corpos oprimidos. Tanto a pedagogia da libertação desenvolvida por Paulo Freire, e aqui vista pela lente feminista negra empunhada por bell hooks, quanto a teoria racial crítica e os estudos que sobrevieram, percebem as inúmeras camadas de opressão que conformam corpos em condições de subalternidade em espaços de poder.

Relações interseccionais de poder, expressão muito frequente no trabalho de Patricia Hill Colins e Sirma Bilge, interessam à academia porque este é um espaço importante de manifestação, manutenção e transmissão de poder. As autoras ao abordarem a interseccionalidade como forma de investigação crítica informam basear-se na noção bourdieusiana de campos de poder nas escolas e outras instituições sociais, nos mesmos moldes como apresento neste trabalho.

Enfatizo, portanto, que a educação jurídica ao se revestir de uma pedagogia engajada, como defendo e experimento neste trabalho, não deve se furtar a implementar uma forma de investigação crítica que parta da interseccionalidade. A interseccionalidade como forma de investigação crítica precisa estar no horizonte imediato de toda e qualquer professora ou professor interessado em materializar uma pedagogia engajada no ensino jurídico. O deslocamento emancipatório que considero necessário para a construção de um novo direito, que dê conta da pluralidade, que liberte ao invés de formatar, que ensine sem deformar, leva em consideração as intersecções do poder que a academia promove. Mas para além, considera as intersecções de poder que o sistema de justiça como um todo apresenta.

Pensar o direito e toda a sua dinâmica estrutural, desde a academia até seu órgão de cúpula, implica em considerar relações interseccionais de poder que vão aparecendo e sumindo a todo instante, numa espécie de jogo de mostra-esconde. É cada vez mais difícil contornar o argumento de que o direito está em disputa. Se torna necessário um enfrentamento dessa questão com astúcia e criticidade. A percepção dessa disputa e suas complexidades exige um olhar interseccional sobre as relações de poder que estabelecem modos e impõem condições de funcionamento da educação jurídica e de todo o restante do sistema de justiça. No direito, há um atravessamento de disputas de ordens diversas, mas todas embebidas pelo líquido espesso do poder.

A compreensão interseccional deste debate, colocando sobre a mesa todas as cartas ocultas que determinam os resultados satisfatórios ou frustrantes que informam aqueles que recorrem ao direito a quem ele realmente serve, é necessária para se entender também que os novos caminhos jurídicos, ladrilhados sob uma pedagogia engajada, precisam ser interseccionais. Quero dizer, portanto, que a interseccionalidade é necessária em pelo menos duas dimensões que esta pesquisa atravessa, seja para demonstrar as vulnerabilidades do direito, do ensino jurídico e do sistema de justiça, como também o é para que novos rumos sejam considerados.

Sendo assim, não há como se produzir um ensino jurídico engajado sem considerar a interseccionalidade como forma de investigação crítica. O Letramento Jurídico Crítico demanda uma imersão em análises profundas das relações interseccionais de poder que gravitam ao redor de todo o sistema de justiça. Deste modo, é crucial que haja no ensino jurídico uma preocupação com a aprendizagem da própria Interseccionalidade no ato de ensinar. Docentes precisam aprender como criar planos de aula interseccionais e que discutam o direito também interseccionalmente. Este esforço fará com que juristas formados nessa pedagogia engajada, já considerando nesta categoria a Interseccionalidade, avancem numa práxis jurídica naturalmente interseccionada ou pelo menos atenta às intersecções das relações de poder que o direito comporta.

Ratificando este argumento exposto acima, Patricia Hill Collins e Sirma Bilge explicam "A atenção focada nos estudos e nas pesquisas sobre a interseccionalidade em geral ofusca a importância da pedagogia, ou do ensino e da aprendizagem da interseccionalidade, como espaço importante da práxis crítica da interseccionalidade." (COLLINS, BILGE, 2021, p. 70)

As pensadoras seguem refletindo:

> Pensar sobre a pedagogia interseccional mostra que as distinções entre a investigação crítica e a práxis crítica raramente são tão evidentes quanto se imagina. Quando se trata de interseccionalidade, a produção acadêmica, especialmente a que tem influência direta na pedagogia, pode constituir uma forma de ativismo intelectual. O avanço da interseccionalidade como forma de investigação crítica requer a construção de uma base estudantil de graduação e pós-graduação que se envolve com textos seminais sobre interseccionalidade. Neste sentido, os livros e, sobretudo, os manuais escolares são importantes porque reúnem leituras que fornecem um roteiro para pensar sobre um campo de estudo. (COLLINS, BILGE, 2021, p. 71)

Mas, a partir das reflexões postas acima, me pergunto se os manuais jurídicos que temos canonizados na atualidade acadêmica dão conta de fornecer este roteiro emancipatório. Muitos dos manuais que são utilizados nas faculdades de direito, a maioria deles, preserva e reforça um discurso tradicionalista e que não abre espaços para inovações pedagógicas e reflexivas. Entendo a importância dos manuais no ensino jurídico, mas a estes é fundamental associar leituras plurais e que sigam interseccionando. Esta pedagogia que se estende para além dos manuais, que explora outras leituras de mundo, outros recursos linguísticos, como exemplifico nos esquetes que estão espalhados no corpo do texto, é a pedagogia que precisamos implementar, uma pedagogia engajada.

Passo a integrar, então, dentro da categoria "pedagogia engajada" que se apresenta ao longo do trabalho, a interseccionalidade como forma de investigação crítica. Nestes moldes, toda vez que me referir a pedagogia engajada ou a Letramento Jurídico Crítico, para além das multivocalidades, da pluralidade epistêmica, do deslocamento metodológico, e toda a gama de possibilidades transgressoras que emprego ao longo do texto, está também a interseccionalidade. Este movimento reforça meu diálogo com a teoria racial crítica e com o feminismo negro.

DIÁRIO DE UMA PROFESSORA NEGRA NA FACULDADE DE DIREITO
EPISÓDIO 8

A aula de hoje versará sobre dilemas advindos de contexto pandêmico. Discutiremos o uso do princípio da função social da empresa como legitimador de flexibilizações fiscais e trabalhistas.

Introduzo a perspectiva da afroempreendedora[83] no debate instaurado. Ponderamos sobre intersecções entre raça, gênero e classe com outras opressões advindas das relações juridicamente estabelecidas.

Conduzo o debate para o paradoxo existente entre shareholders (acionistas) e stakeholders (consumidores, empregados, fornecedores, comunidades e também acionistas). Passamos a analisar a necessidade de atualização ou readequação dimensional deste princípio do direito falimentar.

Alguns alunos e alunas se posicionam favoráveis a uma chamada "supremacia dos acionistas". Outros direcionam o olhar para micro e pequenas empresas. Outras ainda analisam o empreendedorismo negro em uma perspectiva social e mercantil. Vamos moldando e remodelando os limites do princípio da função social da empresa.

A aula termina e me direciono ao estacionamento da instituição. Quase já não há carros por lá. Me aproximo do meu carro e constato que o pneu está furado. Preciso pedir ajuda ao vigia. Volto pra casa cansada e desconfiada.

---

[83] Para um aprofundamento sobre afroempreendedorismo recomendo meu livro *O lado negro do empreendedorismo: afroempreendedorismo e black money*. Belo Horizonte: Letramento, 2019.

3. JURISTAS ENGAJADOS E A EMANCIPAÇÃO PELO SABER

> *A chuva bate a pele de um leopardo, mas não tira suas manchas.*
>
> Provérbio Africano

Juristas engajados são corpos em expansão, criadores de entre-lugares acadêmicos e promotores de justiça engajada. O entre-lugar é um espaço intersticial, pensado por Silviano Santiago e também por Homi Bhabha, Walter Mignolo, Boaventura de Sousa Santos, dentre outros pensadores fronteiriços, como um entremeio que consegue harmonizar narrativas em disputa. Partindo da ideia de fronteira, componente importante do pensamento decolonial, as disputas epistemológicas que se travam durante a formação, conformação ou deformação de juristas no Brasil, precisam permitir a estruturação de espaços que considerem uma ética relacional, reflexo de uma cosmovisão, como é a ética dos orixás. O entre-lugar é este espaço fronteiriço. E é deste entre-lugar que se pronuncia o jurista engajado e que este interconecta saberes oriundos do norte e sul globais, saberes refletidos de sua cosmovisão. É uma estratégia viável para superar as perspectivas dualistas que a disputa de epistemes pode propiciar.

Para além de currículos eurocentrados marcados pela universalidade racional branca, a inclinação para uma base curricular engajada liberta o aprendizado de uma lógica bipolar de disputa acadêmica que marca os corpos como opressores e oprimidos e estabelece como meta a cooptação dos dominados para advogarem em prol dos interesses dos opressores.

O Letramento Jurídico Crítico constrói o entre-lugar, ou seja, uma resposta estratégica ao pensamento colonizador que subalterniza o ser e o saber. Uma academia que se abre para o Letramento Jurídico Crítico de seus juristas, passa a operar dialeticamente com o futuro e contribui para o devir do direito, que não mais se sustentará caso não seja alvo de profunda reforma e transformação de suas bases estruturais, arcaicas e eurocentradas.

Mas como promover este movimento de abertura? As estratégias de mudança para uma pedagogia da libertação através da implementação do Letramento Jurídico Crítico podem ser múltiplas e variáveis de acordo com as características de cada instituição de ensino jurídico do país. Porém, há dinâmicas de implementação dessa tecnologia disruptiva que independem de peculiaridades e especificidades. Dentre elas, se destaca a alteração dos currículos acadêmicos. Trata-se de uma reformulação das bases estruturais da formação das escolas jurídicas, ampliando-se o foco de abrangência dos estudos, problematizações, concepções e diretrizes. Partindo de uma construção engajada, a nova grade curricular deve ser múltipla em suas formas de ensinar e formar os discentes que chegam aos bancos escolares.

Muitas instituições de ensino jurídico, principalmente públicas, já promovem a oferta de disciplinas engajadas em seu programa de pós-graduação. Disciplinas transversais têm sido ofertadas para o programa de graduação. Entretanto, não é suficiente, já que nem todos os graduandos buscarão uma formação adicional ou transversal na academia. Sendo assim, a implementação da tecnologia disruptiva do Letramento Jurídico Crítico se torna fundamental na graduação integrando a espinha dorsal curricular. Graduandos precisam ter acesso a leituras engajadas do mundo, permitindo-os acessar outras possibilidades epistemológicas. Isto precisa ser estabelecido na grade curricular como disciplina de cumprimento obrigatório para todo o alunado. Também se faz necessário que nas ementas das disciplinas tidas por tradicionais outras leituras de mundo sejam inseridas. Ilustro algumas destas possíveis inserções com os episódios do diário de uma professora negra na faculdade de direito que estão dispostos ao longo de todo o texto.

Reformulados os currículos, ainda que de forma transversal e indireta, ou seja, com a implementação de um eixo transversal, ou com a inclusão de leituras diversas do mundo, passa-se à necessidade de atualização pedagógica dos docentes, letrados dentro de uma lógica eurocentrada. Essa atualização precisa ser estruturada e aplicada por profissionais com eixos diversos de formação, mas todas engajadas. Serão formadores com experiência em Letramento Jurídico Crítico provenientes da pedagogia, antropologia, artes, história, filosofia, dentre outros eixos diversos.

Essa atualização pedagógica é de fundamental importância em instituições de formação jurídica, posto que nestes ambientes raros são os docentes cuja formação tenha sido atravessada por uma real preocupação didático-pedagógica. Muitos são experts em suas áreas de atuação jurídica, mas não foram talhados para a atividade docente, comprometendo muito a própria compreensão que estes devem ter da necessidade de implementação do Letramento Jurídico Crítico. Essa atualização pedagógica trava também uma luta egóica e bastante complexa, já que precisará confrontar narrativas estruturadas com base numa colonialidade do poder que não pretende ceder espaços para a formação de entre-lugares epistêmicos.

Evidenciada está a disputa de narrativas que existe no espaço acadêmico e que não se permite mais ser ignorada. É sabido que a narrativa depende de quem narra, portanto, é preciso abrir espaços para outros corpos, não hegemônicos, os que estão nos entre-lugares epistêmicos, para que tenham o poder de implementar metodologias que os coloquem no centro, assenhorados do poder que lhes foi negado.

A subalternidade não pede passagem, ela vem, insubmissa, impondo-se no desbravamento de seus próprios caminhos. Centralizando a margem e desestabilizando a lógica de privilégios que enreda e conforta o grupo até então hegemônico. Com esta dinâmica de atuação, o Letramento Jurídico Crítico se apresenta como metodologia de libertação e emancipação dos corpos aprisionados no entremeio da invisibilidade. Ao mesmo tempo que se prenuncia perda de centralidade e redução de privilégios antigos de grupos cristalizados no poder. Daí ser importante ter em mente que medidas de implementação de Letramento Jurídico Crítico poderão ser bastante atacadas e desacreditadas por aqueles que serão prejudicados pela implementação dessa alternativa emancipatória.

Penso que, enquanto as universidades de ensino jurídico do país estiverem formando seus juristas com fulcro em uma leitura norte-centrada do mundo, estar-se-á diante da produção de três vertentes de agir jurisdicional: 1 - um grupo de juristas marcados pelo privilégio e treinados para lutar e manter a lógica de dominação colonial; 2 - um outro grupo de juristas oprimidos cooptados pelo sistema de manutenção de dominação e postos num lugar do invisível, em que pensam que atuam e produzem epistemes, mas na verdade só reproduzem e reforçam o que interessa ao opressor, se tornando invisíveis em sua potência emancipatória de seus pares ao mesmo tempo em que também são intrusos no espaço do opressor, que os querem lutando por seus interesses, mas não os querem pertencentes ao grupo; 3- um terceiro grupo de juristas letrados num modelo arcaico, mas insurgentes e desgarrados, empenhados na luta por transformações num sistema de justiça que só serão possíveis se feitas de dentro pra fora, e não no sentido contrário.

Em outros moldes, partindo de um giro pedagógico radical no ato de ensinar o direito, o Letramento Jurídico Crítico promove uma ampliação do espaço de disputas de narrativas. Trazendo outros atores para a centralidade do ensino e permitindo que novas formas de se pensar o sistema de justiça sejam cogitadas.

Não se pode negar que há um êxito no projeto de dominação e controle social implementado sob a batuta das instituições jurídicas. O direito é regulador social de força e potência indiscutíveis. Se esta ferramenta só serve a um senhor, há que se ponderar por mudanças. Há outro direito possível. É preciso que se busquem novas estratégias que redefinam as bases do ensino jurídico no país, de modo a permitir que outras narrativas possam disputar o espaço de poder sem serem esvaziadas de sentido e identidade. A implementação do Letramento Jurídico Crítico como tecnologia disruptiva, plural e justa, é alternativa que deve ser estudada com acuro e atenção. O fardo da "maldição do capital simbólico negativo" precisa dar lugar a novas formas de se sentir e viver a construção, desconstrução e reconstrução do saber jurídico permitindo que as epistemologias do sul global tenham, enfim, condições de frutificar em solo fértil.

O entre-lugar é a posição de projeção, de onde se inicia o processo de construção do pensar e do fazer. Estar neste entre-lugar, na fronteira, permite a produção de novos sentidos e também a percepção do que está para além e experienciar um futuro que já se enuncia no presente. Sendo este o ponto de enunciação, o espaço do encontro, do atravessamento, estar no entre-lugar é estar no centro da encruzilhada. Posicionada no centro da encruzilhada observo uma sobreposição de encruzilhadas que evidenciam as complexidades de todo o trabalho desenvolvido aqui. Na encruzilhada estão o direito, o ensino jurídico, o corpo oprimido que acessa o espaço do poder, o Atlântico atravessado pela modernidade e o pensamento afrodiaspórico que move este fazer acadêmico. Na encruzilhada estão todos os pontos que compõem este estudo, posicionando-o, portanto, neste mesmo entre-lugar.

As características desta pesquisa, que se esforça por tangenciar e explorar outros saberes, outras linguagens, outras leituras de mundo, outros modos de compreensão de tempo e espaço, outras localizações, constitui essa pesquisa como uma produção fronteiriça dentro de uma academia que necessita com urgência de respirar novos ares e de deslocar-se para o sul. Este trabalho se posiciona na encruzilhada.

Figura 27 - Colagem autoria própria

DIÁRIO DE UMA PROFESSORA NEGRA NA FACULDADE DE DIREITO
EPISÓDIO 9

Combinei uma aula geminada com minha turma. Tratei com a professora que divide a manhã comigo e lecionarei os quatro horários nesta semana e ela fará o mesmo na semana que vem.

Procedi desta forma pois vou apresentar um filme em classe e não quero ter que parar e seguir com o debate só na semana seguinte.

Vamos assistir ao filme "O Poço". A disciplina é direito constitucional. Quero discutir a constitucionalidade ou inconstitucionalidade do sistema tributário nacional.

Conduzo os debates a partir das impressões do filme e da leitura prévia da ADPF 786, ajuizada com o intuito de debruçar-se sobre o tema em questão.

Os alunos gostam do filme e temos um momento bastante proveitoso de diálogos complexos sobre a abordagem cinematográfica e a realidade do sistema tributário nacional, integrante de uma Constituição que se estabelece à luz de um estado democrático de direito.

Ao final da aula, leio no celular uma mensagem recebida durante a aula. É da coordenação determinando que não sejam realizadas permutas de horários entre professores sem prévia autorização institucional. Me desculpo pela falta de diligência.

Na mesma tarde recebo diversas mensagens de alunas e alunos agradecendo pela oportunidade de aprendizado transcendente que a aula proporcionou. E assim, eu, uma professora negra, uma outsider within (COLLINS, 1986), sigo na margem, no risco, me arriscando a ser riscada do mapa institucional.

MARIA ANGÉLICA PROFESSORA UNIVERSITÁRIA ENTREVISTA MARIA ANGÉLICA ESTUDANTE DE DIREITO

(MA/professora): Maria Angélica (MA/Estudante) conte como é sua experiência na Faculdade de Direito e Ciências do Estado da UFMG

Ingressar na Faculdade de Direito e Ciências do Estado da UFMG através de um vestibular superconcorrido foi uma experiência muito especial e que me alçou a um outro nível social. Estar neste espaço é ter acesso a uma realidade que não era a minha antes, que eu via de longe e desejava ter pra mim. Posso confessar que sempre desejei pertencer a este outro lugar, podendo conviver com leituras de mundo que se aproximam muito mais de como eu me identifico como ser pensante do que aqueles com os quais convivi até aqui, mas que não me viam, não me valorizavam e não me respeitavam. Eu sempre fui uma estranha no meu grupo de origem, não me entediam, riam de minha seriedade acadêmica, zombavam de meu apego aos livros. Estar na Faculdade de Direito e Ciências do Estado da UFMG me faz sentir estar, enfim, entre iguais. Próxima a pessoas que conversam, agem e pensam como eu.

(MA/professora): E essa sua impressão inicial se mantém durante todo o curso?

Infelizmente, tenho que ser sincera e contar que, com o passar dos anos, fui percebendo que não era bem como eu pensava quando ingressei. Concluí que o muito que eu era e sabia quando "integrada" ao meu grupo de origem era pouco ou nada para os membros deste outro espaço que acessei. Os livros que já li são poucos, as histórias que vivi, as viagens que já fiz, tudo é reduzido quando comparo com meus colegas. E não tem como não comparar. Comparação é quase a norma de conduta neste espaço de conhecimento.

Se sabemos de um livro que um colega leu ou de um conceito que ele sabe, tratamos logo de buscar acessar aquele novo degrau, muito atentos para que os outros não se distanciem muito na corrida pelo sucesso.

(MA/professora): Minha amiga Gabriella Sabatini costuma dizer que "comparar é viver no outro" e o direito promove um pouco deste movimento de viver no outro a partir do momento em que nos permite uma aproximação tão estreita com histórias de vida, acontecimentos de toda ordem, mas a maioria deles sempre tão visceral, tão pessoal e que reverbera profundamente em cada um. Penso que o direito lida com a dor. Sempre que se busca o sistema de justiça é para se tratar de algo que dói em alguém, no corpo, na alma, no bolso, no mundo. O direito apazigua dor. É apaziguador. E o que é direito para você?

Aprendi que direito é ciência que se estrutura numa perspectiva tridimensional, existindo uma triangularização que liga Fato, Valor e Norma. Dessa interrelação forma-se o direito, através do qual seus operadores conseguem resolver problemas, conflitos e preservar a paz social. Para mim, a teoria tridimensional do direito resolve os dilemas com os quais o direito se depara e é criado para resolver.

TEORIA TRIDIMENSIONAL DO DIREITO

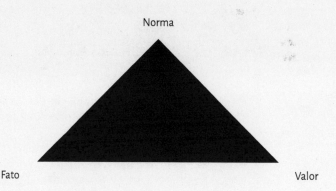

(MA/estudante): Professora Maria Angélica, gostaria de te fazer esta mesma pergunta. O que o direito é para você?

Considero muito importante essa oportunidade de dialogar com você, Maria Angélica estudante de direito, pois os anos e o aprofundamento no estudo e ensino do direito me fizeram mudar muito o modo como enxergo essa ciência social aplicada. Não considero mais que a teoria tridimensional do direito dê conta de resolver os dilemas que se apresentam diante do sistema de justiça. Esta percepção me faz questionar se, na verdade, uma teoria tridimensionalizada não se apresenta como um esforço de higienização de um direito que é muitíssimo mais complexo e impossível de ser reduzido a três vértices dialógicos de compreensão. Me ponho a pensar se este modelo não vem com o intuito de reforçar um discurso supremacista branco que padroniza um *modus operandi* de funcionamento do sistema de justiça deixando de fora do campo de análise tudo o que poderia torná-lo humanizado e menos opressivo para grupos minoritários. Dentro desta triangularização visualizo uma lógica de manutenção de poder sob uma perspectiva hegemônica.

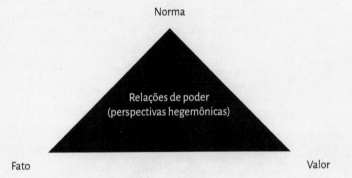

(MA/estudante): Maria Angélica Professora Universitária, e por que você passou a considerar o direito nestes moldes?

O direito não é simples, não lida com simplicidades. Muito pelo contrário. Tudo é complexo, múltiplo e pode repercutir das formas mais diversas. Embora a teoria tridimensional do direito tenha surgido como um contraponto a um purismo normativo que marcava o direito e o tornava fortemente manipulável pelo poder hegemônico, hoje esta teoria não dá conta de resolver os dilemas da modernidade. Quando a teoria do direito se empenha para reduzi-lo a uma relação triangularizada e higienizar o pensamento jurídico para treiná-lo a considerar Fato/Valor/Norma, este processo acaba deixando de fora diversos pontos fundamentais para a compreensão das relações em que estamos imbricados. Há muito mais por trás de diretrizes que indiquem fatos, valores e normas. Entretanto, a academia nos ensina a não ponderar sobre estes atravessamentos e a agir racionalmente, de acordo com o que entendem deva ser o direito. Essa assepsia que o direito promove conduz aos tribunais relações esvaziadas, desumanizadas, o que facilita a manutenção da lógica hegemônica na tomada de decisões e preserva relações de opressão. É importante que questionemos a norma, sua construção, seus meandros. É necessário que sejam observadas as inúmeras narrativas que um fato proporciona e as vozes que narram ou deixam de narrar também devem ser levadas em consideração. É fundamental que se pondere sobre as valorações nas quais estão imersas as relações, pois somente assim teremos condições de estruturar um sistema de justiça que emancipe e liberte.

Norma
(elaborada por quem e para satisfazer aos interesses de quem?)

Caminho para Narrativa Contra-hegemônica

Fato
(Há narrativas múltiplas, silêncios convenientes e vozes obliteradas)

Valor
(Qual valor? Valor de quem?
Valor ou valores?
Qual é a intenção desta valoração?)

(MA/estudante): Maria Angélica Professora Universitária, como seria uma teoria do direito que atenderia a este seu novo olhar sobre o tema?
Considero que uma teoria do direito precisa ser relacional e circular. Compreendendo o direito em suas com-

plexidades e não se eximindo do trabalho de entendê-lo como um emaranhado de possibilidades e caminhos. Não há vértices definidos e bem estabelecidos quando se trata de relações jurídicas e de resolução de dilemas que se dão na vida, com seres humanos plúrimos, sensíveis e altamente densificados. Uma teoria relacional do direito pretende-se mais conectada com a realidade dos grupos que compõem a sociedade e que não se encaixam nos padrões hegemônicos da supremacia branca ou do patriarcado. Esta teoria dá conta de considerar voz e perspectiva, localização e pertencimento. Partindo destes elementos, o sistema de justiça poderá promover disputas mais justas que não impliquem sempre em predominância da narrativa hegemônica.

TEORIA RELACIONAL DO DIREITO

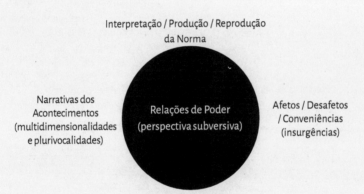

O direito não deve ser triangularizado em fato, valor e norma. Há muito mais compondo a estrutura dialética da ciência do direito e que o torna circular, fluido e dinâmico. Mais que fatos, temos narrativas de acontecimentos, apresentando multidimensionalidades e plurivocacidades. Mais que valores, temos afetos, desafetos e conveniências, compondo o campo das insurgências que merecem ser consideradas e enfocadas. Por fim, há mais que normas, há interpretações, produções e reproduções de um conteúdo que se estabelece de acordo com os interesses de quem controla o poder.

É por isso que inicio meu trabalho com a exposição explícita de quem sou, de onde vim e para onde caminho. Eu me localizo primeiro. Em seguida, transgrido os padrões de uma pesquisa acadêmica convencional e apresento uma narrativa romanceada, propondo uma outra forma de se começar um diálogo acadêmico no ensino jurídico. Narrar fatos vividos é tarefa jurídica, o direito precisa da memória para erguer sua voz e dizer-se. Mas toda narrativa é carregada de subjetividades, de perspectivas e não há como o direito se eximir desta compreensão. Muitas vezes a academia se recusa a reconhecer como válido aquilo que transcende os limites tradicionais e que provoca rachaduras na superfície imaculada do pensamento hegemônico, entretanto é a partir da inserção de novas estratégias pedagógicas por essas pequenas fissuras que o ensino jurídico irá provocar as transformações que o sistema de justiça tanto necessita para se fazer efetivamente democrático e justo. Desconsiderar narrativas **contra-hegemônicas** não é a melhor alternativa para a construção de saberes múltiplos e muito menos para se ensinar estudantes a compreender um sistema de justiça que lida com grupos minoritários na maior parte de sua atuação. A estrutura pedagógica da academia precisa sofrer modificações para que o sistema de justiça como um todo possa se transformar e passar a ter mais criticidade para analisar dilemas que estão a todo instante conectados com questões de raça, classe e gênero. É preciso derrubar a cultura **bacharelista que ainda predomina no ensino jurídico e que se vale de uma educação eurocentrada para formar, conformar e, sobretudo, deformar juristas que atuarão em um país periférico e que ainda experiencia relações de poder fortemente coloniais.** Uma educação jurídica eurocentrada aplicada em um país com um rigor de justiça de bases coloniais só contribui para produzir mais do mesmo, ou seja, para perpetuar uma lógica de dominação moderna, violenta, patriarcal, racista e elitista. É necessário mudar. Meu trabalho contribui para essa mudança, traz um jeito novo de se pensar o direito, organiza ideias que podem ser lidas antes ou depois umas das outras, cada encarte pode ser acessado e lido quando se desejar. Pode-se começar de trás pra frente ou do meio pra trás. Há outras linguagens a serem apreciadas e compreendidas. Grupos de estudo podem dividir partes do meu texto para apresentar e criar mais. O texto é inacabado porque é infinito, de construção coletiva, não se esgotando em mim. Reverbera. Instiga os instintos. Chacoalha o baú das lembranças. Reposiciona emoções. Conto minha história para te fazer lembrar da sua. Falo de minhas vivências para você sentir vontade de falar das suas. Conto meus segredos para você me contar os seus. Estabeleço uma relação de cumplicidade com você para que saiba que este é um ambiente seguro. Só podemos aprender se estivermos desarmados e confortáveis, se nos sentirmos acolhidos, pertencentes. Quero que aprenda que este ambiente seguro deve ser construído por uma pedagogia engajada. Não está dado, precisa ser conquistado. Te apresento uma outra pedagogia jurídica porque desejo que experimente um sistema de justiça melhor, mais amoroso com quem é oprimido. Me posiciono na margem para me aproximar de você, para te ver melhor, para te sentir melhor. Não vou te engolir, mas desejo que você me engula. Me torne parte de você. A mudança exige um compromisso de todos que defendem uma pedagogia engajada com a transformação social e com a libertação do ser. Promover o deslocamento do ensino jurídico para o sul global, redimensionando a abrangência do pensamento crítico e tensionando os limites estabelecidos na pedagogia jurídica tradicional eurocentrada é missão de quem efetivamente se importa com a transformação do sistema de justiça e não se contenta mais com o discurso hegemônico, supremacista branco, patriarcal e opressor. Deslocar o ensino jurídico para o sul, retirando do centro e empurrando para as margens, não é nada fácil. Exige coragem. Exige compreensão do que é tradicional para então se posicionar em um movimento contra-tradicional, sem desrespeitar a tradição. O que quero dizer é que minha pesquisa defende um Letramento Jurídico Crítico, transformador, emancipatório, mas sem deslegitimar tudo o que foi feito até aqui. A academia funciona, de certo modo, pois eu mesma fui letrada em ensino jurídico tradicional e estou aqui defendendo essa tese. Mas eu fui cooptada por este modelo de ensino e demorei muito para compreender e me libertar. Muitos não se libertarão. Seguirão como juristas deformados, como juristas oprimidos, que pertencem a grupos minoritários mas compreendem o direito pela ótica do opressor e o aplicam deste modo. Essa escolha de que tipo de jurista queremos ser precisa partir de dentro pra fora e não o contrário. Por isso uma pedagogia engajada não implica necessariamente em se formar juristas que pensem como negros, como mulheres, como quaisquer outros grupos oprimidos. Uma pedagogia engajada oferece a possibilidade do pertencimento, do encontro de saberes múltiplos, do reconhecimento de diferenças e do respeito às multiculturalidades. O jurista que se formará daí carregará a dor e a delícia de ser o que é, mas saberá que tem escolhas e estará ciente do caminho que decidir trilhar. Não será conduzido às cegas por um caminho tortuoso. Ele será o seu condutor e guia. Este estudante formado por uma pedagogia engajada com um Letramento Jurídico Crítico, integrará um sistema de justiça que sofrerá os impactos de sua chegada. Serão novos tempos. Novos tempos estão por vir. Tempos em que não haverá mais um direito, só um direito, o direito do centro, o direito do opressor. Tempos em que falaremos em direitos, direitos das margens, direitos do sul, direitos que emancipam, direitos que deslocam... Àse!!![84]

---

84 QRCode 15 - Música É D'Oxum (Pontos de Oxum) cantada por Rita Benneditto

Figura 28 - Colagem autoria própria

CONCLUSÃO OU CONTRA UMA OCLUSÃO

Há um mito futurista de que a educação é a chave para a emancipação de oprimidos. Entretanto, este estudo vem evidenciar a necessidade de revisão desta narrativa, que essencializa processos emancipatórios através do acesso à educação.

É muito relevante se considerar a robustez do capital cultural como um requisito colaborativo fundamental para que o corpo oprimido possa transcender esta condição e se expandir para outros lugares sociais, porém é perigoso essencializar esta lógica facilmente constatada para herdeiros de uma supremacia branca, quando o centro do debate é o oprimido. No caso do oprimido, há "formas mais ocultas" de dominação e perpetuação de privilégios que se infiltram pelo campo educacional e o contaminam de modo a camuflar uma dinâmica de letramento que se dedica a reproduzir uma agenda que insiste em materializar uma colonialidade do poder.

No espaço em disputa observado aqui, que é o terreiro jurídico, este estudo evidencia como o letramento ofertado pelas faculdades de direito do país se compromete com essa agenda que reproduz estigmas coloniais e se alastra para todo o sistema de justiça que segue preservando relações de poder que naturalizam o encarceramento em massa da população negra, sua pobreza e miserabilidade, a desigualdade na distribuição de riquezas e de oportunidades, o extermínio de corpos periféricos e tantas outras atrocidades legitimadas pelo modo como o direito é manipulado em uma ética nortecêntrica.

Embora haja estudantes que acessem o ensino superior, e isto se dá de forma cada vez mais ampla em decorrência de uma aparente democratização, há mais a ser considerado para que esta ascensão intelectual aparente realmente signifique emancipação de oprimidos. O fato de o ensino jurídico ter sido estruturado neste país com o intuito de formar uma elite colonizadora e seus herdeiros, numa tradição bacharelista, para ocupar os espaços burocráticos, políticos e econômicos, conduzindo as relações de poder de modo a garantir privilégios e empreender novos acúmulos, é um ponto fundamental para que se compreenda como o resquício de uma lógica colonial ainda se evidencia no terreiro jurídico como um elemento crucial para se compreender o estofo de todo o sistema de justiça nacional contemporâneo.

Outro mito que se desmorona com este estudo é o de que uma segregação educacional seria alternativa viável para resolver os problemas de uma formação assimilacionista. Entretanto, exponho fissuras mais profundas que somente um ensino conjunto, inclusivo, plural e com um eixo reposicionado epistemologicamente para o sul será capaz de contornar. Considero a proposta de segregação educacional um pensamento abissal que em nada contribui para a superação dos dilemas que hoje acumulam-se sobre o ensino jurídico e todo o sistema de justiça. Como alternativa promissora e em substituição ao projeto de segregação racial do ensino, proponho a implementação robusta de um Letramento Jurídico Crítico em todas as escolas de direito do país.

O letramento jurídico ofertado para o alunado brasileiro é encharcado de ideologia colonial, antes eurocentrada e hoje nortecentrada, porém nunca engajada. A necessidade de um deslocamento do eixo formador dos juristas é urgente e primordial para que o sistema de justiça se desvie deste destino certo de fracasso e derrota de uma instituição que poderia servir para promover justiça, igualdade e plurivocacidade social. Atualmente, o ensino jurídico pautado numa dinâmica ainda colonial de letramento forma juristas que, raras exceções que só servem para confirmar a regra, são treinados para lutar a favor dos interesses de uma supremacia branca. Neste processo, tod@s @s juristas não branc@s (e também aquel@s não homens, não héteros, não jovens, não ricos, não herdeiros, de capacidade reduzida ou suscetíveis a quaisquer outros marcadores de opressão), ou seja, oprimid@s, que acessam este espaço de formação, acabam sendo conformad@s ou deformad@s, ou seja, são corpos submetidos a um processo de aculturação que os desvincula, afasta, de suas origens periféricas e os aproxima de um discurso de reprodução de privilégios de um grupo que não é o seu, para o qual estes juristas passam a lutar como membros de um exército paramentado para atacar seu próprio grupo originário.

Portanto, este estudo desmitifica a ideia de que o acesso à educação, *de per si*, promove emancipação de corpos oprimidos. É preciso mais do que isso para legitimar reais processos emancipatórios de minorias oprimidas. É necessária uma transformação das metodologias, das epistemologias, dos paradigmas para que o acesso ao ensino seja uma estratégia de emancipação verdadeira.

No terreiro jurídico, este estudo apresenta uma alternativa possível que é o deslocamento de paradigmas, partindo-se para uma meridionalidade. Numa estrutura engajada, que não descarta as experiências dos outros, que não desconsidera a importância das contribuições multiculturais e plúrimas, é que se permitirá uma transformação na formação jurídica brasileira e, consequentemente, de todo o sistema de justiça. Impende destacar que não se trata de perfumaria, de abordar algo menor e supérfluo. Não. Este tema aqui abordado é central. A demanda por um Letramento Jurídico Crítico é urgente e só ela pode permitir uma centralidade do corpo oprimido no processo de formação deslocando as epistemologias para o sul global, onde estão nossas demandas, nossa história, nosso passado, nosso presente e nosso futuro. Aliás, e melhor dizendo, nosso afrofuturo.

Quero encerrar este trabalho narrando minha história com meu cabelo e a formação da minha identidade negra. Como a maioria das mulheres negras que conheço, ainda bem pequena, fui levada por minha mãe ao salão para alisar o cabelo. Não sei precisar com quantos anos este processo de alisamento se iniciou e nem mesmo minha mãe se lembra com qual idade ao certo ela me iniciou neste looping eterno por adequação ao padrão branco.

Me lembro que o dia de ir alisar o cabelo era uma espécie de evento. Acordávamos cedo, pois o atendimento era por ordem de chegada, pegávamos o ônibus e nos deslocávamos até o bairro vizinho. O salão ficava num cômodo reservado da própria casa da cabeleireira. Era um passeio de dia inteiro, pois chegávamos e sempre encontrávamos outras mulheres e meninas na fila. Aguardávamos pacientemente nossa vez, enquanto observávamos o serviço da profissional nas outras clientes e dividíamos a atenção com alguma revista de fofocas novelescas, sempre cheirando a produtos de cabelo e com fotos que exibiam os cabelos, que não eram os nossos, mas, que estávamos ali para passar a ter.

O processo era bastante demorado pois exigia atenção e cuidado. Os produtos utilizados, me recordo que a base era com Wellin, exigiam muitos procedimentos cuidadosos já que eram poderosos agentes químicos. A cabeleireira iniciava dividindo o cabelo e sempre começava a usar o produto da nuca para a testa. À medida em que ia passando o alisante, puxava o cabelo da raiz para as pontas com um pente fino, ao estilo dos que se usa para retirar lêndeas. Ela passava o produto e já avisava que se ardesse era para avisar correndo. Sempre ardia em algum momento e tínhamos que correr para o lavatório. Ela abria a água e ia gerenciando a retirada do produto puxando o pente e garantindo o sucesso do alisamento, ao mesmo tempo em que evitava uma queimadura maior. Entretanto, era inevitável sair com o couro cabeludo todo ferido, cheio de queimaduras que iriam se cicatrizar nos dias seguintes formando uma casca de machucado como se a cabeça fosse um joelho.

Todo o processo levava o dia inteiro. Todas perambulavam e se alimentavam por ali mesmo, com seus lanches parcos, e sentindo o cheiro estonteante do almoço feito por alguém da casa da cabeleireira, que, para não perder tempo, comia seu prato sedutor, para olhos famintos, enquanto alisava mais uma cabeleira crespa.

Após o processo inicial de alisamento, era preciso esperar o produto agir o máximo de tempo que se conseguisse aguentar antes de começar a arder e queimar. Depois a cabeça crespa/alisada era conduzida ao lavatório e em seguida se fazia uma hidratação, mais trinta minutos de espera, no mínimo. Nisso já se passava muito da hora do almoço. Os lanches já não saciavam mais. Entretanto, ainda era preciso aguardar. Tratava-se de um dia especial. Depois da hidratação, a cabeça ia para a fase do rolinho. Enrolava-se o cabelo com os chamados rolinhos ou bobs, para ir à fase da secagem. No secador de pé, uma espécie de capacete gigante preso a uma haste que se firmava no chão, como um tripé, era preciso ficar uma hora ou mais. Um cheiro de queimado misturado com produto químico pairava no ar com persistência. Depois disso, enfim estava tudo pronto. Soltava-se aquele cabelo maravilhosamente liso e brilhante do rolinho e voilá, uma nova branca nascia no mundo por alguns meses antes que fosse necessário retornar e fazer todo o procedimento novamente.

Passei décadas da minha vida fazendo este processo trimestralmente. Meu sonho maior era ter um cabelo comprido, lá no final das costas. Entretanto, meu cabelo não passava dos ombros. Quando passava dos ombros era como vislumbrar um milagre, mas logo em seguida o cabelo quebrava todo. E a culpa sempre era minha, pois as outras meninas, que eram brancas, conseguiam ter cabelos enormes, lisos e lindos. Para o meu caso, era frequente ouvir que meu cabelo não dava conta. Não dava conta de crescer. Não dava conta de não quebrar. Não dava conta de ser forte. Não dava conta de ser bonito. Meu cabelo nunca dava conta de nada.

Quando decidi interromper este processo impossível de consolidação de um cabelo liso longo e lindo, foi libertador. Iniciei parando de alisar. Meses depois fiz um big shop e retirei toda a química do meu cabelo. Achei que a partir daí um cabelo novo e cacheado iria brotar de mim como uma floresta brotando do chão, mas não foi assim. Meu cabelo demorou para cachear. Mesmo curtinho, não cacheava. Aprendi que meu cabelo havia passado muito tempo sendo "educado" para ser liso, que era preciso reativar a memória capilar ancestral. E foi assim que procedi. Fazia massagens, hidratações e me valia de tudo o que era possível para aprender a ativar a memória ancestral do meu cabelo.

Enfim, meu cabelo cacheou. O mesmo cabelo que não dava conta de crescer, cresceu. O cabelo que não dava conta de ficar bonito, ficou. Esse cabelo me tornou linda e preta[85]. O cabelo que não dava conta de nada, deu. Mas foi preciso todo um doloroso processo de transformação. Não foi fácil. Nada fácil.

É assim que deve ser com o direito, com o ensino jurídico e o sistema de justiça. O direito precisa passar por um processo como o que passei com meu cabelo. O direito, do modo como se apresenta hoje, não dá conta de resolver as demandas sociais urgentes. Esse direito não dá conta de emancipar corpos oprimidos. Este ensino jurídico não dá conta de formar juristas emancipados e emancipatórios de outros oprimidos. É preciso mudar. O processo de mudança é doloroso e demorado, mas é necessário e os resultados são verdadeiramente sublimes.

Realmente acredito que um direito engajado, que parta de um Letramento Jurídico Crítico, pode realmente dar conta

---

85 QRCode 16 - Música Linda e Preta, de Nara Couto.

de uma mudança sócio-econômica, cultural, política e jurídica. Acredito que o Letramento Jurídico Crítico é o futuro, o futuro que já é. Porque nós merecemos um direito e um sistema de justiça lindo e preto, diverso e plural, compassivo e coerente, amoroso e justo. Um sistema de justiça que ofereça um espaço seguro para a construção de um afrofuturo. Um futuro que seja agradável a corpos dissidentes, insurgentes, subversivos ou tradicionais. Um futuro que não seja bom só para os herdeiros de um passado colonial. Um futuro que seja bom para quem está dentro e para quem sempre esteve de fora. Um futuro jurídico realmente bonito e impensável para quem é e sempre foi outsider within.

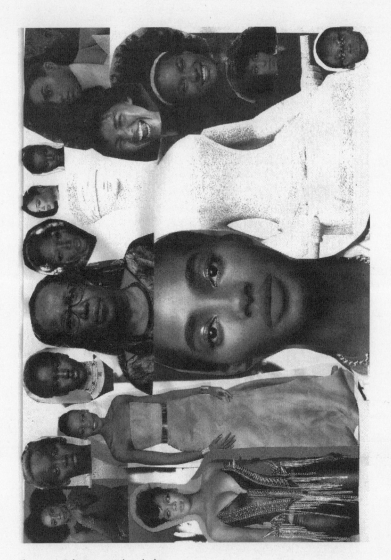

Figura 29 - Colagem autoria própria

DIÁRIO DE UMA PROFESSORA NEGRA NA FACULDADE DE DIREITO
EPISÓDIO 10

Iniciamos a aula com a Nona Sinfonia de Beethoven. Uma escolha proposital.

Há décadas se desenvolve, às vezes com mais e em outras vezes com menos força, um debate sobre a cor da pele do brilhante compositor alemão. Patrícia Williams trata do assunto em um trecho de seu livro The Alchemy of Race and Rights. A autora conta dos embates universitários em torno do tema que presenciou no início de 1989. Ela constata que quando Beethoven enegrece cai em um lugar abaixo do desprezo, pois não há um meio termo entre adoração e aversão. (WILLIAMS, 1991, pag. 115) Ela se coloca no mesmo lugar do compositor mulato.

Terminada a música, parto imediatamente para esta contextualização do debate a partir do olhar da jurista negra estadunidense. A disciplina é Ensino Jurídico Crítico. Descortino um panorama dos cânones manualistas estudados em nossa faculdade. Elenco um por um, dentre os mais estudados, no quadro. Penalistas, civilistas, tributaristas, constitucionalistas, processualistas, trabalhistas, jusfilósofos, publicistas. Há muitos homens, algumas mulheres. Ninguém é negro. Nenhuma mulher negra. Constatamos que nossos manuais, os que ganham os espaços acadêmicos, são todos produzidos e pensados pela branquitude.

Convido a todos agora a enegrecerem estes manualistas. Pergunto, como seria se o atual e aclamado Thomas Piketty fosse negro? Para além disso, será que a teoria de justiça desenvolvida por John Rawls e canonizada pelo direito tributário brasileiro dá conta de resolver os dilemas profundamente reais que envolvem países periféricos? Se Hans Kelsen fosse negro, será que sua teoria do direito seria tão purista? E se nossos penalistas tivessem vindo da periferia, será que adotariam uma postura punitivista ou abolicionista? Como seria analisarmos o direito das coisas a partir da coisificação do corpo negro? E se a noção de família fosse interseccionada ao debate sobre aquilombamento? Muitas outras perguntas surgem. Provocações marginais.

Um aluno questiona, com um olhar de desdém, se isso faz mesmo algum sentido. Se este debate seria mesmo necessário. Se essas incursões imaginativas fariam alguma diferença.

Eu devolvo a pergunta: será que faria alguma diferença se Beethoven fosse indubitável e declaradamente negro?

O sinal toca. A aula termina.

Figura 30 – Diagrama representativo da ideia central desta pesquisa (Autoria própria)

REFERÊNCIAS COM SINCERAS DEFERÊNCIAS[86]

ADORNO, Sérgio. Os aprendizes do poder: o bacharelismo liberal na política brasileira. São Paulo: Edusp, 1988.

AGAMBEN, Giorgio. Profanações. São Paulo: Boitempo, 2007.

ALCOFF, Linda Martín. The problem of speaking for others – Cultural Critique, n 20 (Winter, 1991-1992), pp. 5-32. Publicado por: University of Minnesota Press, Disponível em http://www.jstor.org/stable/1354221 . Acesso em 2018/2.

ALCOFF, Linda Martín. *Uma epistemologia para a próxima revolução.* Sociedade e Estado. Brasília, n. 1, v. 31, jan./abr., 2016. Disponível em: https://goo.gl/bki4Pu. Acesso em 13/07/2018.

ALEXANDER, Michelle. The New Jim Crow, traduzida como A nova segregação – racismo e encarceramento em massa. São Paulo: Boitempo Editorial, 2018.

---

[86] Considerando a reiterada invisibilidade da produção acadêmica de pensadoras e pensadores negros, todas as suas produções, ainda que em co-autoria com autor@s branc@s, estão negritadas. Esta é uma estratégia de valorização e reverência a todas e todos as produções de negras e negros das quais este trabalho se alimenta. O critério foi pessoal e considerou se aquela autora ou autor é lid@ socialmente como negr@ por mim. Não negritei aquel@s pensador@s que, embora num contexto estadunidense sejam lidos como negr@s ou latin@s, na minha perspectiva possuem traços que os categorizam como corpos brancos.

ALMEIDA, Lenildes Ribeiro da Silva. Pierre Bourdieu: A transformação social no contexto de "A Reprodução". Inter-Ação: Rev. Fac. Educ. UFG, 30 (1): 139-155, jan./jun. 2005.

ALMEIDA, Silvio Luiz de. O que é racismo estrutural. Belo Horizonte: Letramento, 2018.

ALVES, Vilson Rodrigues. Pontes de Miranda in RUFINO, Almir Gasquez; PENTEADO, Jaques de Camargo (Organizadores). Grandes juristas brasileiros. São Paulo: 2003, p. 257-296.

AMORIN, Marilia. Vozes e Silêncio no texto de pesquisa em ciências humanas. Cadernos de Pesquisa, n. 116, p. 7-19, julho/2002.

AMSELLE, Jean-loup. M'BOKOLO, Elikia. No centro da etnia: etnias, tribalismo e Estado na África. Petrópolis, RJ: Vozes, 2017. – (Coleção África e os Africanos)

ANZALDÚA, Gloria. La Consciencia de la mestiza/ Rumo a uma nova consciência. Revista de Estudos Feministas. Vol 13, n° 3, Florianópolis Set/out 2005.

ASANTE, Molefi kete. Afrocentricidade: a teoria de mudança social. 2014.

———. Afrocentricidade e uma abordagem para a paz no mundo. Texto original em http://www.unisa.ac.za/news/Wp-content/uploads/2013/03/Molefi-Asante-articlo1.pdf

———. Afrocentricidade: Notas sobre uma posição disciplinar. In: Elisa L. Nascimento (org.). Afrocentricidade Uma abordagem epistemológica inovadora. São Paulo: Selo Negro, 2009, p. 93-110.

BALDWIN, James. E pelas praças não terá nome. São Paulo: Brasiliense, 1972.

AZEVEDO, Elciene. Orfeu de carapinha: a trajetória de Luiz Gama na imperial cidade de São Paulo. Campinas, SP: Editora da Unicamp, Centro de Pesquisa em História Social da Cultura, 1999.

BALDWIN, James. E pelas praças não terá nome. São Paulo: Brasiliense, 1972.

BARBOSA, Muryatan Santana. Pan-africanismo e teoria social: uma herança crítica. África, São Paulo. Vol 31-32, p. 135-155, 2011/2012.

BELL, Derrick. Silent Convenants: Brown V. Board of Education and the Unfulfilled Hopes for Racial Reform. NY: Oxford, 2004.

BERNARDO-COSTA, Joaze; MALDONADO-TORRES, Nelson; GROSFOGUEL, Ramón (Organizadores). Decolonialidade e Pensamento Afrodiaspórico. Belo Horizonte: Autêntica Editora, 2019. (Coleção Cultura Negra e Identidade).

BERTH, Joice. O que é empoderamento? Belo Horizonte: Letramento, 2018.

BHABHA, Homi K. O local da cultura. Belo Horizonte: Editora UFMG, 2013.

BORGES, Juliana. O que é: encarceramento em massa. Belo Horizonte: Letramento: Justificando, 2018.

BORGES, Rosane. Escrevivência em Conceição Evaristo: armazenamento e circulação dos saberes silenciados. In In: Escrevivência: a escrita de nós: reflexões sobre a obra de Conceição Evaristo / organização Constância Lima Duarte, Isabella Rosado Nunes; ilustrações Goya Lopes. Rio de Janeiro: Mina Comunicação e Arte, p. 26 a 46, 2020.

BOURDIEU, Pierre. A distinção: crítica social do julgamento. São Paulo: Zouk, 2011.

BOURDIEU, Pierre. A escola conservadora: as desigualdades frente à escola e à cultura. Publicado originalmente in Revue Française de Sociologie. Paris, 7 (3). 1966, p. 325 – 347. Tradução: Aparecida Joly Gouveia. In Escritos de Educação/ Maria Alice Nogueira e Afrânio Catani (org) 9 ed. Petrópolis, RJ: Vozes, 2007.

BOURDIEU, Pierre. A dominação masculina. Rio de Janeiro: Bertrand Brasil, 2015.

BOURDIEU, Pierre. Homo Academicus. Santa Catarina: UFSC, 2013.

BOURDIEU, Pierre. O Poder Simbólico. São Paulo: Edições 70, 2011.

BOURDIEU, Pierre. Os Herdeiros: os estudantes e a cultura. Santa Catarina: Ufsc, 2018.

BOURDIEU, Pierre. Os três estados do capital cultural. Publicado originalmente in Actes de la Recherche em Sciences Sociales. Paris, nº 30, novembro de 1979, p. 3 – 6. Tradução Magali de Castro. In Escritos de Educação/ Maria Alice Nogueira e Afrânio Catani (org) 9 ed. Petrópolis, RJ: Vozes, 2007.

BOURDIEU,Pierre. Postface. La noblesse: capital social et capital symbolique. In: LANCIEN,D.;SAINT MARTIN, M. (Orgs.). Anciennes et nouvelles aristocraties de 1880 à nos jours. Paris: Ed. de la MSH, 2007.

BOURDIEU, Pierre. PASSERON, Jean-Claude. A Reprodução: Elementos para uma teoria do sistema de ensino. Petrópolis, RJ: Vozes, 2014.

CARVALHO, Marcus J. M. de. Cidades Escravistas in SCHWARCZ, Lilia Moritz; GOMES, Flávio dos Santos (Orgs.) – Dicionário de Escravidão e Liberdade: 50 textos críticos. 1ª ed. – São Paulo: Companhia das Letras, 2018.

CARDOSO, Lourenço; MULLER, Tania. (org). Branquitude: Estudos sobre identidade branca no Brasil. Curitiba: Appris Editora, 2017.

CARNEIRO, Sueli. Escritos de uma vida. São Paulo: Pólen Livros, 2019.

CASTELLS, Manuel (1999b), O poder da Identidade. Tradução de Klauss Brandini Gerhardt. São Paulo: Paz e Terra, 1999.

CATANI, Afrânio Mendes; NOGUEIRA, Maria Alice; HEY, Ana Paula e MEDEIROS, Cristina Carta Cardoso (Organizadores). Vocabulário Bourdieu. Belo Horizonte: Autêntica Editora, 2017.

CESAIRE, Aime. Discurso sobre a Negritude – Carlos Moore (Organização) – Belo Horizonte: Nandyala, 2010.

CHETTY, Ray; HENDREN, Nathaniel; JONES, Maggie e PORTER, Sonya. Race and Economic Opportunity in the United States: na intergenerational perspective. Disponível em: https://www.nber.org/papers/w24441 . Acesso em 2020.

Comunicado do IPEA nº 91 de 12 de maio de 2011. Ver também UFRJ (2013). "O crescimento da participação dos pretos e pardos: dados da PNAD 2012". Tempo em Curso. Ano V; Vol. 5, nº 10; Outubro. Instituto de Economia.

COLLINS, Patricia Hill. Aprendendo com a outsider within: a significação sociológica. Tradução: Juliana de Castro Galvão. Revisão Joaze Bernardino-Costa. Revista Sociedade e Estado – Volume 31. Nº 1, pp. 99 a 127. Jan/Abril, 2016.

COLLINS, Patricia Hill. Learning from the outsider within: the sociological significance of black feminist thought. Social Problems, V.33, nº 6, "Special theory issue", p. 14-32, Oct-Dec, 1986.

COLLINS, Patricia Hill. Pensamento Feminista Negro: conhecimento, consciência e a política do empoderamento. São Paulo: Boitempo, 2019.

COLLINS, Patricia Hill. BILGE, Sirma. Interseccionalidade. São Paulo: Boitempo, 2021.

COSTA, Sérgio. Dois Atlânticos. Teoria Social, anti-racismo, cosmopolitismo. Belo Horiozonte: Editora UFMG, 2006.

CRENSHAW, Kimberle. "A Intersecionalidade na Discriminação de Raça e Gênero". Disponível em: http://acaoeducativa.org.br/fdh/wp-content/uploads/2012/09/Kimberle-Crenshaw.pdf. Acesso em 23/03/2019.

CURIEL, Ochy. Crítica pós-colonial a partir das práticas políticas do feminismo antirracista. Revista de Teoria da História – Vol. 22, Número 02, Universidade Federal de Goiás, Dezembro de 2019.

DAVIS, Angela. A liberdade é uma luta constante. São Paulo: Boitempo, 2018.

DAVIS, Angela. Mulheres, Cultura e Política. São Paulo: Boitempo, 2017.

DAVIS, Angela. Mulheres, Raça e Classe. São Paulo: Boitempo, 2016.

DAVIS, Angela. Uma Autobriografia. São Paulo: Boitempo, 2019.

DEL ROIO, Marcos. Gramsci e a emancipação do oprimido. São Paulo: Editora Unesp, 2018.

DOMINGUES, Petrônio. Associativismo Negro in SCHWARCZ, Lilia Moritz; GOMES, Flávio dos Santos (Orgs.) – Dicionário de Escravidão e Liberdade: 50 textos críticos. 1ª ed. – São Paulo: Companhia das Letras, 2018.

DOTTI, René Ariel. Nelson Hungria, in RUFINO, Almir Gasquez; PENTEADO, Jaques de Camargo (Organizadores). Grandes juristas brasileiros. São Paulo: 2003, p. 205-239.

EDDO-LODGE, Reni. Por que eu não converso mais com pessoas brancas sobre raça. Belo Horizonte: Letramento, 2019.

EVARISTO, Conceição. A escrevivência e seus subtextos. In: Escrevivência: a escrita de nós: reflexões sobre a obra de Conceição Evaristo / organização Constância Lima Duarte, Isabella Rosado Nunes; ilustrações Goya Lopes. Rio de Janeiro: Mina Comunicação e Arte, p. 26 a 46, 2020.

EVARISTO, Conceição. Becos da memória. Rio de Janeiro: Pallas, 2017.

EVARISTO, Conceição. Literatura negra: uma voz quilombola na literatura brasileira. Universidade Federal Fluminense - UFF, (s/d), p.7.

EVARISTO, Conceição. Olhos D'água. Rio de Janeiro: Pallas: Fundação Biblioteca Nacional, 2015.

EVARISTO, Conceição. Ponciá Vicêncio. Rio de Janeiro: Pallas, 2017.

FANON, Frantz. Os condenados da terra. Tradução Elnice Albergaria Rocha, Lucy Magalhaes – Juiz de Fora: Ed. UFJF, 2005.

FANON, Frantz. Os condenados da terra. Juiz de Fora: Ed. UFJF, 2005.

FANON, Frantz. Pele Negra, máscaras brancas. Salvador: EDUFBA, 2008.

FANTAPPIÉ, Marcelo. Epigenética e Memória Celular. Disponível em www.revistacarbono.com . Acesso em 24/05/2018.

FRANCISCHETTO, Gilsilene Passon P; OMMATI, José Emílio Medauar; GORETTI, Ricardo (Coordenadores). Educação Jurídica e Alternativas

Pedagógicas para uma Formação Crítica e Emancipatória. Coleção Teoria Crítica do Direito. Vol.9. Belo Horizonte: Conhecimento Editora, 2020.

FAUSTINO, Deivison Mendes. Por que Fanon? Por que agora? Frantz Fanon e os fanonismos no Brasil. 2015. Disponível em: https://repositorio.ufscar.br/handle/ufscar/7123 . Acesso em 12/01/2021.

FERREIRA, Daniel Carvalho. O juízo dos libertos - escravidão e campo jurídico no Brasil Imperial (1850-1871). Belo Horizonte: Editora Lafayette, 2020.

FREIRE, Paulo. Cartas à Guiné-Bissau: registros de uma experiência em processo. São Paulo: Paz e Terra, 2011.

FREIRE, Paulo. Educação como prática da liberdade. São Paulo/ Rio de Janeiro: Paz e Terra, 2017A.

FREIRE, Paulo. Pedagogia da Autonomia: saberes necessários à prática educativa. Rio de Janeiro/São Paulo: Paz e Terra, 2020A.

FREIRE, Paulo. Pedagogia da Esperança: um reencontro com a pedagogia do oprimido. São Paulo/Rio de Janeiro: Paz e Terra, 2020B.

FREIRE, Paulo. Pedagogia do Oprimido. Rio de Janeiro: Paz e Terra, 2017B.

FRAGA, Walter. Pós-abolição; O dia seguinte in SCHWARCZ, Lilia Moritz; GOMES, Flávio dos Santos (Orgs.) – Dicionário de Escravidão e Liberdade: 50 textos críticos. 1ª ed. – São Paulo: Companhia das Letras, 2018.

GILROY, Paul. Entre Campos – Nações, Culturas e o Fascínio da Raça. São Paulo: Annableme, 2007.

GILROY, Paul. O Altlântico Negro. São Paulo: Editora 34; Rio de Janeiro: Universidade Candido Mendes, Centro de Estudos Afro-Asiáticos, 2012.

GONÇALVES, Ana Maria. Um defeito de cor. Rio de Janeiro: Record, 2015.

GOMES, Nilma Lino. O movimento negro educador. Saberes construídos nas lutas por emancipação. Petrópolis, RJ: Vozes, 2017.

GOMES, Nilma Lino. O Movimento Negro e a intelectualidade negra descolonizando os currículos. In Decolonialidade e pensamento afrodiaspórico / organizadores Joaze Bernardino-Costa, Nelson Madonado-Torres, Ramón Gosfoguel, 2. Ed; 1. Reimp. Belo Horizonte: Autêntica Editora, 2019.

GONZALEZ, Lélia. Por um feminismo afro latino americano: ensaios, intervenções e diálogos/ organização Flávia Rios, Márcia Lima. Rio de Janeiro: Zahar, 2020.

GRINBERG, Keila. Código civil e cidadania. Rio de Janeiro: Jorge Zahar Ed., 2008.

GROSFOGUEL, Ramón. .Para descolonizar os estudos de economia política e os estudos: Transmodernidade, pensamento de fronteira e colonialidade global. Revista Crítica de Ciências Sociais, 80, Março 2008.

GUSTIN, Miracy B. S. Resgate dos Direitos Humanos em Situações Adversas de Países Periféricos. Disponível em: www.direito.ufmg.br . Acesso em 2018/2.

Instituto Brasileiro de Qualidade e Produtividade (IBQP) – Análise dos resultados do GEM 2017 por raça/cor. Março 2018.

HAIDER, Asad. Armadilha da Identidade: raça e classe nos dias de hoje. São Paulo: Veneta, 2019. (Coleção Baderna).

HALL, Stuart. A Formação de um Intelectual Diaspórico. In: Da Diáspora: Identidades e Mediações Culturais. Org. Liv Sovik; Trad. Adelaine La Guardia Resende. Belo Horizonte: Editora UFMG; Brasília: Representação da Unesco no Brasil, 2003.

HARAWAY, Donna. *Saberes Localizados: a questão da ciência para o feminismo e o privilégio da perspectiva parcial.* Cadernos Pagu (5) 1995: pp. 07 – 41.

HARRIS, Angela P. Compassion and Critique. Columbia Journal of Race and Law. Vol. 1:3, 2012.

HARRIS, Angela P. Race and essentialism in feminist legal theory. Stanford Law Review. Vol. 42, Nº 3, pp. 581 a 616, Feb, 1990.

HARRIS, Angela P. Raça e essencialismo na teoria feminista do direito. Tradução de Camilla de Magalhães Gomes e Ísis Aparecida Conceição. Revista Brasileira de Políticas Públicas. Vol 10, Nº2, pp. 43 a 74. Ago, 2020

HARRIS, Cheryl. "Whiteness as Property". Harvard Law Review, 1993, 106 (8): 1707 – 1791.

HOLLANDA, Heloísa Buarque de (organizadora). Pensamento feminista hoje: perspectivas decoloniais. Rio de Janeiro: Bazar do Tempo, 2020.

hooks, bell. Ain't I a Woman. Black women and feminism. NY: Routledge, 2015A.

hooks, bell. Alisando nosso cabelo. Revista Gazeta de Cuba – Unión de escritores y artistas de Cuba. Janeiro-fevereiro de 2005. Retirado do blog coletivomarias.blogspot.com/.../alisando-o-nosso-cabelo.html

hooks, bell. All about lover. New visions. NY: Perenial, 2001.

hooks, bell. Appalachian Elegy: Poetry and Place. Lexington: Kentucky, 2012.

hooks, bell. Anseios: raça, gênero e políticas culturais. São Paulo: Elefante, 2019A.

hooks, bell. Art on my mind. Visual politics. NY: The New Press,

hooks, bell. Be boy buzz. NY: Hyperion Books for children, 2002A.

hooks, bell. Belonging: a culture of place. NY: Routledge, 2009.

hooks, bell. Black looks: race and representation. NY: Routledge, 2015B.

hooks, bell. Bone black: memories of girlhood. NY: Henry Holt and Company, 1996.

hooks, bell. Breaking bread: insurgente black intelectual life. Bell hooks and Cornel West. Boston: South end Press, 1991.

hooks, bell. Communion: the female Search for love. NY: William Morrow, 2002B.

hooks, bell. E eu não sou uma mulher? : mulheres negras e feminismo. Rio de Janeiro: Rosa dos Tempos, 2020.

hooks, bell. Ensinando a Transgredir: a educação como prática da liberdade. São Paulo: Martins Fontes, 2013.

hooks, bell. Ensinando pensamento crítico: sabedoria prática. Este livro completa a Trilogia do Ensino desenvolvida pela autora. São Paulo: Martins Fontes, 2019B.

hooks, bell. Erguer a Voz. Pensar como feminista, pensar como negra. São Paulo: Elefante, 2019C.

hooks, bell. Feminis is for everybody. Passionate politics. NY: Routledge, 2015C.

hooks, bell. Feminist Theory: from margin to center. NY: South end Press, 1984.

hooks, bell. Grump Groan Growl. NY: Hyperion Books for children, 2008.

hooks, bell. Intelectuais negras. Versão de Black Women Intellectuals in Gloria Watkins and Cornel West, Breaking Bread – Insurgent Black Intelectual Life, Boston South end Press, 1991.

hooks, bell. Intelectuais negras. Estudos feministas. N°2/95. Tradução Marcos Santarrita.

hooks, bell. Killing rage: ending racismo. NY: Henry Holt and Company, 1995.

hooks, bell. Mulheres negras: moldando a teoria feminista. Revista Brasileira de Ciência Política. Brasília, janeiro-abril de 2015D, pp. 193-210.

hooks, bell. O feminismo é para todo mundo. Políticas arrebatadoras. Rio de Janeiro: Rosa dos Tempos, 2018.

hooks, bell. Olhares Negros: raça e representação. São Paulo: Elefante, 2019D.

hooks, bell. Outlaw Culture: resisting representations. NY: Routledge, 2006.hooks, bell. Reel to real: race, class and sex at the movies. NY: Routledge, 1996.

hooks, bell. Remembered Rapture. The writer al work. NY: Henry Holt and Company, 1999.

hooks, bell. Representing whiteness in the black imagination. In Cultural Studies. NY: Routledge, 1992.

hooks, bell. Rock my soul: black people and self-esteem. NY: Atria Books, 2003A.

hooks, bell. Salvation: black people and love. NY: William Morrow, 2001

hooks bell. Sister of the yam: black women and self-recovery. NY: Routledge, 2015E.

hooks, bell. Talking Back: thinking feminist, thinking black. NY: Routledge, 2015F.

hooks, bell. Teaching Critical Thinking: Practical Wisdom. NY: Routledge, 2010.

hooks, bell. Teaching Comunity: a pedagogy of hope. NY: Routledge, 2003B.

hooks, bell. Teaching to transgress: education as the practice of freedom. NY: Routledge, 1994.

hooks, bell. Teoria Feminista: da margem ao centro. São Paulo: Perspectiva, 2019E.

hooks, bell. The will to change: men, masculinity, and love. NY: Atria Books, 2004A.

hooks, bell; HALL, Stuart. Uncut Funk – a contenplative dialogue. NY: Routledge, 2018.

hooks, bell. We real cool: black men and masculinity. NY: Routledge, 2004B.

hooks, bell. Where we stand: class matters. NY: Routledge,

hooks, bell. Wounds of passion: a writing life. NY: Henry holt and company, 1997.

hooks, bell. Writing Beyond Race: living theory and practice. NY: Routledge, 2013.

hooks, bell. Yearning: race, gender, and cultural politics. NY: Routledge, 2015G.

KARENGA, Maulana. A função e o futuro dos estudos Africana: Reflexões críticas sobre sua missão, seu significado e sua metodologia. In Afrocentricidade: uma abordagem epistemológica inovadora/ Elisa Larkin Nascimento (org.). (Sankofa: matrizes africanas da cultura brasileira; 4) São Paulo: Selo Negro, 2009.

KILOMBA, Grada. Entrevista intitulada: o racismo e o depósito de algo que a sociedade branca não quer ser. Site geledes.org.br. Visita ao site em 22/03/2018.

KILOMBA, Grada. Memória da Plantação. Episódios de racismo cotidiano. Rio de Janeiro: Cobogó, 2019.

LAGSON-BILLINGS, Glória. Para além de uma educação multicultural: teoria racial crítica, pedagogia culturalmente relevante e formação docente (entrevista com a professora Gloria Ladson-Billings). Entrevistadores: Luís Armando Gandin, Júlio Emílio Diniz-Pereira e Álvaro Moreira Hypolito. Educação e Sociedade, ano XXIII, Nº 79, Agosto/2002.

LAHIRE, Bernard. Campo. In Vocabulário Bourdieu/ Afrânio Mendes Catani... (et al.) – 1 ed. Belo Horizonte: Autêntica Editora, 2017.

LEBARON, Frédéric. Capital. In Vocabulário Bourdieu/ Afrânio Mendes Catani...(et al.) – 1 ed. Belo Horizonte: Autêntica Editora, 2017.

Le Petit Larousse Illustré 2000, HER 1999.

LORDE, Audre. Irmã Outsider. Ensaios e Conferências. Belo Horizonte: Autêntica Editora, 2019.

LÖWY, Michael. "A contrapelo". A concepção dialética da cultura nas teses de Walter Bejamin (1940). Lutas Sociais, São Paulo, n.25/26, p.20-28, 2º sem. de 2010e 1º sem. de 2011.

MACHADO, Carlos Eduardo Dias. LORAS, Alexandra Baldeh. Gênios da Humanidade. Ciência, Tecnologia e Inovação Africana e Afrodescendente. São Paulo: DBA, 2017.

MBEMBE, Achille. Crítica da Razão Negra. Rio de Janeiro: N-1 Edições, 2018.

MBEMBE, Achille. As formas africanas de auto-inscrição. Revista Estudos Afro-Asiáticos, Ano 23, nº 1, pp. 171-209, 2001.

MBEMBE, Achille. Necropolítica. Rio de Janeiro: N-1 Edições, 2018.

MBEMBE, Achille. Sair da grande noite: ensaio sobre a África descolonizada. Petrópolis, RJ: Vozes, 2019.

MBITI, John S. African religions and philosophy. Nigeria: Heineman Educational Books, 1990.

MENDONÇA, Joseli Maria Nunes. Entre a mão e os anéis: a lei dos sexagenários e os caminhos da abolição no Brasil. São Paulo: Editora Unicamp, 2008.

MIGNOLO, Walter D. COLONIALIDADE. *O lado mais escuro da modernidade.*

Introdução de The darker side of western modernity: global futures, decolonial options

(Mignolo, 2011), traduzido por Marco Oliveira. Revista Brasileira de Ciências Sociais Vol. 32 nº 94 junho/2017: e329402.

MOITA-LOPES, L . P.; ROJO, R.H.R. Linguagem, códigos e suas tecnologias. In: BRASIL, Ministério da Educação. Orientações Curriculares de Ensino Médio. Brasília, DF: MEC/SEB/DPEM, 2004. P. 14-56.

MOREIRA, Adilson José. *O que é discriminação?* Belo Horizonte: Letramento: Casa do Direito: Justificando, 2017.

MOREIRA, Adilson José. Pensando como um negro: ensaio de hermenêutica jurídica. São Paulo: Editora Contracorrente, 2019.

MOREIRA, Adilson José. Racismo Recreativo. São Paulo: Sueli Carneiro; Pólen, 2019.

MUDIMBE, V.Y. A invenção da África: gnose, filosofia e a ordem do conhecimento. Petrópolis, RJ: Vozes, 2019.

MUNANGA, Kabengele. Negritude: usos e sentidos. Editora Ática.1988

MUNANGA, Kabengele. Rediscutindo a Mestiçagem no Brasil. Identidade nacional versus identidade negra. Belo Horizonte: Autêntica Editora, 2019.

NASCIMENTO, Abdias. O Genocídio do negro brasileiro: processo de um racismo mascarado. São Paulo: Editora Perspectiva S/A, 2016.

NASCIMENTO, Elisa Larkin. Afrocentricidade: uma abordagem epistemológica inovadora. (Sankofa: matrizes africanas da cultura brasileira, Vol. 4) São Paulo: Selo Negro, 2009. NASCIMENTO, Elisa Larkin. O Sortilégio da Cor. Identidade, raça e gênero no Brasil. São Paulo: Summus, 2003.

País Estagnado – Um retrato das desigualdades brasileiras – 2018. Disponível em: www.oxfam.org.br . Acesso em 17/03/2019.

PARRON, Tâmis Peixoto. A política da escravidão no império do Brasil, 1826-1865. São Paulo: 2009. Disponível em https://www.teses.usp.br/teses/disponiveis/8/8138/tde-04022010-112116/publico/TAMIS_PEIXOTO_PARRON.pdf

Pesquisa sobre negros e negras no Poder Judiciário / Conselho Nacional de Justiça. – Brasília: CNJ, 2021.

PINHO, Osmundo; VARGAS, João H. Costa (Organizadores). Antinegritude: o impossível sujeito negro na formação social do Brasil. Cruz das Almas, Belo Horizonte: Editora UFRB, 2016.

PINTO, Ana Flávia Magalhães. Fortes laços em linhas rotas: literatos negros, racismo e cidadania na segunda metade do século XIX. Campinas, SP: (s.n.), 2014. Disponível em http://www.repositorio.unicamp.br/acervo/detalhe/942703?guid=1645095506818&returnUrl=%2fresultado%2flistar%3fguid%3d1645095506818%26quantidadePaginas%3d1%26codigoRegistro%3d942703%23942703&i=3 . Acesso em 15/07/2020.

PRANDI, Reginaldo. Mitologia dos Orixás. São Paulo: Companhia das Letras, 2001.

PRANDI, Reginaldo. O Candomblé e o tempo. Concepções de tempo, saber e autoridade da África para as religiões afro-brasileiras.

QUIJANO, Aníbal. Colonialidade do poder, eurocentrismo e América Latina. Buenos Aires: CLACSO, Consejo Latinoamericano de Ciencias Sociales, 2005.

QUIJANO, Aníbal. *"Coloniality and modernity/rationality"*. Cultural Studies, 21 (2-3):

22-32. Routledge: 2010

Relatório "A distância que nos une" – 2017 – Disponível em: www.oxfam.org.br . Acesso em 17/03/2019.

Relatório Perfil Sociodemográfico dos Magistrados Brasileiros – 2018 – Disponível em: https://www.cnj.jus.br. Acesso em 15/11/2020.

REPOLÊS, Maria Fernanda Salcedo. Ensino Jurídico, Transdisciplinaridade e Saberes Outros. In: FRANCISCHETTO, Gilsilene Passon P; OMMATI, José Emílio Medauar; GORETTI, Ricardo (Coordenadores). Educação Jurídica e Alternativas Pedagógicas para uma Formação Crítica e Emancipatória. Coleção Teoria Crítica do Direito. Vol.9. Belo Horizonte: Conhecimento Editora, 2020.

RIBEIRO, Deivide Júlio.; REPOLÊS, Maria Fernanda Salcedo. O Haiti como Memória Subterrânea da Revolução e do Constitucionalismo Modernos. Revista Direito e Práxis, Ahead of print, Rio de Janeiro, 2021. Disponível em: https://www.e-publicacoes.uerj.br/index.php/revistaceaju/article/view/56540/38582 .Acesso em:15/08/21. DOI: 10.1590/2179-8966/2021/56540.

RIBEIRO, Katiuscia. Mulher Preta: Mulherismo Africana e outras perspectivas de diálogo. Disponível em: www.almapreta.com . Acesso em 23/03/2019.

RICH, ADRIENNE. Disloyal to Civilization: Feminism, Racism, Gynephobia, in ON LIES, SECRETS, AND SILENCE 275, 299 (1979).

RIGAUX, François. A lei dos juízes. São Paulo: Martins Fontes, 2000.

ROJO, Roxane Helena Rodrigues. Letramentos Múltiplos. Escola e Inclusão Social. São Paulo: Parábola, 2009.

ROJO, Roxane Helena Rodrigues; BARBOSA, Jacqueline Peixoto. Hipermodernidade, multiletramentos e gêneros discursivos. São Paulo: Parábola Editorial, 2015.

RUFINO, Almir Gasquez; PENTEADO, Jaques de Camargo (Organizadores). Grandes juristas brasileiros. São Paulo: 2003.

SARR, Felwine. Afrotopia. São Paulo: n-1 edições, 2019.

SANTOS, Maria Angélica dos. O lado negro do empreendedorismo: afroempreendedorismo e black money. Belo Horizonte: Letramento, 2019.

SARR, Felwine. Afrotopia. São Paulo: n-1 edições, 2019.

SCHWARCZ, Lilia Moritz; GOMES, Flávio dos Santos (Orgs.) – Dicionário de Escravidão e Liberdade: 50 textos críticos. 1ª ed. – São Paulo: Companhia das Letras, 2018.

SIMAS, Luiz Antonio; RUFINO, Luiz. Fogo no mato: a ciência encantada das macumbas. Rio de Janeiro: Mórula, 2018.

SOUZA, Jessé de. A elite do Atraso: da escravidão a Bolsonaro. São Paulo: Estação Brasil, ed. rev e ampl. 2019.

SOUZA SANTOS, Boaventura de Sousa. Para além do Pensamento Abissal: das linhas globais a uma ecologia de saberes. Revista Crítica de Ciências Sociais, 2007, nº 78, p.3-46.

SOYINKA, Wole. O leão e a joia. São Paulo: Geração Editorial, 2019.

SPIVAK, Gayatri Chakravorty. Pode o Oprimido Falar?. Belo Horizonte: Editora UFMG, 1985.

TEIXEIRA, Moema De Poli. Negros na Universidade. Rio de Janeiro: Pallas, 2003.

VAN BREDA, John. Towards a transdisciplinar hermeneutics. A new way of Building the scientific mind for learning in the perspective of complex and long-term change. 2007

VANDEVELDE, Kenneth J. Pensando como um advogado: uma introdução ao raciocínio jurídico. São Paulo: Martins Fontes, 2004.

VENÂNCIO FILHO, Alberto. Das arcadas ao bacharelismo. São Paulo: Perspectiva, 2011.

VERGER, Pierre Fatumbi. Orixás. Salvador: Corrupio.

VERGER, Pierre; CARYBE. Lendas Africanas dos Orixás. Salvador: Corrupio, 1997.

WALSH, C., Oliveira, L. F. de, & Candau, V. M. (2018). Coloniality and decolonial pedagogy: To think of other education. *Education Policy Analysis Archives*, 26, 83. https://doi.org/10.14507/epaa.26.3874

WALSH, Catherine. Interculturalidade Crítica e Pedagogia Decolonial: Insurgir, re-existir e re-viver(pp. 12-42). In V.M. Candau, Educação intercultural na América Latina. Entre concepção, tensões e propostas . Rio de Janeiro: 7 letras, 2009.

WARAT, Luis Alberto. A ciência jurídica e seus dois maridos. Santa Cruz do Sul: Faculdades Integradas de Santa Cruz do Sul, 1985.

WEST, Cornel. O Dilema do Intelectual Negro. In: WEST, Cornel. The Cornel West: reader. Nova York: Basic Civitas Books, 1999, p. 302 – 315

(Tradução e notas de Braulino Pereira de Santana, Guacira Cavalcante e Marcos Aurélio Souza).

WEST, Cornel. Questão de Raça. São Paulo: Companhia das Letras, 1994.

WILLIAMS, Patricia J. The Alchemy of Race and Rights: diary of a law professor. Cambridge: Harvard University Press, 1991.

Legislação e atos consultados[87]

Brasil. Lei Federal n° 12.711/2012, de 29/08/2012;

Brasil. Ministério da Educação. Portaria Normativa n° 13, de 11 de maio de 2016 (Dispõe sobre a indução de Ações Afirmativas na Pós-Graduação, e dá outras providências). Diário Oficial da União, 12/05/2016, Seção 1, p. 47;

Conselho Universitário. RESOLUÇÃO 03/2008, DE 15 DE MAIO DE 2008 (Altera a forma de apuração dos resultados do Concurso Vestibular da UFMG pela atribuição de pontos adicionais a egressos da Escola Pública.);

Conselho Universitário. RESOLUÇÃO 02/2012, DE 03 DE MAIO DE 2012 (Reedita, com alterações, as Resoluções 03/2008, de 15/05/2008, e 05/2010, de 05/05/2010, estabelecendo procedimentos para a apuração dos resultados do Concurso Vestibular da UFMG e para o ingresso dos candidatos.).

Conselho de Ensino, Pesquisa e Extensão. Resolução Comum 02/2012, de 15 de Maio de 2012 (Estabelece normas para o Concurso Vestibular 2013 da UFMG);

Conselho Universitário. RESOLUÇÃO 13/2012, DE 23 DE OUTUBRO DE 2012 (Revoga a Resolução 02/2012, de 03 de maio de 2012, que estabeleceu procedimentos para a apuração dos resultados do Concurso Vestibular da UFMG e para o ingresso dos candidatos.);

Conselho de Ensino, Pesquisa e Extensão. Ata da Reunião Ordinária de 16 de Outubro de 2012.

Conselho Universitário. Ata da Reunião Extraordinária de 23 de Outubro de 2012;

Conselho de Ensino, Pesquisa e Extensão. Resolução Comum 02/2017, de 04 de Abril de 2017 (Dispõe sobre a Política de Ações Afirmativas para inclusão de pessoas negras, indígenas e com deficiência na Pós-Graduação stricto sensu na Universidade Federal de Minas Gerais).

---

[87] Os atos dos conselhos da UFMG descritos acima podem ser obtidos por consulta no site: https://www2.ufmg.br/sods/

MÚSICAS MENCIONADAS POR QRCODE (NA ORDEM EM QUE APARECEM NO TEXTO)

Não mexe comigo - Carta de Amor – DVD Carta de Amor Interpretação Maria Bethânia, publicada no youtube em 15 de dezembro de 2013.

O que se cala – Elza Soares. Álbum Deus e Mulher, publicada em 18 de maio de 2018.

Pra que me chamas? Xenia França, publicada no youtube em 17 de setembro de 2018.

Negro Drama – Racionais MCs. Álbum Nada como um dia após o outro dia, Vol. 1 & 2, publicada no youtube em 10 de março de 2009.

Black Parade – Beyoncé 2020, publicada no youtube dem 20 de junho de 2020.

O mar serenou – Clara Nunes, publicada no youtube de 17 de novembro de 2009.

É D'Oxum (Pontos de Oxum), cantada por Rita Benneditto, publicada no youtube em 12 de novembro de 2018.

Linda e Preta – Nara Couto, publicada no youtube em 9 de novembro de 2016.

DOCUMENTÁRIO MENCIONADO POR QRCODE

Juízo (Jovens infratores no Brasil) – Maria Augusta Ramos, publicado em 17 de novembro de 2014.

Áudios dos Poemas por **qrcode (na ordem em que aparecem no texto)**

Poema "Ainda Assim eu me Levanto" – Maya Angelou – Recitado por Maria Angélica dos Santos

Poema "Afirmação" – Assata Shakur – Recitado por Maria Angélica dos Santos

Figura 31 - Colagem autoria própria

CARTA A BELL HOOKS, MINHA AVÓ OUTSIDER[88].

Minha querida bell hooks, como vai você? Como tem experienciado estes tempos tão amargos, carregados de conservadorismo e adoecimento?

Não me alegro em dizer que por aqui no Sul, na periferia do mundo, de onde te escrevo, também experiencio vivências conservadoras e letais. Falo de uma pandemia que enterra nossas querências, mas também falo de uma política que extermina nosso povo e este "nosso" que emprego aqui é tão seu quanto meu, pois nós duas somos mulheres negras, afrodescendentes. Nós duas, cada uma a seu modo, já experimentamos "a dor e a delícia" de sermos quem e como somos.

---

[88] Este título, embora remeta de imediato a obra de Audre Lorde (LORDE, 2019), Irmã Outsider, deriva de um acúmulo de leituras. Há forte inspiração no capítulo 7 (De mãos dadas com minha irmã – solidariedade feminista) do livro Ensinando a Transgredir: a educação como prática da liberdade. Mas o principal gatilho que me conduziu ao termo foi o diálogo travado entre bell hooks e Stuart Hall no livro Uncut Funk – a contemplative dialogue (hooks & HALL, 2018), em que ela se refere a um sentimento de parentesco que nomina de "vínculo familiar simbólico".

Eu poderia te escrever como uma acadêmica, como uma jurista, como uma estudiosa de seu trabalho, como uma admiradora de sua postura pedagógica, como uma pesquisadora procurando dialogar com seu referencial, mas nenhuma dessas possibilidades de aproximação daria conta de te fazer compreender a imensidão do afeto que carrego por você. Por isso, escolhi te escrever como uma neta escreveria à sua avó. Nutro por você um sentimento de parentesco que você mesma nomina em um diálogo com Stuart Hall de "vínculo familiar simbólico"[89].

Geralmente, relações entre mães e filhas são conturbadas, enquanto relações entre netas e avós tendem a ser mais amenas, mais leves e amorosas. Eu amei muito minha avó materna, embora minha mãe e ela tivessem uma relação difícil. Também classifico como "difícil" a minha relação com minha mãe, mas percebo um vínculo de amor muito forte estabelecido entre ela e meus filhos. Também sei de suas relações familiares, dos conflitos e dificuldades que suas escolhas como acadêmica e escritora trazem para a sua convivência com a sua mãe[90]. E também vejo o carinho, respeito e admiração que carrega por sua bisavó, a quem homenageia com seu pseudônimo. Experienciei ao seu lado, como leitora e cúmplice, a jornada em busca de pertencimento relatada em Belonging: a culture of place[91] e me identifico com suas vivências afetivas.

Eu poderia me apresentar a você como tanica amantino, nome da minha avó, como você se apresenta a mim pelo

---

[89] Recomendo a leitura do livro Uncut Funk – a contemplative dialogue. A expressão mencionada é uma tradução minha de *simbolical family bond* que aparece na página 16 dessa obra. (hooks & HALL, 2018)

[90] Recomendo a leitura do capítulo 10 (intitulado em tradução minha como Aprendizagem Progressiva – Um valor familiar) do livro Teaching Community: a pedagogy of hope.

[91] Recomendo a leitura do livro Belonging: a culture of place. (hooks, 2009)

nome de sua bisavó. Assim mesmo, com todas as letras em minúsculas como faz questão de se enunciar. Eu seria tanica amantino e você bell hooks. Ambas exaltando as suas ancestrais, que guardam memórias de luta e resistência, cada uma a seu modo, que podem nos inspirar. Eu também poderia facilmente me dirigir a você como uma irmã, irmanadas que somos nos ideais de transformação social através de uma pedagogia libertadora e que esperança uma academia mais diversa e plural. Você também poderia ser minha filha, a quem eu leria as melhores histórias de ninar garotas rebeldes. Mas há algo especial entre uma neta e uma avó. Algo que é muito forte pra mim. Entre uma neta e uma avó não parece haver competição. A avó já viveu tudo, ou boa parte, do que a neta viverá. Ela já alcançou uma certa plenitude, ela não joga mais o jogo voraz do mate ou morra, ela mais observa e contempla o jogo alheio para compreendê-lo melhor e talvez poder, com isso, desviar a neta das armadilhas que sempre surgem pelo caminho. Me inclino a dizer que há uma cumplicidade amorosa entre as duas, uma revivendo na outra as emoções já experienciadas; a outra se deixando guiar pela confiança em alguém que se sabe não lhe querer mal algum.

Nessa plêiade de possibilidades, escolho lhe escrever desta posição, ambas outsiders uma da outra, mas simulando a doçura de uma relação que só pode existir entre uma avó e uma neta. Aqui, portanto, bell, você será minha avó outsider.

E destas posições que estabeleci para nós neste diálogo é que quero, primeiramente, lhe agradecer por ter ladrilhado de forma tão bela o caminho que piso agora. Agradeço por me ensinar tanto e por ser tão generosa mostrando-se inteira em cada livro, texto ou palestra. Muito obrigada por ser toda entrega a um projeto de aproximação entre teoria e prática!

Também, num afã de colocar todas as cartas na mesa, já gostaria de te confidenciar que não concordo com absolutamente tudo o que escreve ou diz, como quando, numa conversa com Laverne Cox, brilhante atriz trans que trabalhou em The orange is the new black, série que nós duas adoramos, você acusou Beyoncé de ser uma terrorista[92]. Eu não concordo pois essa *popstar*, como tantas outras mulheres negras como eu e você, trilha um caminho de autorreconhecimento e enegrecimento repleto de armadilhas identitárias, mesmo assim ela insiste em se deslocar para o sul como nos conta em Black Parade, música que integra meu estudo.

Mas, mesmo assim, mesmo discordando de você em assuntos pontuais, te admiro pela coragem de ser opositora mesmo quando há um risco de deixar de ser querida, de perder uma admiradora ou muitas. Essa sua postura desafiadora, mesmo não me convencendo sempre de seus argumentos, me inspira a seguir sendo a jurista diaspórica e dissidente que escolhi ser. Uma jurista que nem sempre terá seus pensamentos e posturas acolhidos e admirados pelo *mainstream*, mas que segue sendo disruptiva por escolha e convicção.

Te escrevo para contar de minha escrita, para te falar da tese que defendo em meu processo de doutoramento na mesma escola em que me graduei e à qual retorno anos depois. Me emocionei muito quando li em Ensinando a Transgredir[93] que você encontrou Freire quando estava sedenta, morrendo de sede. E você encontrou na obra dele um jeito de matar a sua sede. Posso dizer que você e sua obra tiveram o mesmo efeito sobre mim. Eu me encontrava faminta por um ensino jurídico diferente e vinha também sedenta de outras teorias, de outros modos de pensar e ser. Eu decidi engolir o direito, por isso não sinto mais fome. Mas foi você e sua escrita potente que mataram minha sede. Venho aqui para te contar dessa minha experiência.

Falo com você do lugar que insisto em pertencer, a Faculdade de Direito e Ciências do Estado da UFMG, tam-

---

[92] Recomendo o diálogo no endereço eletrônico bell hooks and Laverne Cox in a Public Dialogue at The New School - YouTube

[93] Recomendo a leitura de Ensinando a Transgredir: a educação como prática da liberdade. O trecho citado está na pag. 71. (hooks, 2013)

bém conhecida carinhosamente como a Vetusta Casa de Afonso Pena, homenagem a um de seus mais proeminentes fundadores, um jurista educado na lógica bacharelista. A escola livre de direito, fundada em 1892 na cidade mineira de Ouro Preto, transferiu-se em 1898 para Belo Horizonte, a cidade onde nasci e de onde te escrevo agora, localizando-se na região central da capital do estado de Minas Gerais desde então.

Minha escola completou recentemente 128 anos de existência e tradição na formação de juristas. Afirmo que estou confortável em me apossar deste espaço que me formou numa lógica também bacharelista, pois aprendi a percorrer o caminho do pertencimento quando li o primeiro capítulo de seu livro Belonging: a culture of place. Serei doutora por um lugar que quero pra mim, que sempre quis e que agora é meu. O lugar do saber que fiz enorme esforço para acessar, como narro em minha pesquisa. Me recordo de sentir um pavor absurdo às vésperas de minha formatura na graduação. Cerca de uns seis meses antes, já sentia calafrios de me pensar fora daquele espaço de conhecimento. Não era só porque eu deixaria de ser estudante de uma instituição federal de ensino respeitada e me tornaria uma bacharela desempregada, diferente dos herdeiros do bacharelismo que ilustram minha tese e que já se formavam com bons empregos e cargos de chefia garantidos. Havia mais. Eu sentia como se estivesse sendo expulsa do lar. Mas anos depois pude compreender que a ideia de pertencimento que eu possuía não se estendia para além de mim. Só eu me sentia dona daquele lugar, ninguém mais me via assim. Não consegui ficar. Hoje percebo que pertencer envolve mais do que estar fisicamente num determinado espaço, exige intimidade com o saber que aquele lugar oferece. E eu não tinha essa vivência porque o direito que me ensinaram não era nada próximo de mim, não falava comigo, não me alcançava. Era uma linguagem propositalmente neutra, fria, distante. Era um direito intocável, só para ser admirado, não servia para ser consumido. Compreendi que essa dinâmica pedagógica se estabelece exatamente para não conferir pertencimento aos corpos periféricos. Porque aquele direito é das elites. Serve às elites. Eu agora aprendi a comer o direito, a saborear cada parte de seu todo. Eu engoli o direito. Ele está dentro de mim. Ele agora sou eu.

Afonso Pena foi fundador e primeiro diretor dessa escola livre de direito. Formado na Europa, sob uma ética educacional colonial, me pergunto como seria a reação deste douto jurista ao ver uma mulher negra subindo as escadas de seu templo do saber. Uma mulher negra fora de qualquer condição servil, ombreada com outros inúmeros alunos e alunas periféricos, que vieram da margem para se formarem juristas no centro. Essa pergunta me traz um incômodo, e é isso que me força à reflexão. Uma reflexão que me desloca do centro e que me redireciona para a margem, meu ponto de partida. E desse deslocamento me esforço para compreender se minhas intenções de aproximação de um direito das elites realmente me permitiu a centralidade no debate em algum momento.

Tudo isso me faz questionar também se todos os esforços feitos na academia de se ler o mundo do direito a contrapelo, como se costuma desejar, seria suficiente para uma efetiva transformação. Cogito haver a necessidade de mais, muito mais. Percebo ser necessário o que você apresenta como pedagogia radical. Sinto que é preciso se despelar a ciência do direito e deixar crescer de novo. Partindo de um outro lugar. Daí meu empenho de reposicionar o ensino jurídico, retirando-o do centro e encaminhando-o para as muitas margens que o circundam. Entendo que só quando nascer um novo ensino jurídico, conjunto de todas as possíveis leituras marginais que este venha a receber é que entraremos em um novo ciclo jurídico.

Por isso, não me aquieta o coração e a mente pensar nos 128 anos da Vetusta. Percebo uma imensa necessidade de recomeço, de zerar a contagem que cronometra o direito das elites e reiniciar. Este é o ano zero da minha contagem.

Reúno, hoje, esforços para conduzir a Faculdade de Direito ao "ano um" de uma educação jurídica contra-hegemônica. Posso contar com você? Pergunto cheia de esperança de receber uma resposta positiva, pois sei do seu pensamento coincidente com o do admirável Paulo Freire, a quem atribuo uma parte do meu gosto pela educação libertadora. Paulo Freire também se formou em uma faculdade de direito secular, também pôde experimentar a força da opressão de um ensino jurídico eurocentrado e precisou se desgarrar dele para seguir um outro caminho. Eu não quero abandonar o direito, quero transformá-lo.

O ponto transformador do direito precisa localizar-se no ensino jurídico. A transformação deste ensino se expande e alcança todo o sistema de justiça. Um sistema de justiça transformado só pode nascer quando pudermos gerenciar a vida e o pleno desenvolvimento de uma justiça que se espelhe numa outra ideia de justiça que ocupará o lugar de Themis, uma deusa grega branca e cega que não tem ideia de onde fica o Brasil. Ter essa deusa europeia como arquétipo de justiça só serve para demonstrar o quão grave é o problema que o direito brasileiro enfrenta hoje, esforçando-se para resolver dilemas de corpos tão distantes econômica-política e socialmente da realidade de seus juristas quanto o norte está do sul global. Acaso tenhamos a necessidade de convidar uma deusa para representar nossa justiça, recomendo que seja Iemanjá, orixá cujo arquétipo se aproxima muito mais da realidade dos que encorpam e massificam as demandas judiciais do meu país. Não se trata simplesmente de deslocar o olhar da mitologia grega para a mitologia africana. Se trata da reconstrução do sistema de justiça sobre bases diversas e plurais. O percurso dessa justiça enegrecida, do ensino às cadeiras dos tribunais, é o marco de refundação do direito que desejo ver e para o qual minhas pesquisas pretendem colaborar.

Defendo em minha tese que as faculdades de direito precisam ser mais que diversas. Elas precisam ser plurais. Você me ensinou que diversidade implica em acolhimento e aceitação de corpos marginais e dissidentes. Mas é com um ensino plural, que albergue variadas leituras de mundo, que será possível emancipar corpos através do direito. O direito, até agora, tem sido uma importante ferramenta da modernidade para oprimir corpos periféricos e preservar o *status quo* dos corpos privilegiados. O direito, entretanto, pode ser um forte aliado na transformação social e no deslocamento de corpos oprimidos em direção à emancipação. Para isso, porém, precisa se transformar, ser plural, deslocar-se do centro para as margens. Deixar de ser o direito das elites e passar a ser muito mais do que só isso. Minha defesa é por este deslocamento partindo do ensino jurídico, por conta disso seu pensamento contra-hegemônico, seus diálogos com a teoria freiriana e com outros intelectuais negros, seu empenho na construção de um feminismo negro dissidente e seu contínuo trabalho em prol de uma pedagogia engajada, me servem de pilar para a construção de um novo ensino jurídico. Um ensino jurídico que não informe somente o direito das elites. Um ensino jurídico que informe também sobre os direitos de todos que estão às margens.

Explicando-me melhor, querida bell, defendo que não é qualquer direito que liberta e não é só uma academia diversa que transforma. É fundamental que haja pluralismo epistemológico e metodológico para se transcender a cultura dominadora cuja tradição remonta ao colonizador. Também defendo que qualquer tentativa de se transformar o sistema de justiça que não parta do ensino jurídico será inócua. Somente refundando o ensino jurídico é que se alcançará um sistema de justiça transformado. Quaisquer iniciativas de mudança do sistema de justiça que ignorem o ensino jurídico ou não partam dele serão como consertar um carro em movimento ou um avião em pleno voo e terão consequências similares. É preciso parar e refletir. A ciência do direito é o elemento fundador de todo o sistema de justiça. Se essa ciência está adoecida é por ela que precisamos começar.

A diversidade implica em considerar diferenças (étnicas, religiosas, raciais, sexuais, etárias, dentre outras). Mas somente quando é aliada ao compromisso com a pluralidade que uma academia diversa realmente materializa uma pedagogia engajada. Temos que ajudar nossos professores e alunos a desaprender os modelos dominantes de educação. Abrindo novos caminhos para se pensar e ensinar o direito. Daí, será possível surgirem novos modos de se fazer o direito, o que repercutirá num sistema de justiça outro, que não só considere o diverso, mas que se imponha plural em decorrência dessa diversidade que se encontra ao sul. Deixar-se-a de ter um direito das elites pensado, ensinado e feito (materializado) para atender à elite e passará a ocupar nossos olhares outros direitos - porque não há um único direito; existem vários e essa construção se amplia quando há um deslocamento para as margens.

Quando você me conta em Bone Black[94] como sonhava em ser pianista e como a experiência como estudante do instrumento lhe mostrou que não bastava apenas desejar, essa sua vivência me faz refletir em como não basta conjecturarmos na teoria mudanças na prática jurídica. É preciso começarmos a agir para a mudança, introduzirmos novas leituras de mundo para nosso alunado, trazer uma reflexão mais sensível para a compreensão do outro e para a prática da empatia, tão carente entre nossos juristas. Humanizar[95] nosso corpo discente e também o corpo docente.

---

94 Bone Black: memories of girlhood. (hooks, 1996)

95 Neste trabalho, todas as minhas referências à humanização estão alinhadas com o pensamento de Paulo Freire, a quem bell hooks também reverencia. Para Paulo Freire a humanização é o processo de afirmação do ser como sujeito ou sua minimização como objeto nas relações das quais participa. Recomendo a leitura de Educação como Prática da Liberdade (FREIRE, 2017A. p. 62). Em Pedagogia do Oprimido Paulo Freire explica que desumanizar é distorcer a vocação do *ser mais*. (FREIRE, 2017B. p.40)

Suas vivências com Saru[96], sua bisa, também me fazem ponderar sobre como minha pesquisa pode contribuir para o deslocamento do direito do centro para as margens. Saru te ensinou que a melhor maneira de viver no mundo é aprender a fazer as coisas crescerem. Te mostrou como encontrar minhocas na terra. Te ensinou a suportar a destruição daquilo que nominou e pelas quais dedicou tempo. Você narra esses aprendizados e sua narrativa me torna mais convicta de que a mudança no sistema de justiça precisa partir do ensino jurídico e não de qualquer outro lugar. Meu trabalho parte muito deste lugar de rememoramento e de reflexão sobre as coisas simples da vida e de como o direito está embebido dessas experiências, embora haja um esforço hercúleo por higienizá-lo, por afastá-lo do mundo, torná-lo insípido e inodoro, como se estivesse suspenso acima das existências que pretende regular. Aprendemos na academia que o que não está nos autos não está no mundo. Para mim está óbvio que enquanto o direito se mantiver distante, o ensino jurídico for apresentado como uma ciência para raros gênios e o sistema de justiça for concentrado nas mãos de uns poucos salvadores dos condenados da terra[97], a transformação social, política e econômica necessária para libertar oprimidos e opressores do ciclo vicioso de colonialidade do ser, do saber e do poder, a democratização da justiça não crescerá o suficiente para fazer-se perceber, fenecerá miúda ou sobreviverá apequenada.

Em Teaching Community, a obra que retoma as provocações apresentadas em Ensinando a Transgredir[98] , você pondera sobre como nós negros somos coniventes com a manutenção do sistema supremacista branco no dia a dia. Explica que

---

[96] Recomendo a leitura de Bone Black: memories of girlhood. (hooks, 1996)

[97] Recomendo a leitura de Os Condenados da Terra. (FANON, 2005)

[98] Este esforço de retomada que bell hooks promove é muito inspirado pelo movimento que Paulo Freire faz em Pedagogia da Esperança, quando retoma e reavalia as digressões apresentadas em Pedagogia do Oprimido.

este conluio se dá porque fomos todos socializados e aculturados nos mesmos moldes. Esta mesma astúcia se evidencia quando aprendemos o direito das elites. O direito das elites ensina a todos a serem coniventes com o sistema jurídico supremacista branco e patriarcal. Por isso você defende que desaprender o racismo[99] exigirá mudança de pensamento e ação. Compreendo que o mesmo ocorre com o esforço para se desaprender o direito das elites. Esse desaprendizado será fundamental para que aprendamos os direitos das margens. Me refiro à inculcação de que só existe um direito, um modo de se pensar o direito, um sistema de justiça possível e que já está em funcionamento. Desaprender o que foi inculcado em nós e que nada mais é do que direito do colonizador é o que permitirá que partamos para uma emancipação libertadora. Aprendi com você e com seus diálogos com Paulo Freire, que este movimento de desaprendizado só pode se dar através de uma pedagogia engajada.

Você me ensinou que é preciso haver uma desaprendizagem do pensamento de supremacia branca. Esse modelo de pensamento contempla a ideia, inclusive, de que brancos são mais bem qualificados até mesmo para educar negros. Trazendo para o sistema de justiça, esta mesma lógica impera, compreendendo-se que brancos são mais qualificados para julgar negros, para ensinar negros qual é o melhor modo de conduzir suas vidas, suas escolhas políticas, suas crenças religiosas. O ensino jurídico que se origina de uma lógica bacharelista insiste em demonstrar que são os brancos, as elites, os herdeiros do colonizador, aqueles destinados a construir uma sociedade melhor e que para isso podem se valer do instrumento regulador para seguir preservando relações de dominação e controle. É esta dinâmica epistemológica que predomina nos bancos das academias e que inculcam saberes eurocentrados ou nortecentrados que se enraízam no sistema de justiça que segue, do

---

[99] Recomendo a leitura do capítulo 3 do livro Ensinando a Transgredir: a educação como prática da liberdade. O trecho que menciono está na pág. 55. (hooks, 2013)

centro, educando corpos periféricos. Meu trabalho parte desses aprendizados que obtive dialogando com você.

No capítulo de Teaching Community em que fala sobre educação democrática[100], você explica que a educação deve ser vista como parte de nossa experiência no mundo real. Essa é uma das maneiras de se desafiar a construção de formas de conhecimento disponível apenas para a elite. Daí a importância de se ter uma academia que não seja somente diversa. Portanto, defendo que a criação de um ensino jurídico segregado, com universidades só para negros, não daria conta de resolver o problema do insulamento do direito das elites. Só a introdução de epistemologias plurais, numa academia diversa e plural é que permitirá o deslocamento do direito do centro para as margens, onde estamos localizados todos nós que somos os corpos dissidentes. Só o pluralismo permitirá a superação da cultura hegemônica.

Em outro capítulo[101] dessa mesma obra você se debruça ainda mais sobre a temática das escolas segregadas e demonstra que o desejo de mudança exigirá de nós uma verdadeira disposição para ensinar a desaprender o racismo. Você explica que a segregação simplifica muito o trato dos problemas; que a integração requer que cheguemos a um acordo com várias maneiras de conhecer. Considero este seu ensinamento de fundamental importância e um forte argumento contrário à instituição de universidades só para negros. Não me esquecendo que você foi uma estudante de escola segregada e foi professora de escolas integradas. Você demonstra que o processo de acabar com o racismo em pensamento e ação é sempre uma empreitada mútua. Seria ingênuo crermos que este é um compromisso só de negros ou só de brancos. Concordo muito com esta pon-

---

[100] Recomendo a leitura do capítulo 4(nominado Educação democrática na minha tradução livre) do livro Teaching Community: a pedagogy of hope.

[101] Recomendo a leitura do capítulo 6 (nominado de "Padrões", na minha tradução livre) do livro Teaching Community: a pedagogy of hope, para aprofundamento neste tema.

deração e com a constatação que você apresenta de que não é a segregação que cria um contexto de aprendizagem, mas sim a ausência de racismo. Compreender isso é necessário, pois você explica que professores negros com ódio racial são tão nocivos quanto racistas brancos. Este mesmo pensamento serve para mulheres feministas radicais e homens machistas.

Você me diz que as pessoas precisam ser capazes de funcionar em ambientes diversos, mantendo-se sãs e inteligentes mesmo na presença da branquitude ou de um ataque racista branco. Uma educação segregada impossibilitará esse aprendizado que precisa ser relacional. Essas habilidades precisam ser aprendidas para que se possa enfrentar o mundo. Compreendo que construir um sistema de justiça que ainda não seja totalmente antirracista é o passo mais sóbrio que possamos dar no momento. O sistema de justiça precisa ser diverso e plural para que possa, a partir daí, se tornar integralmente antirracista. Daí a relevância de se implementar políticas afirmativas nas escolas de direito, nos concursos para magistrados, nos concursos para docentes, dentre os membros das comissões da ordem dos advogados do Brasil, nos concursos para delegados, agentes prisionais, nas indicações de membros dos tribunais superiores. Aprendi com suas ponderações que em ambientes racialmente integrados todos terão oportunidade de aprender no contexto da diversidade, de ser criticamente conscientes da diferença, sem permitir que ela nos mantenha separados.

Bom, estes são alguns dos inúmeros aprendizados que adquiri com você, minha avó outsider. Aprendi muito mais. Carta alguma daria conta de expor tudo o que me tornei lendo e ouvindo você. Coloquei aqui somente algumas das digressões que serviram de gatilho para o desenvolvimento da minha pesquisa. Melhor dizendo, nossa pesquisa. Digo "nossa" porque é fruto do diálogo com você, das noites insones em sua companhia, das risadas de suas considerações ousadas e dos incômodos que seu pensamento dissidente acaba por provocar. Mas esse trabalho não é só de nós duas. É também do Paulo Freire e da Maria Fernanda Salcedo Repolês, minha orientadora, a mulher que insistiu para que eu mergulhasse em sua obra e que com isso me ensinou que refletir sobre o direito não precisa ser doloroso e nem sofrido, me ensinou que o direito pode ser tão lindo e agradável quanto um texto da bell hooks. Nossas mãos e muitas outras escrevem esse texto[102]. Nossas vozes[103], e muitas outras, se erguem para muito além da Vetusta Casa de Afonso Pena. Nossos olhares negros[104] e brancos, e muitos outros, convergem para verem um direito deslocando-se do centro para as margens[105]. Nossa sabedoria prática[106], e muitas outras, se entrelaçam para fazer um novo tecido jurídico. Nossos anseios[107], e muitos outros, convergem para um sistema de justiça suleado[108], como diz Paulo Freire. Eu aprendi com você, e com tantas outras, a seguir ensinando a transgredir[109]. Afinal, há uma pergunta que me vem à mente e não cessa de me açodar: E eu não sou uma jurista?[110]

P.S. A resposta meu texto te contará.

Um grande e afetuoso abraço de sua neta outsider,

MARIA ANGÉLICA DOS SANTOS
Belo Horizonte, dezembro de 2020/janeiro de 2021.

---

[102] Sisters of the Yam. (hooks, 2015)

[103] Erguer a Voz: pensar como feminista, pensar como negra. (hooks, 2019C)

[104] Olhares Negros: raça e representação. (hooks, 2019D)

[105] Teoria Feminista: da margem ao centro. (hooks, 2019E)

[106] Ensinando pensamento crítico: sabedoria prática. Este livro completa a Trilogia do Ensino desenvolvida pela autora. (hooks, 2019B)

[107] Anseios: raça, gênero e políticas culturais. (hooks, 2019A)

[108] Pedagogia da Esperança: um reencontro com a pedagogia do oprimido. (FREIRE, 2020)

[109] Ensinando a transgredir: a educação como prática da liberdade. (hooks, 2013)

[110] E eu não sou uma mulher: mulheres negras e feminismo. (hooks, 2020)

Figura 32 - Colagem autoria própria

E eu não sou uma jurista?

Um poema de Maria Angélica dos Santos

Minha aparência, meu cheiro, meu gosto, meu suor, minha saliva, o som da minha voz, a circunferência do meu quadril, a textura dos meus pelos, a cor da minha pele, a firmeza dos meus passos, meu olhar sanguíneo, minha altura mediana, meu nariz largo, meus lábios carnudos, meu cabelo crespo, minha melanina.... te fazem reconhecer em mim uma jurista?

Meu sotaque, minhas gírias, minha mineirice, minhas piadas, meu sarcasmo, minha ironia, minha gentileza, minha indisciplina, minha resistência, minha indecência, minha simpatia, minha alegria, minha inteligência, minha preguiça, meu cansaço, meu sossego, minha energia, minha ansiedade, minha potência, minha raiva, minha impaciência, minha resiliência... alguma dessas características te levam a duvidar que sou mesmo uma jurista?

Será que é preciso me rasgar ao meio pra você encontrar a jurista que há em mim?

Quando me vê caminhando decidida pelos corredores da faculdade me imagina sendo o que?

Quando me escuta cumprimentando alguém no fórum me imagina desempenhando qual função?

Quando me sente tocar seu ombro numa delegacia pensa em mim como sua salvação?

Sua sede de justiça é satisfeita com minha entrada num tribunal? Sua satisfação seria maior se eu estivesse na prisão? Me ver de toga e não algemada deixa sua voz embargada?

Mas se você pisar em mim e os dedos dos seus pés acariciarem meu rosto enquanto seu calcanhar se impõe sobre a minha jugular, neste momento entenderá que eu sou uma jurista? Será que este vai ser o estopim da sua ira ou será o fim?

Mas e se eu te amar e libertar. Se eu te salvar da escuridão do umbral da punição serei eu, enfim, uma jurista pra você?

Se te convidar para comer meu jantar, se te der minha máxima atenção, se te abrigar no calor do meu peito e deixar que retire de mim toda a inocência, será que você, assim, me verá como jurista?

Se eu atravessar o deserto sob o sol escaldante, nadar no mar em fúria, enfrentar tubarões, encher meus pés de espinhos dos cactos do caminho, passar pelo abismo do esquecimento e sobreviver, aí você enxergará a força da jurista que finge não ver?

Se eu souber todas as leis, desvendar todos os códigos, ler todos os livros, aprender todas as teorias, conhecer todas as pessoas importantes, acessar todos os espaços de poder que o direito suporta, será que então você contemplará em mim a jurista que sou?

Será que isso importa?

Pergunto só pela curiosidade que invade meu ser.

No fundo já sei a resposta.

Pergunto por que meu corpo negro precisa saber.[111]

QRCode 17- Poema *E eu não sou uma jurista?* Na voz de Maria Angélica dos Santos.

- editoraletramento
- editoraletramento.com.br
- editoraletramento
- company/grupoeditorialletramento
- grupoletramento
- contato@editoraletramento.com.br

- editoracasadodireito.com
- casadodireitoed
- casadodireito